從秦說起

一部帝制的真正源頭史

不是只有始皇帝,這國撐了快七百年才出牌!從西陲封君到帝國興滅的漫長紀錄

不是十五年,是近七百年的崛起與沉沒

從養馬起家的邊地小族,翻身為吞六國的一統之主?
被歧視、被流放、被遺忘,直到成為「中央集權」的開創者。
秦國走了比你想像中更漫長的路!

政治、戰爭、制度、陰謀、宮廷、遺跡……
讀完,你將重新理解什麼叫「帝國」

覃仕勇 著

目錄

序言 ………………………………………………… 005

第一章　馬場封國：起於附庸終成諸侯 ……………… 009

第二章　草莽崛起：小國崛起吞併六雄 ……………… 047

第三章　智臣設政：謀臣助力奠定國基 ……………… 095

第四章　猛將爭鋒：戰神名將征戰天下 ……………… 151

第五章　一統天下：始皇奮起制六合權 ……………… 181

第六章　宮闈祕辛：妃嬪宦官翻動風雲 ……………… 213

第七章　天下崩亂：秦亡群起割據諸侯 ……………… 243

第八章　大秦遺痕：帝國餘跡散於山河 ……………… 273

目錄

序言

　　有一個問題，經常會被喜歡中國史的人問到：中國古代歷史上這麼多朝代，絕大多數不會超過 300 年，其中的東西兩漢相加、南北兩宋相加，才能超過這個數字。為什麼周朝可以延續將近 800 年？

　　這個問題，認真解答起來比較複雜。我用最簡單的類比法來說一下吧。

　　話說，約在西元 7 世紀前有一支游牧民族的先民居住在額爾古納河一帶後來西遷到了鄂嫩河上游不兒罕山（肯特山）和克魯倫河一帶發展成為一個個分散的部落。

　　西元 11 世紀，分散的部落集結成一個個部落聯盟。

　　西元 13 世紀初，有一位大英雄橫空出世，統一了該民族的所有部落聯盟，於西元 1206 年建立了一個強大的帝國。

　　這位大英雄死後，他的帝國一分為五，其中之一為中國古代歷史上九個大一統封建王朝之一。

　　對，這個大王朝的名字叫「大元」。那個統一了諸部的大英雄名叫成吉思汗。

　　西元 1368 年，明太祖朱元璋的明軍攻克元大都，元惠宗帶領殘部北逃。

　　元惠宗的殘部後來又分裂為許多部，其中勢力最大的分別是科爾沁部、喀爾喀部和衛拉特部。這三部侵擾明朝不斷並在明朝滅亡後先後成了清朝的藩屬。

序言

這成了清朝藩屬的三個部落，如果在追源溯本的時候都從成吉思汗時代算起那麼他們也覺得自己的「國史」有好幾百年了。

當然，這種算法，很多人不怎麼認可。

但周朝的歷史，細考起來，跟這個是有幾分相似的。

周王室的祖先，可以追溯到后稷那裡，但作為部落的周就不提了。

周朝的歷史，得從武王滅紂算起。

還必須說明，周朝實施的諸侯分封制度和秦以後實施的郡縣制是截然不同的。

周朝所分封出來的諸侯國，都是一個個獨立的小王國表面上尊崇周王室，實際上自行其是可以自行封官、招兵根據自己的需求榨取自己封國內平民和奴隸的血汗。

這麼一來，等於是大家各玩各的，互不侵犯。

於是，周王室平安地度過了 200 多年。

但是，到了西元前 771 年，西方的犬戎入侵，殺了周幽王，燒掉了周王室的鎬京（今陝西西安）。

周幽王的兒子周平王在鎬京待不下去了，倉倉皇皇地東遷洛陽背井離鄉。

這就是西周與東周的分水嶺。

如果說，周平王之前的周朝諸天子還得眾諸侯高看一眼，那麼東遷之後，周天子的形象一落千丈，很多諸侯都不把他放在眼裡了。

一句話，東周的天子們基本都是仰人鼻息，得看那些強大的諸侯國的臉色而活。

當然，眾諸侯國互相鬥爭也形成一種牽制，大家也不怎麼為難他。

一直到西元前256年，不甘心的周赧王聽信了楚考烈王的話，以天子名義召集六國出兵伐秦，兵敗身死，東周才正式宣告滅亡。

老實說，在絕大部分時間裡，周王室的存在雖然在一定程度上得到各國的尊重，可以就某事發表宣告、發表抗議、發表讚揚。但周王室並沒有力量從根本上左右時局，所以存在了很久。

同樣，用周朝的歷史對比秦國的歷史，秦國的歷史也挺長的。

秦朝作為中國歷史上第一個統一天下的封建王朝，它的歷史很短，只有15年，但如果從西元前900年，秦非子因養馬有功被周孝王封為天子之附庸算起，到西元前206年劉邦攻占咸陽止，秦國的歷史，也長達694年，將近700年。

想想看，在這將近700年時間裡，秦國從一個疆土不過50里的蕞爾小國開始發展，一點一點擴大，一點一點崛起，最終由秦始皇「振長策而御宇內，吞二周而亡諸侯，履至尊而制六合，執敲撲而鞭笞天下，威振四海」，其過程是何等艱辛，其所經歷過的生死考驗是何等熱烈壯觀！

本書就從秦國的肇始說起，至秦朝全面終結，力圖描畫一幅秦國全景圖，讓大家對秦國與秦朝的發展有一個整體了解。

序言

第一章

馬場封國：起於附庸終成諸侯

第一章　馬場封國：起於附庸終成諸侯

秦國為何飽受其他諸侯國歧視？

中國封建帝制起始於西元前 221 年秦始皇建立秦朝，終止於西元 1912 年清宣統退位，一共存在了 2,133 年。

換言之，秦朝是中國第一個中央集權的專制主義封建國家，也是中國第一個大一統的封建王朝。

秦始皇統一六國，曾令良工用藍田山美玉製成玉璽。據稱璽鈕雕如龍魚鳳鳥，刻有丞相李斯以大篆書寫的「受命於天，既壽永昌」八字，稱為「傳國璽」。

「傳國璽」自誕生之日起，便成為「皇權神授正統合法」的信物，也成了野心家爭相追逐的對象。

大家都認為，得「傳國璽」即是得天下的徵兆，擁有了「傳國璽」的政權就是一系相承的正統王朝。

似乎大家都忘記了，在春秋戰國長達 500 多年的時間裡，秦國其實是一直飽受其他諸侯國歧視的。

它為什麼會受到其他諸侯國的歧視呢？

曾經有史學家認為，這是因為秦人並非華夏族而是出自西戎的緣故。

但《左傳》載秦莊公被戎狄殺害之後，他的兒子世父曾說：「戎殺我大父仲，我非殺戎王則不敢入邑。」由此可知秦人和戎人是勢不兩立的族群。

事實上《山海經・海內西經》上也已經交代得清清楚楚：秦和周都是黃帝後裔。

《史記・封禪書》也記載有：「秦襄公既侯，居西垂，自以為主少昊之神，作西畤，祠白帝。」

依據《周禮》，諸侯必須以六輅祭祀昊天上帝和五方上帝。這五方上帝分別是：東方青帝太昊伏羲、南方赤帝神農、中央黃帝軒轅、西方白帝少昊、北方黑帝顓頊。

秦襄公以主少昊之神和祭祀白帝，說明了他和周人同為黃帝後裔。

《說文》更是直接指出：「嬴，帝少氏之姓也。」

但還是有人認為《山海經》、《史記》、《左傳》等書記載有誤，只根據秦國飽受其他諸侯國歧視這一點，就認定秦人出自西戎。

西元1976年，位於中國陝西省鳳翔縣南指揮村的秦公一號大墓被發掘，墓葬中一個編磬上銘文赫然有「高陽有靈，四方以鼏」八字。

這八字，迅速讓「秦人出自西戎」之說消失。

高陽是帝顓頊的號，而顓頊是黃帝的孫子。

秦王族以高陽為祖，就說明其為黃帝之後。

秦人既為黃帝之後，為什麼會遭到其他諸侯國歧視呢？

姑且根據《史記》的記載，來看看秦國王族的祖先都經歷了些什麼吧。

按照《史記‧五帝本紀》、《史記‧夏本紀》、《史記‧秦本紀》等記載，燧人氏生伏羲，伏羲生少典，少典生黃帝，黃帝長子為少昊，少昊生蟜極，蟜極生業父，業父生大業，大業生伯益，伯益生大廉，大廉生衍曾，衍曾生衍祖，衍祖生衍父，衍父生中衍，中衍生軒祖，軒祖生軒父，軒父生戎胥軒，戎胥軒生中潏，中潏生蜚廉，蜚廉生惡來，惡來生女防，女防生旁皋，旁皋生太幾，太幾生大駱，大駱生非子……一直傳到秦始皇。

在以上一連串的血脈中，有幾個關鍵人物需要特別關注。

第一個是伯益。

第一章　馬場封國：起於附庸終成諸侯

伯益又名大費，因為善於調教鳥獸，被人稱為伯益或柏益、伯翳。

由於替舜帝馴養和調教鳥獸表現出色，他被舜帝賜姓為嬴。

這就是嬴姓的由來。

舜不但為伯益賜姓嬴，還將姚姓之女許配他為妻。

禹受舜帝之禪位後，任命伯益為執政官，總理朝政。

禹死後，伯益成為夏王啟的卿士，地位只在夏王啟一人以下。

伯益有兩個兒子，長子叫大廉，是秦始皇的祖先；次子叫若木。

若木有個裔孫叫費昌，費昌不堪夏桀之暴，叛夏投商，為商湯駕車，參加了商人滅夏的「鳴條之戰」，是輔助商湯滅掉了夏成了商朝的功臣。

大廉一支的子孫沾了費昌的光，成了商朝的貴族。

大廉的玄孫中衍，後來不但成為太戊帝的親從，為太戊駕車，還娶了太戊的女兒。

如此一來，嬴姓部族就和商朝連結得更緊密了，世世代代都輔佐商朝。

那麼，問題來了，商朝後來不是被周朝滅了嗎？

商朝滅亡的時候，嬴姓子孫的表現是什麼樣的呢？

在當時的嬴姓子孫中，比較出名的是蜚廉和惡來這對父子。

另外還有費昌的一個子孫，名叫費仲。

惡來以勇力著稱。

《墨子》、《尸子》等書都記載：惡來有擒熊縛虎之能。

《史記·秦本紀》則重在強調惡來天生神力。

《晏子春秋》講得最誇張：惡來可以足走千里，手裂兕虎。

插一筆，羅貫中在《三國演義》中介紹典韋初出場時，先是夏侯惇介紹他早年曾在張邈帳下手殺數十人，後來又寫他在山中有逐虎過澗的驚世駭俗的經歷，最後寫他在演武場挾戟驟馬，往來馳騁，並且獨撐被狂風吹倒的大旗，三軍盡驚。

　　這個時候曹操為了讚美典韋鼓掌喝采說：「此古之惡來也！」

　　惡來在商亡時壯烈地以身殉國。

　　從商朝的角度來說，他無疑是大忠臣。

　　但從周朝的角度來說，就屬於頑固死硬分子了。

　　後世史學家因循「商紂無道武王革命」的調子，對惡來評價很低。

　　《史記·殷本紀》就認為惡來「善毀讒」，商朝滅亡，他要負很大的責任。

　　《魏書》甚至說，殷紂就是因為寵信蜚廉、惡來，所以喪其國。

　　《遼史》沒有直接說蜚廉、惡來有多壞，只說周公誅蜚廉、惡來，天下拍手稱快民心大悅。

　　明人許仲琳的小說《封神演義》則虛構出許多惡來與蜚廉作惡的情節，把惡來與蜚廉設定為大奸臣。

　　還有，《封神演義》不但把惡來與蜚廉寫得很壞，還完全顛覆了史書中記載惡來是大力士的形象，把惡來與蜚廉都寫成文臣，手無縛雞之力。

　　話說回來，如果單單是蜚廉、惡來「作惡」就算了。

　　關鍵是，周武王在伐紂時只殺惡來、費仲。

　　《史記·秦本紀》記載蜚廉（飛廉）為「紂石北方」，關於這個「石」字，瀧川資言在《史記會注考證》中言：「石當作使，梁玉繩曰：《水經·汾水注》述此事云『飛廉先為紂使北方』；《御覽》引《史記》亦曰：『時飛廉

第一章　馬場封國：起於附庸終成諸侯

為紂使北方。』傳寫誤使為石。洪頤煊、沈濤、姚範、張文虎說同。」即當時的蜚廉受紂王指派出使北方，因此躲過了此劫。但後來又寫蜚廉「得石棺」，石棺上有銘文為：「帝令處父不與殷亂，賜爾石棺以華氏。」於是死葬於霍太山，這段記載，頗似小說家言。

比較可信的是清華簡《繫年》第三章中的記載：「成王纂伐商邑，殺錄子耿飛廉東逃於商奄氏。成王伐商奄，殺飛廉。」

原來，西周建立後不久，周武王死，年幼的成王即位，由周公旦輔政。這個時候，以紂王之子武庚為首的商朝殘餘勢力聯合武王的三個弟弟管叔、蔡叔、霍叔發起了「三監之亂」（又稱「管蔡之亂」或「武庚之亂」）。

蜚廉以忠於商王室為己任，率領贏氏部族加入了武庚的造反行列。

周公東征，誅武庚，殺管叔，廢霍叔，放蔡叔，迅速平定了大亂。

在這場平亂過程中，周公總共征服熊姓嬴姓之族有十七國，將蜚廉斬殺於東海邊。

不難看出嬴姓一族拒周、反周是不應該成為諸侯的。

反觀其他諸侯，那是武王和周公兩次分封得來的。

受封的對象，一是同姓宗室子弟，二是異姓功臣宿將，三是含神農、堯、舜、禹及商湯的後代在內的貴族。

周王室共封了多少諸侯呢？

《呂氏春秋‧觀世》的說法是：「周之所封四百餘，服國八百餘。」

《荀子‧儒效》則稱：「周公兼制天下，立七十一國，姬姓獨居五十三人。」

《左傳》記：「兄弟之國十有五人，姬姓之國者四十人。」

說法各有不同，但不管哪一種，秦都不在其中。

實際上周公平定了「三監之亂」後，作為對「前朝餘孽」的懲罰，清華簡《繫年》第三章中記載：「西遷商奄之民於邾圉，以御奴䖏之戎，是秦先人，世作周服。」即把蜚廉的小兒子季勝在內的蜚廉族人發配到千里之外的西部邊陲邾圉（今甘肅甘谷縣西南），讓他們為周人戍邊防、御戎人。

邾圉為周代秦人在西部的第一個落腳點。

秦國的得來，在於伯益十六世孫、惡來五世孫非子。

非子在周孝王時期被安置於汧、渭之間管理馬匹。

非子養馬很有一套，不但把馬匹養得體健膘厚，而且善於為馬匹配種，將馬群繁衍得漫山遍野，一望無際。

周孝王一時激動，控制不住情緒，將秦地分封給了非子。

這便是秦國的開始。

不過，非子雖然獲封秦地，成了秦國始封君，但他只是封地不足25公里、只能依附於某諸侯國的「附庸」，既不是諸侯，也算不上卿和大夫。

西元前821年，秦莊公出兵擊敗西戎，才被周宣王封為西陲大夫。

西元前771年，周幽王被西戎所攻殺，秦襄公率兵救周，立幽王廢太子宜臼為天子，是為周平王，派兵護送周平王東遷，才被封為諸侯。

也就是說，直到秦襄公時代，秦國才正式成為周朝的諸侯國。

從秦國的立國過程來看，它遭受其他老牌諸侯國的歧視，就在所難免了。

第一章　馬場封國：起於附庸終成諸侯

▍秦國的發源地在甘肅還是陝西？

秦國的發源地在甘肅。

這個答案是清楚而準確的。

無論從史書記載還是考古研究，得出的答案都是一樣。

但也有人說秦國的發源地既不是陝西也不是甘肅，而是山東。

他們的依據無非有兩個。

一是《史記‧秦本紀》中提到，秦國先人伯益因為善於馴養和調教鳥獸，得舜帝賜嬴姓；而伯益的後人費昌在商湯開國時替商湯駕車，參加了商人滅夏的「鳴條之戰」，輔助商湯滅掉了夏，成了商朝的功臣。即秦人部族都得到了分封，以國為姓，有徐氏、郯氏、莒氏、終黎氏、運奄氏、菟裘氏、將梁氏、黃氏、江氏、脩魚氏、白冥氏、蜚廉氏、秦氏、趙氏等。根據考古發現，已證明了徐氏、郯氏、莒氏都在今天的山東省境內，所以秦人的起源地就在山東。

二是 1980 年考古學家在山東省滕縣後荊溝村村北邊的「居龍腰」高崗上挖掘出一座西周大墓，從墓中清理出記載有秦莊公破西戎銘文的「不其簋」的簋身。

但這兩條依據不經一駁。

要知道，在史學上研究秦國歷史，通常從兩個時間點算起。

一是從秦非子被周孝王封為天子之附庸算起，二是從秦襄公護送周平王東遷被封為諸侯算起。

夏、商兩朝三代以前，即蜚廉和惡來這對父子以前，所有秦人的先人都沒有建國，那麼他們所居住的地方肯定算不上是什麼秦國的發源地了。

秦國的發源地在甘肅還是陝西？

至於秦莊公「不其簋」的簋身在山東出土也解釋不了問題，因為秦莊公的活動軌跡一直都在甘肅一帶。

非子被周孝王分封在秦邑，非子便以封地為氏，號為「秦嬴」，並成嬴姓的大宗。

秦邑在哪裡呢？

根據在甘肅省清水縣北側樊河西岸和牛頭河北岸等處發現的李崖遺址可知，該處為秦國始封國君秦非子的封地所在。而秦非子建都秦亭，就在今甘肅天水市張家川回族自治縣境內的故秦城。

另外武王伐紂時，惡來和費仲被周人俘殺，他們的父親蜚廉因出使在外躲過此劫，後來追隨商王子武庚發起「三監之亂」。周公旦平亂後，將蜚廉斬殺於東海邊，另將包括蜚廉的小兒子季勝在內的族人發配到西部邊陲邾圉，讓他們為周人戍邊防禦戎人。

這個邾圉就在現在的甘肅甘谷縣朱圉山。

補充一下，季勝的孫子造父善於駕馭馬車，是周穆王的司機，並在周穆王平定徐國徐偃王造反時立了大功，被周穆王封賞趙城（在今山西洪洞縣趙城鎮東北）。造父族由此成為趙氏。

但是，這個趙城同樣不能被視為秦國的發源地。

造父的姪子名叫大駱，他在造父就封趙城時，帶領族人移居到了邾圉南面的西犬丘（又名西垂）。

大家注意，這個大駱就是非子的父親。

非子被周孝王安排到汧水、渭水交會處的朝廷牧場養馬，因功受封到了秦邑。

第一章　馬場封國：起於附庸終成諸侯

　　對於非子的後人來說，犬丘就是他們的「故地」。

　　在周厲王時代，西戎族反叛周王朝，霸占了西犬丘，滅了居住在犬丘的大駱的後人。

　　非子的孫子秦仲，為了把這個「故地」奪回來，多次與西戎人交戰，他本人最後死於西戎人之手。

　　周宣王召見了秦仲的5個兒子，交給他們7,000兵卒讓他們跟西戎人作戰。

　　秦仲的長子就是秦莊公，他帶領兵卒與西戎人浴血奮戰，終於打敗了西戎，收復了西犬丘。

　　周宣王於是宣布把西犬丘歸他所有，任命他為西垂大夫。

　　從此秦國兼有兩個封邑，一在秦邑，一在西犬丘。

　　上面提到的「不其簋」銘文裡就記載了這件事。

　　秦莊公後來把都城從秦邑搬到了祖居地西犬丘。

　　那麼西犬丘在哪裡呢？

　　就在現在的甘肅禮縣東大堡子山遺址。

　　1993年，考古學家發現了甘肅禮縣東大堡子山墓地，該墓地被認定為秦國第一大陵園──西垂陵園。

秦朝的國號是怎麼來的？因建在秦地而名？

　　有一個很有意思，但不大為人所注意的問題，中國古代歷史上各朝各代所出現過的國名、朝代名都是有來歷、有根源、有依據的。

但大致來說，無非出自下面幾種。

一是與該國開國君主的爵位有關。如曹魏因曹操曾受封為魏王而以「魏」為國號；孫權因曾得曹魏封吳王而以「吳」為國號；晉因司馬昭曾封晉王而以「晉」為國號。

二是與該國所處地理位置有關。漢在封地漢中發跡即以「漢」為國號；宋以宋州發跡建宋等。

三是跟開國君主的認祖有關。如東漢、蜀漢、北漢等以劉邦為祖，以「漢」為國號；後唐、後周等也是如此。

四是因循讖語或根據文義、寓意來定國號。比如契丹人的國號「遼」與「遼河」有關，但「遼」字在契丹語中是「鐵」的意思則以「遼」為國號，就隱含有如鐵一樣堅硬的意思了。受契丹欺壓的女真政權為了從氣勢上壓倒它，命名為「金」，表示比鐵更堅強而有力，可以壓倒「遼」。

後來努爾哈赤以金帝國為祖，沿襲了「金」這一國號。後金後來改「清」。有人認為「清」為水，「明」為火，以清克明，那是以水克火。而明的由來又與明教、小明王有關。

五是以部落名為國號，如夏部落酋長啟建國，以「夏」為國號；周酋長姬發滅商建國，以「周」為國號等。

春秋戰國時期的建國，基本也遵循以上幾點，不過也有例外。

有例外的是「三家分晉」的韓、趙、魏這三家，出現了以姓為國號的現象。

順便提一句，說到以姓為國號，很多人誤以為南朝陳是以姓為國號的，事實上並不是。《陳書》記載陳武帝建國時，認虞帝之後胡公為祖。而胡公媯滿得周武王嫁長女大姬，封地於陳，成為陳國的第一任國君。陳

第一章　馬場封國：起於附庸終成諸侯

武帝因此以「陳」為國號。

春秋諸國中，國名來歷最奇特，也最被後人誤會的，是秦國的國號。

一般人以為，秦國之所以以「秦」為國號，是因為封國是在秦地的緣故。現在陝西還有秦地之稱，而且陝西還有著名的秦嶺呢。

但，這是嚴重的本末倒置。

現在陝西關中以及甘肅天水、平涼、慶陽、隴南和寧夏南部均為秦國故地，都可以稱為秦地，但秦地之名，是因為它們是秦國崛起之地。

像秦城、秦邑、秦嶺等名，都是因為它們屬於秦人而得名的；並非秦人住入了秦城、秦邑靠近秦嶺，才被冠以秦人之名的。

因為隴右地區和陝西關中大部是秦國所統轄的地域，《戰國策・秦策》才會說：「外自弘農故關以西，京兆、扶風、馮翊、北地、上郡、西河、安定、天水、隴西皆秦地。」

以秦嶺為例，在漢代以前，秦嶺和崑崙山一起被籠統地稱作「崑崙」。

成書於春秋戰國時期的《詩經》、《左傳》、《山海經》將矗立在關中平原的秦嶺主峰稱為「南山」和「終南」。

秦嶺的名字，是在西漢才出現的。

那麼，秦朝這個「秦」字是怎麼來的呢？

傳說，秦人是軒轅黃帝的後裔。

黃帝兒子顓頊的後代女修，在織布時吞下燕子的蛋而生下了大業。大業娶少典的女兒女華，生子伯益，伯益因輔助大禹治水有功，舜帝就賜給他黑色的旌旗。

那麼，秦人尚黑，以燕子為圖騰的根源就在這裡了。

伯益還因為舜帝養馬而被賜封了土地，並賜姓「嬴」，居住地在今天河南東北角的范縣一帶。

伯益一族收穫了穀物後，懂得了把穀穗放進石臼裡舂碎來取出穀粒。

就因他們舂穀這個動作，獲得了一個親切的暱稱：秦人。

在甲骨文裡，這個「秦」就像兩隻手拿杵搗下面的兩棵禾。

所以，范縣才是最早的「秦」地。

秦人的後代中潏在商朝末年被商王帝乙封在商朝西部，即今天山西省南部的霍太山一帶，替商朝抵抗戎狄、保衛西部邊疆。

中潏的兒子蜚廉、孫子惡來在武王伐紂時效忠紂王，導致他們的族人，包括蜚廉的小兒子季勝在內，被遣至到西部邊陲邾圉，讓他們為周人戍邊防禦戎人。

秦人在春秋戰國期間經過九都八遷的艱苦歷程才發展成了中國第一帝國——秦始皇建立的大秦帝國。

統率秦莊公出擊獫狁的神祕人物是誰？

關於秦國的歷史，本應從非子得封秦地說起。

是的，非子因善養馬而得周孝王封秦地，成了秦國的始封君。

但史學家論述秦國的歷史，都從秦襄公率兵救周並護送周平王東遷，被封為諸侯後算起。

司馬遷的《史記》即說：「秦起襄公章於文、繆、獻、孝之後，稍以蠶食六國，百有餘載，至始皇乃能並冠帶之倫。」

第一章　馬場封國：起於附庸終成諸侯

司馬貞的《史記索隱》也說：「襄公救周，始命列國。」

即秦國之立國，始於秦襄公。

周天子封侯，共分「公」、「侯」、「伯」、「子」、「男」五級，秦襄公位列第一級「公」。

但是，我們觀史會發現，秦襄公之父秦莊公也稱為「公」，這是怎麼回事？

其實，秦莊公之稱「公」，不過是後來的追稱。

終秦莊公之世，其止於西陲大夫而已。

不過，就因為得封為西陲大夫，秦莊公得將原大駱之族所居住的犬丘（甘肅天水市西南禮縣一帶）納入自己的版圖，實力大增，為秦國的立國奠定了堅實的基礎。

那麼，秦莊公是怎麼得封為西陲大夫的呢？

話說，周孝王當年封秦地給非子，目的就是讓秦人守邊疆，防衛犬戎人入侵。

犬戎，也稱西戎、獫狁，周稱「玁狁」，到了秦漢稱「匈奴」。

這些獫狁人經常擾邊，曾一度滅了犬丘大駱的全族，秦人與之作戰非常艱苦。

秦莊公的父親秦仲，在與獫狁人的搏殺中死去。

忍無可忍的周宣王決定大舉發兵，與西戎決戰，一口氣解決問題。

西周宣王十二年（西元前 816 年），他召集了秦仲的 5 個兒子，進行伐戎行動，並且派出兵力 7,000 人增援。

關於周王室與獫狁的戰爭，史書和其他的青銅銘文中多有記載，其中最為權威的當屬刻在傳世名器 —— 不其簋上的銘文。

統率秦莊公出擊獫狁的神祕人物是誰？

簋是先秦時貴族們使用的一種青銅食器，當時的習俗是：簋裝穀食鼎裝肉。

在日常生活中，簋只被當作日用品使用。但在宗廟和墓葬裡當祭器使用時，就要嚴格遵循禮樂制度了。

按史書記載天子用九鼎八簋，諸侯用七鼎六簋，卿大夫用五鼎四簋，士用三鼎二簋。

由於青銅在當時比較昂貴，每當有重大事件發生，貴族都會鑄造鼎、簋之類的青銅器以作紀念。鑄造時又在器身上刻鑄一定的銘文以記其事。

《不其簋》銘文最早見於中國國家博物館收藏的一件《不其簋》簋蓋。

這個簋蓋是什麼時候入藏博物館的呢？現在已經難以釐清了。

《不其簋》銘文全文為：唯九月初吉戊申。白氏曰：「不其，馭（朔）方獫狁（獫狁），廣伐西俞（俞），王令我羞追於西。余來歸獻禽（擒），余命女（汝）御追於（洛）。女以我車宕伐獫狁（獫狁）於高陵，女禽折首執訊。戎大同從追女，女及戎大敦女休弗，以我車函（陷）於艱。女多禽折首執訊。」白氏曰：「不其，女小子女肇誨（敏）於戎工，錫（賜）女弓一，矢束，臣五家，田十田，用從乃事。」不其拜稽手。休，用作朕皇祖公白（伯）孟姬尊簋，用匄（丐）多福，眉壽無疆，永屯（純）靈冬（終），子子孫孫其永寶用享。

《不其簋》銘文的全文解讀大略為：九月初戊申之吉日。白氏說：「不其，朔方的獫狁再次作亂，大肆侵犯我們的西部邊疆地區，天子命令我督師討伐獫狁於西地。我班師回朝時必須獻上擒獲的俘虜，我命令你駕馭戰車追擊敵人到黃河的西部源頭（洛）。你就以我的戰車討伐獫狁於高陵（今皋蘭山）。由於你斬殺俘獲的敵人很多，所以戎人集結大隊報復性地追趕

第一章　馬場封國：起於附庸終成諸侯

你。你又與戎人展開了大規模搏殺，並及時安全地撤退，避免我軍陷入困難的處境。你斬殺俘虜實在太多了。」白氏說：「不其，你將肇起發達於對戎人作戰的戰功中。現在賞賜給你弓一張、箭一束；賜給田地十畝，家臣五戶，做你的用人聽從你的調遣。」不其作揖拜謝。休兵之後讓人製作了（紀念）我先祖公伯、孟姬的尊簋。祈願從此多福多喜，長壽無疆。子子孫孫永遠盛放肉食在祖先靈前，永遠以此為寶器（讓祖先）享用。

由於《史記‧十二諸侯年表》記載：「秦莊公名其。」而先秦行文中「不」字常用作無義助詞，僅表語氣，即簋銘中的「不其」，指的就是文獻中的秦莊公。

另外簋銘後面提到的「公白（伯）」與「孟姬」，《史記‧秦本紀》也提到秦莊公祖父為「公伯」，而「孟姬」為公伯夫人，乃姬姓長女。

所以「不其」的的確確指的就是秦莊公。《不其簋》銘文講的就是秦莊公破西戎的戰役。

從銘文可以看出，秦莊公在伐戎之戰中一波三折，充分表現出了秦人敢殺敢拚的開拓進取的精神。

補充一下，《不其簋》的簋蓋被長期收藏於中國國家博物館，但《不其簋》的簋身直到 1980 年才出土。

那年三月的一天，山東省滕縣後荊溝村的一位村民正在村北邊的「居龍腰」高崗上取土，偶然發現了一座古墓。經上報，當地文物管理所在該處挖掘出了一座西周大墓，從墓中清理出了《不其簋》的簋身，它的底部也銘刻著一篇與《不其簋》簋蓋銘文相同的銘文。

經專家考證，簋蓋和簋身原屬一套完整的青銅器。

二者為何會分離，且《不其簋》的簋身為何會出現在山東，就無從考究了。

事實上，讓專家覺得更加頭痛的是，《不其簋》銘文中的主要人物「白氏」到底是誰至今仍無定論。

連接《不其簋》銘文的上下文看，這個「白氏」應該是這次伐戎行動的統帥，他上對周王負責，下可指揮不其，並且代周王封賞不其。

有史學家認為，「白」其實是「伯」，即「白氏」應該是「伯氏」。

所以，有人認為這「伯氏」，指的就是伯益之後。

但按照這種說法，「伯氏」既為伯益之後，而秦莊公也是伯益之後，那麼，他們兩人的關係應該是秦莊公為尊，伯氏為卑。這明顯不符合銘文表達的意境。

為了讓伯氏為尊，秦莊公為卑，有史學家說這個「伯氏」是秦莊公之兄，他的依據是先秦有對伯父和同輩長兄均稱為「伯」的親稱習慣。

可惜的是，《史記・秦本紀》交代得清清楚楚：「仲立二十三年，死於戎。有子五人，其長者曰莊公。」即秦仲的5個兒子中，其年長者就是秦莊公。

有古文字學家乾脆把「伯氏」和「不其」的身分調換過來，說「伯氏」指的是秦莊公，「不其」是莊公的幼弟。

但秦莊公的幼弟是梁康伯（公子康）又名嬴慶，其餘三弟，老二名嬴福，老三嬴祿，老四嬴壽，根本與記載不符。

於是，又有史學家認為，銘中的「伯氏」不是秦莊公的兄長，而是秦莊公的伯父。

他們的依據是：秦莊公的父親秦仲的「仲」字，是以排行命名，那他必須還有個長兄（或庶長兄）名叫秦伯。

第一章　馬場封國：起於附庸終成諸侯

但有人反對說，就算秦仲有兄名叫秦伯，但秦伯之名，既然史不見載，就說明他只是一個小人物，這樣一個小人物是不可能充當王室重臣的。那個受周宣王之命帶領 7,000 人馬去秦地作戰的統帥「伯氏」，應該是魯國開國元君伯禽。

但同樣沒有任何文獻記載有伯禽討伐西戎的事蹟。

於是，有人想到了「虢季子白」。

「虢季子白」，又省作「子白」、「白」，是周王室同姓（姬姓）諸侯虢國國君。清道光年間出土於陝西省寶雞市虢川司的「虢季子白盤」，上面有銘文記載了西周宣王十二年（西元前 816 年）王命虢季子白率軍禦敵受賞的史實。

虢季子白盤銘文為：隹（唯）十又二年正月初吉丁亥，虢季子白乍（作）寶盤。「不（丕）顯子白，壯武於戎工，經維四方。搏伐獫狁，於洛之陽。折首五百，執訊五十，是以先行。桓桓子白，獻馘於王。王孔加（嘉）子白義（儀）。」王各（格）周廟，宣榭爰饗。王曰：「白父，孔白又（有）光。」王賜乘馬，是用左（佐）王；賜用弓，彤矢其央；賜用戉（鉞），用政（徵）蠻方。子子孫孫，萬年無疆。

全文解讀大略為：周天王十二年正月丁亥吉日，虢季子白乍讓人製作了寶盤（以作紀念）。（天王代表宣讀說）：「顯赫的子白，你壯我軍威於對戎人作戰的軍功之中，經營四方。搏殺獫狁，抵達洛水之北。斬了 500 個敵人的首級，抓獲了 50 人，從而成為全軍的先驅。威武的子白，你割下敵人的首級歸來獻給天王。天王非常讚賞你子白的威儀。」天王來到周室的太廟，在宣榭宴賞群臣。天王說：「子白真丈夫，大大有榮光！」天王賜配有四馬的車一輛，以此來輔佐天王。賜予弓箭，紅色箭鏃十分鮮亮。賜大

統率秦莊公出擊玁狁的神祕人物是誰？

鉞，以用來征伐邊遠地區。希望子白的子子孫孫能夠千秋萬代傳留和使用下去。

由虢季子白盤銘文可知：虢季子白帶領過軍隊與戎人作戰！

有史學家因此認為，《不其簋》銘文裡面的「伯氏」，指的就是虢季子白。

但也有史學家認為，《不其簋》銘文與「虢季子白盤」銘文所記儘管同為伐戎，但並不是同一回事。如果同為一事，「虢季子白盤」銘文中「折首五百，執訊五十」的重大戰果，何以不出現在《不其簋》銘文中？

由於中國的第一部詩歌總集《詩經》中的〈采薇〉、〈出車〉也記載了同玁狁的戰爭，有史學家透過考評，認為《不其簋》銘文所記載伐戎之事與〈采薇〉、〈出車〉所記載的伐戎之事是相吻合的，從而斷定，《不其簋》銘文中的「伯氏」就是〈出車〉中屢屢提到的南仲。

不妨來比較一下吧。

《不其簋》銘文共記載了 3 次戰鬥：一次是伯氏伐玁狁於西，一次是不其伐玁狁於高陶，還有一次是不其遭遇西戎追擊並與之交戰。

〈出車〉第三章稱：「赫赫南仲，玁狁於襄。」第五章云：「赫赫南仲，薄伐西戎。」第六章又說：「赫赫南仲，玁狁於夷。」也是記載了 3 次戰役與銘文所言相合。

還有，在《不其簋》銘文中，伯氏自言伐玁狁是奉王命行事；而〈出車〉也說「王命南仲，往城於方」。

還有，蔡邕〈諫伐鮮卑議〉中提到的「周宣王命南仲、吉甫攘玁狁」也可以作為旁證。

因此，他們認為《不其簋》銘文中的「伯氏」就是〈出車〉中的南仲。

第一章　馬場封國：起於附庸終成諸侯

那麼，這個南仲是什麼人呢？為什麼會在《不其簋》銘文中被稱為「伯氏」呢？

南仲此人，除了見於〈出車〉外還見於無惠鼎和駒父盨的銘文。

對於無惠鼎和駒父盨，陳夢家和馬承源均斷定其為周宣王時的器物，則南仲也因此屬周宣王時代的人。

另外《漢書・古今人表》又將南仲列於厲王之時。即南仲是由厲王朝入宣王朝的老臣。

王國維提出過這樣一種說法：「伯爵之稱伯氏，猶侯爵之稱侯氏。」即稱某人為「伯氏」，並不代表他的名字中必須有「伯」字，而是用來表示尊卑的爵稱。

所以《不其簋》的簋銘中的「伯氏」應該就是指南仲。

可惜的是，這種說法仍然沒得到史學界的普遍認可，《不其簋》的簋銘中的「伯氏」到底是誰至今仍爭論不息。

■《呂氏春秋》的一則寓言被當成了史實

話說，武王建立了周王朝後，拋棄了「帝」的稱謂，改稱「王」，又尊稱「天王」以別於舊時代，彰顯一個偉大的新時代的開始。

補充一句，後世太平天國雖然襲用了很多西周制度，但洪秀全稱天王而不稱帝，是因為他覺得「皇上帝乃是帝也，雖世間之主稱王足矣。豈容一毫僭越於其間哉」！這一點，他的「天王」之號和周天子的「天王」尊稱還是有區別的。

為了對國家實施有效的管理，周武王利用了宗法上尊祖敬宗的觀念和血緣親戚的關係進行分封，以首都鎬京為中心，沿渭水下游和黃河中游，劃出一塊廣大的土地，稱為「王畿」，歸國王直接管理，而將王畿以外的所有土地進行分封封成幾十個面積很小的封國，讓他們像群星捧月一樣拱衛著王畿，以實現自己在宗法上為天下之大宗、政治上為天下之共主的地位。

　　不得不說，在很長一段時間內，這一管理制度還是很有成效的。

　　比如說，東夷叛亂，成王一聲令下，魯公伯禽就率領三族軍隊，風風火火地前去討伐。

　　又比如說，齊國太公姜尚，多次奉周王之令征討不服從周朝統治的侯伯小國，全心全意輔佐周室。

　　但是，隨著時間的推移，這種宗法統治秩序就出現了鬆動。

　　如康王的兒子昭王率軍征討楚國等南方各部族和國家時，在漢水邊上遭到了當地各族的圍攻，昭王本人淹死於漢水，周朝的軍隊全軍覆沒。

　　昭王之子穆王曾揮師攻打犬戎，出現了「荒服者不至」的現象。

　　即在昭、穆時期，周王室的統治已經偶露窘態。

　　但是，周王對分封的諸侯還保持有絕對指揮、調動、統治的權力。

　　如周穆王以後傳了四代到了周夷王時期，齊國國君齊哀公既荒於田獵酒色，又不尊禮制。周夷王二話不說，將齊哀公召到國都，烹煮殺死。

　　西周歷史的巨大轉折，出現在周厲王時期。

　　周厲王施行暴政，國內出現了「厲王止謗」、「道路以目」的情況。

　　《史記‧周本紀》記：「王行暴虐侈傲，國人謗王。」最終忍無可忍的人

第一章　馬場封國：起於附庸終成諸侯

民將周厲王驅逐出了鎬京。

西周進入了共伯和主持國事的「共和行政」時代。

厲王被逐，意味著自命為天子的周王從此入了凡間。

厲王之子宣王即位，汲取了厲王行暴政而被逐的教訓，克勤克儉，重修「文、武、成、康」之制，還利於民平定四方，收服諸侯。西周出現了短暫的中興。

沒有人會想到，宣王的兒子幽王繼位之後，一下子就把這把中興之火掐滅了，甚至玩死了強盛的西周王朝。

史學家對周幽王的評價非常低。

東漢人王逸在《正部論》裡將周幽王、周厲王並列在一起進行指責說：「幽、厲禮樂崩壞，諸侯力政，轉相吞滅，德不能懷，威不能制。」

司馬遷的《史記》的指責更加嚴厲，說：「幽厲昏亂，既喪酆鎬。」

按照《史記》的記載，周幽王的最大罪過就是「烽火戲諸侯」。

關於「烽火戲諸侯」故事的全過程，《史記‧周本紀》是這樣說的：「幽王嬖愛褒姒。褒姒生子伯服，幽王欲廢太子。太子母申侯女，而為后。後幽王得褒姒，愛之，欲廢申后，並去太子宜臼，以褒姒為后，以伯服為太子。」「褒姒不好笑，幽王欲其笑萬方，故不笑。幽王為烽燧大鼓，有寇至則舉烽火。諸侯悉至，至而無寇，褒姒乃大笑。幽王說之，為數舉烽火。其后不信，諸侯益亦不至。」「幽王以虢石父為卿，用事，國人皆怨。石父為人佞巧善諛好利，王用之。又廢申后，去太子也。申侯怒，與繒、西夷犬戎攻幽王。幽王舉烽火徵兵，兵莫至。遂殺幽王驪山下，虜褒姒，盡取周賂而去。」

即周幽王專寵褒姒。褒姒生有一子名伯服。周幽王打算廢黜太子。太

《呂氏春秋》的一則寓言被當成了史實

子的母親是申國申侯之女,為王后。周幽王自從得到了褒姒,寵愛不已,打算廢黜申王后,並廢除太子宜臼,改立褒姒為王后,冊封伯服為太子。褒姒不愛笑,幽王為取悅她,便大舉烽火召集諸侯。諸侯全都趕來了,卻發現並無寇匪侵犯,只好狼狽退走。褒姒哈哈大笑。這之後,周幽王為了取悅她,多次舉烽火玩弄諸侯,最終透支了自己的信用。周幽王又寵信佞臣虢石父,廢掉了申王后和太子宜臼。申后之父申侯大怒,聯合繒侯及犬戎入侵。周幽王舉烽火示警,諸侯都不來救援,致使幽王被弒於驪山腳下,褒姒亦被劫擄。

這故事和〈狼來了〉故事的涵義是完全一樣的。

〈狼來了〉故事是假的,這則故事也可能是假的。

但西周的滅亡,肯定與褒姒有關。

《詩經》裡有很多詩篇都有斥責褒姒亂政、干政,以至於滅國之句。

如〈瞻卬〉中說:「亂匪降自天,生自婦人。」《小雅・正月》中說:「赫赫宗周,褒姒滅之!」另外〈節南山〉、〈正月〉、〈十月之交〉也都提到幽王不恤政務、寵幸褒姒,聽信女子之言,但並無一語提到「烽火戲諸侯」之事。

《國語・周語》和《國語・鄭語》借太史伯陽之口總結西周滅亡的教訓,說周幽王重用虢石父和寵幸褒姒,為立伯服為太子而欲殺宜臼,導致申侯與繒侯、犬戎勾結等,也沒有「烽火戲諸侯」情節。

事實上,現代學者經過考證,沒有發現能證明西漢以前有「烽火」的實例。即「烽火」這一警報系統應該是西漢為防禦匈奴人而製作出來的。

在司馬遷之前的文獻中,只有《呂氏春秋》一書記載有周幽王戲諸侯的故事,但不是點燃烽火,而是讓人擊鼓。

第一章　馬場封國：起於附庸終成諸侯

《呂氏春秋‧慎行論‧疑似》寫道：「戎寇當至，幽王擊鼓，諸侯之兵皆至，褒姒大說，喜之。幽王欲褒姒之笑也，因數擊鼓，諸侯之兵數至而無寇。至於後戎寇真至，幽王擊鼓，諸侯兵不至，幽王之身乃死於驪山之下，為天下笑。」

無論是「擊鼓」還是「舉烽火」，只能應用於城市之間近距離的示警，退一萬步說，就算能應用於遠距離傳遞消息，則眾諸侯國徵發士兵、集結士兵、準備糧秣、整訓、出發也是需要時間的，短則半個月，長則三五個月，根本不可能出現那種「召之即來，揮之即去」的喜劇效果。而且，各地諸侯遠近有別，他們的軍隊只能是陸續地抵達，分批次而至，怎麼會出現司馬遷說的「諸侯悉至」的理想狀態呢？

史學大家因此笑批：「此委巷小人之談。諸侯並不能見烽同至，至而聞無寇，亦必休兵信宿而去，此有何可笑？舉烽傳警，乃漢人備匈奴事耳。驪山一役，由幽王舉兵討申，更無須舉烽。」

我們知道，《呂氏春秋》最大的成就之一，就是創造出了許多寓言故事。像我們所熟知的刻舟求劍、循表夜涉、引嬰投江、掩耳盜鈴等，都出自此書。

顯而易見，《呂氏春秋》是把周幽王戲諸侯的故事當作寓言故事來講的。

司馬遷不察以為是真事僅以「烽火」來代替「鼓聲」，一本正經地當成了史實來敘述，後人讀史，不可不察。

從《史記‧周本紀》的敘述來看，周幽王的最大罪過就是不應該違背西周建立的宗法制度，廢太子宜臼而改立伯服。

要知道，封建制度最重要的問題是權力的繼承。周王朝對這個問題的解決方法是宗法制度。宗法制度的最重要一項是「嫡子繼承制度」，即只

有嫡長子才是唯一有權繼承國王或爵位的人。

從名字來看，褒姒的兒子伯服名字中有「伯」字，他很可能是周幽王的長子。

但這並不重要。

褒姒只是周幽王的一個妃子，不是正妻。只有正妻生的兒子才能成為嫡子，褒姒生的兒子只能是庶子。那麼，在正妻生有兒子的前提下，褒姒所生的庶子是沒有王位繼承權的。

周幽王的正妻申王后，是申國申侯的女兒，生下了太子宜臼。

周幽王廢掉了申王后和太子宜臼，激怒了申後之父申侯。

申侯聯合繒侯及犬戎入侵，殺了周幽王，劫擄了褒姒。

《史記‧周本紀》行文至此，筆鋒急轉，寫「於是諸侯乃即申侯而共立故幽王太子宜臼，是為平王，以奉周祀。平王立，東遷於雒邑，闢戎寇」，將西周滅亡、平王東遷的經過一筆帶過，漏掉了一個重大歷史事件：周朝的「二王並立」。

關於西周滅亡、平王東遷的歷史轉折，《竹書紀年》記述有一個清晰的脈絡：

三年，王嬖褒姒；

五年，王太子宜臼出奔申；

八年，王立褒姒之子曰伯服，為太子；

九年，申侯聘西戎及繒；

十年春，王及諸侯盟於太室。秋九月，桃杏實。王師伐申；

十一年春正月，日暈。申人、繒人及犬戎入宗周，弒王及鄭桓公。犬

第一章　馬場封國：起於附庸終成諸侯

戎殺太子伯服。執褒姒以歸。申侯、魯侯、許男、鄭子立宜臼於申，虢公翰立王子餘臣於攜。

……

對照《史記‧周本紀》來看，《竹書紀年》在這裡的記載顯然多了好幾個情節。

一、周幽王是在周幽王十一年（西元前773年）正月被亂臣弒殺的，但太子宜臼早在周幽王三年（西元前779年）就逃到了外公申侯的家裡了。

二、周幽王曾於十年大會諸侯，並於該年秋九月出師征伐過申國。

三、申國與繒國、犬戎聯兵擊退了王師，並且反攻到鎬京，在鎬京城裡弒殺了周幽王。被殺的還有鄭桓公和太子伯服。

四、申侯、魯侯、許男、鄭子在申國立宜臼為周王時，周王室的近親之國虢國的虢公翰也在攜地（今陝西渭南）擁立周幽王之弟餘臣為周王，是為周攜王。

也就是說，與周平王同時被推舉為王的，還有一個周攜王！

《史記‧周本紀》沒有提到周攜王，不是司馬遷要隱瞞什麼，而是周攜王與周平王相爭失敗，已被周朝的史官刻意從史冊上抹去了。

那麼，周攜王與周平王「二王並立」時，誰是正統、誰是僭越呢？

我們看，無論是《史記‧周本紀》還是《竹書紀年》都已經明確說明，周平王已經被周幽王廢黜了，從法理上說，他已經喪失了繼承王位的資格了。

再有，宜臼並不是在周國由周室臣民擁立，而是在申國由申國國君扶上王位的，這就屬於來路不正了。

最糟糕的是，扶立宜臼的申侯，是聯合繒國及犬戎進攻鎬京、殺死了周幽王、劫掠和火燒了鎬京的周室罪人，即申國和申侯，是為周室的敵國和敵人。

那麼，周平王的王位明顯屬於僭越。

周平王，是一個名副其實的偽主。

反觀周攜王，他是周地百姓及周室王公貴族所擁立的，應屬正統。

周攜王與周平王「二王並立」的局面維持了多久呢？

《竹書紀年》記：「二十一年攜王為晉文公（當作文侯）所殺。」即周攜王是在周平王二十一年被晉文侯殺掉的，這個局面維持了21年。

不用說，這21年時間裡，各地諸侯紛紛「選邊站」，其中的晉文侯站在了周平王這一邊。

事實上，除了晉國的晉文侯，秦國的秦襄公也站在周平王這一邊。

周平王是勾結犬戎殺害父兄的亂臣賊子，得位不正，而且，根據史料記載，他後來東遷雒邑後，天下諸侯在長達9年的時間內不肯入朝覲見，這說明，他在一開始是得不到絕大多數諸侯承認的。

那麼，他是怎麼獲得晉文侯、秦襄公等人的支持的？

結合各方面的史實推斷，他是在外祖父申侯積極的出謀劃策下甘願喪權賣國，透過各種手段，拉攏到了晉文侯、秦襄公。

對於晉文侯，周平王作了一篇通篇充滿溢美之詞的〈文侯之命〉，准許他在汾水流域擴張。

對於秦襄公，周平王與他盟誓，封給他爵位，許諾說：「戎無道，侵奪我岐、豐之地，秦能攻逐戎，即有其地。」

第一章　馬場封國：起於附庸終成諸侯

秦襄公因此得以建立諸侯國，成了秦國開國之君。

秦國也從此享有與齊、晉、鄭等國同等的地位，「與諸侯通使聘享之禮」。

在正式立國之初，秦襄公大張旗鼓地用騮駒、黃牛、羝羊各三頭的太牢大禮，在西畤祭祀白帝。

那一段時間，《史記・秦本紀》記：「秦襄公將兵救周，戰甚力，有功。」

不管秦襄公如何有功，功勞都沒晉文侯大。

西元前 750 年，晉文侯偷襲周攜王得手，周攜王死了。

二王並立的局面宣告結束，擁戴周攜王的傳統大國虢國、虞國等走向衰落。

一枝獨大的周平王在晉文侯的引導下，離開了申國，回到了周都鎬京。

不過，由於周平王殺父篡位，引外族洗劫鎬京，得不到鎬京人的擁護，而且鎬京也已經殘破。

為此他提出東遷至雒邑。

秦襄公自告奮勇，「以兵送周平王」。

周平王東遷，等於主動放棄了關中，使得周王室失去了一半王畿領地，實力大減，從此失去了統領諸侯的能力。

而周平王向秦襄公許以關中西部的地方，鼓勵晉文侯沿汾水流域擴張等種種做法，等於是支持諸侯國互相合併，允許諸侯國自行擴張，明顯是對周王國秩序的破壞。

由此，大混亂開始，孔子所哀嘆的「禮樂崩壞」的時代來臨，諸侯國的力量日益強盛，鄭、齊、宋、晉、秦、楚、吳、越等國家相繼稱霸於中

原,其中的秦國笑到了最後。

也許,在周平王把周王朝的龍興之地岐、豐讓給秦襄公時,秦襄公就有了秦國由此興起,最後統一天下的念頭。

司馬遷在《史記‧六國年表》中就說:「周東徙雒邑,秦襄公始封為諸侯,作西畤用事上帝,僭端見矣。」

▍秦公簋的器主是誰?

大名鼎鼎的「秦公簋」出土於甘肅省天水市秦嶺鄉梨樹坡村與隴南市禮縣紅河鄉北邊交界處。

其浮現在人世的過程頗富傳奇色彩。

據天水著名學者考證,最先發現它的是一個牧羊人,時間是 1919 年。

牧羊人有眼不識寶,把它當成破銅爛鐵賣給了收破爛的攤販。

在攤販的變賣之後,寶物到了天水人楊衣官之手。

楊衣官把它當給了橫河(今紅河)聚源當。

一名陝西姓張的古董商從聚源當裡買走,將它帶到了蘭州。

時任甘肅督軍的合肥人張廣建愛好收藏,以高價購得帶至北京。

王國維於 1923 年有緣得見,異常激動,根據器上銘文開首的「秦公」二字將之命名為「秦公簋」並撰寫了一篇〈秦公簋跋〉。

寶物因此名聲大噪,成了考古界和學術界追捧的神器。

有著名學者於 1931 年瞻仰了寶物,經過一番研究,也寫了一篇〈秦公簋跋〉。

第一章　馬場封國：起於附庸終成諸侯

1933 年，知名歷史學家也見到了這件秦公簋，撰寫了〈秦公簋韻讀〉。

這之後，語言學家對於秦公簋的論說文章相繼問世，都對秦公簋推崇備至。

1935 年，張廣建的後人以 2,000 多元之價將秦公簋賣給當時的收藏家。嗣後，收藏家將簋捐獻給北京故宮博物院。

往後更是有諸多學者對秦公簋進行了研究，前後超過了 40 位。

但是，對於秦公簋的主人是誰，這 40 多位專家的看法和結論並不一致。

主要是秦公簋上雖然有銘文，但上面並沒有標明年代，讓後人難以考證。

秦公簋高 19.8 公分，口徑 18.5 公分，足徑 19.5 公分，腹徑 23 公分。小口，母口深蓋，蓋 54 字，器身 51 字，器、蓋聯銘，合在一起，是一篇完整的祭祀文章共計 105 字。

全文為：秦公曰：「不顯朕皇且，受天命，鼐宅禹跡，十又二公，在帝之坏。嚴恭寅天命，保業厥秦，虩事蠻夏。余雖小子穆穆，帥秉明德，烈烈桓桓，邁民是敕。咸畜胤士，盍盍文武，鎮靜不廷，虔敬朕祀。作吻宗彞，以昭皇且，其嚴御各，以受屯鹵。多釐眉壽無疆，畯疐在天，高弘有慶，灶有四方。宜。」

此段銘文大意是：秦公說：「我顯赫輝煌的祖上，受上天之命，追尋著大禹王的足跡，奉祀的十二位祖先，在白帝的犬丘城之地。我嚴父謹守周天王之命，保衛著秦地不失，在蠻族與諸夏之間縱橫捭闔。小子我莊嚴肅穆秉，承先祖美德，壯烈強悍，以萬民需求為政綱。我廣聚人才，文臣武將濟濟一堂，國家安定，虔祀宗廟。鑄作寶器緊鄰祖宗牌位，以此頌揚祖先。請嚴父駕車回廟享受祭品。祈願我大秦多福、萬壽無疆，事業如日中天，在中原召開慶典，奄有天下四方。一切合宜皆順。」

秦公簋的器主是誰？

　　由於秦公簋器銘文有「十又二公」，與北宋內府收藏的秦公鐘銘文中也有「十又二公」之字相同的，很多學者認為，這秦公簋的主人和秦公鐘的主人同為一人。

　　但是，秦公鐘的主人到底是誰，也同樣是一個謎。

　　秦公鐘出土於何地，史不見載。只知道它是北宋名臣葉清臣出駐長安（今西安）時所得，後來進獻給了仁宗皇帝，於皇祐元年（西元1049年）自內府降出，使考正樂律官宦圖其狀，模其文以賜公卿。名相晏殊的外孫楊南仲得其圖，為圖刻石，流傳於世。

　　秦公鐘銘開頭幾句是：秦公曰：「丕顯朕皇祖受天命，竈有下國。十又二公不墜在上，嚴龏夤天命，保業厥秦，虩事蠻夏。」

　　當時，人們為了考究秦公鐘的主人，主要是從「十又二公」這五字入手。

　　根據《史記》的〈秦本紀〉及〈秦始皇本紀〉卷末所附「序列秦之先君立年及葬處」，可排列出〈春秋秦公世系表〉如下：非子──秦侯──公伯──秦仲──莊公──襄公──文公──靜公──憲公──出子、武公、德公──宣公、成公──穆公──康公──共公──桓公──景公──哀公──夷公──惠公──悼公……

　　楊南仲提出：「秦自周孝王始邑非子於秦為附庸，平王始封襄公為諸侯則非子至宣公為十二世；襄公至桓公為十二世。」

　　楊南仲因此認為秦公鐘的主人不是秦成公就是秦景公。

　　實際上按照〈春秋秦公世系表〉可知，無論是從非子至宣公，還是從襄公到桓公，都應該是十三世。楊南仲說成十二世，要麼就是因為靜公早卒未立不算入內，要麼就是因為出子幼年被殺不稱公之故，二者中只計其一入內。

第一章　馬場封國：起於附庸終成諸侯

　　曾奉帝命書《石經》並撰有《南唐書》的北宋人胡恢卻認為，除去出子被殺不算，這十二世是從秦侯至成公，即秦公鐘的主人為秦穆公。

　　大史學家、大文豪歐陽脩則說：「如果按《史記·秦本紀》自非子邑秦的說法算起，十二世是指從非子至宣公，即秦成公是秦公鐘的主人；如果按《史記·秦本紀》由秦仲始為大夫、《諸侯年表》以秦仲為始的說法算起，十二世是從秦仲至康公，秦共公為秦公鐘的主人；如果按《史記·秦本紀》襄公始列為諸侯的說法算起，十二世是自襄公始至桓公則秦公鐘主人為秦景公。」

　　……

　　這之後趙明誠、董逌、黃伯思等先賢均有不同見解。

　　秦國的「十又二公」到底都指誰，這是十二世從秦襄公封侯算起還是從非子始邑或莊公稱公算起，其中未享國的靜公與幼年被殺的出子算不算入內，等等問題，致使秦公鐘的主人有「襄公說」、「文公說」、「德公說」、「成公說」、「穆公說」、「共公說」、「桓公說」、「景公說」等說法。

　　如果認為秦公簋的主人和秦公鐘的主人同為一人，那麼，秦公簋的主人也應該有同樣的問題。

　　時至今日，儘管眾多名家加入討論，仍是眾說紛紜，莫衷一是。

　　其中，容庚認為，《史記·秦本紀》把第一個封侯的秦襄公定為秦國始國之君但始國之君是可以追稱其父為公的。司馬遷寫秦史，就是從莊公開始稱秦君為公的，這樣「十有二公」當從莊公算起，十二公之後為桓公。

　　容庚的說法，得到了幾位歷史學家的認同。

　　但影響最大的還是郭沫若的說法。

　　郭沫若從器型入手，他在《兩周金文辭大系》中說：「余今得一堅確之

證據，知作器者實是秦景公，蓋器與齊之叔夷鎛花紋形制，如出一範，叔夷鎛作於齊靈公中年，秦景公於靈公六年即位，年代正相同，知所謂十又二公實自襄公始。」從而將秦景公隸定秦公簋的主人。

郭沫若在考古學上的成就有目共睹，他的說法最為權威，理由也最為充分。

他的說法得到了亦得到了數十位文史學家的支持。

特別要說明的是，1978 年陝西寶雞太公廟村出土了秦公編鎛，其上面第一段銘文為：「秦公曰：我先祖受天命，賞宅受國，烈烈昭文公、靜公、憲公不墜於上，昭合皇天，以虩事蠻方。」

在這裡，明確提到了文公、靜公、憲公這三代祖先，故可以推知這個編鎛為出子、武公、德公這三位中的某一位在位時所鑄。

也從文公、靜公、憲公這三代世系、公譜的排序來看，秦靜公雖然沒有即位，但也被列入了「十二公」體系內，即從秦襄公算起，除去出子不算，到秦桓公剛好十二世，即秦景公就是秦公鐘、秦公簋的主人。

應該說，「景公說」是學術界的主流。

秦國早期兩位可憐的國君

從周孝王於西元前 905 年因秦非子養馬有功封之為天子附庸算起，到西元前 207 年劉邦逼迫在位僅 46 天的子嬰出降結束，秦國的歷史差不多有 700 年。

這漫長的 700 年時間裡，秦國最初只是一個封地不過 25 公里的附庸

第一章　馬場封國：起於附庸終成諸侯

小國，卻一點一點擴大，一點一點崛起，最終由秦始皇「振長策而御宇內，吞二周而亡諸侯，履至尊而制六合，執敲撲而鞭笞天下，威振四海」可謂壯哉。

這其中所經歷過的磨難，所穿越過的生死考驗，可想而知。

話說，非子雖然獲得封地，成了秦國始封君，但他只是依附於天子的「附庸」既不是諸侯，也算不上卿和大夫。

不但非子不是上卿和大夫，他的兒子秦侯、孫子公伯也都不是。

最先被封為大夫的，是秦非子的曾孫秦仲。

秦仲在位期間，由於周厲王無道，有諸侯起兵反叛，西戎族趁亂滅了犬丘大駱的全族。

周宣王即位後，勵精圖治，為了平滅西戎，封秦仲為大夫，讓其玩命跟西戎對抗。

秦仲的身分驀然高升，他果然像打了腎上腺素似的，率領自己那點少得可憐的兵力反覆與西戎展開生死搏殺。

但這種搏殺的效果並不明顯，雙方互有勝負，死人無數，很多地方都是得而復失。

到了西元前 822 年，秦仲不幸戰死於西戎人之手。

秦仲有 5 個兒子，其長子繼位，是為秦莊公。

周宣王心情沉重地召見了莊公兄弟 5 人，交給他們 7,000 兵卒，命令他們討伐西戎。

西元前 821 年，秦莊公出兵擊敗西戎，收復了犬丘。

周宣王於是又把秦仲的子孫召集起來，鄭重地把土地賞賜給他們，

包括他們祖先大駱的封地犬丘在內全部歸他們所有,並任命他們為西垂大夫。

受封之日,秦莊公鑄作了傳世名器不其簋,上有銘文,詳細記載了3次與西戎交兵的過程。

秦國也從此開始,兼有了兩個封邑,一在秦(天水),一在犬丘(咸陽興平)。

秦莊公在位44年,主要居住在他們的故地西犬丘(天水)。

西元前778年,秦莊公死了,他有3個兒子,長子世父很有志氣,說:「戎殺我大父仲,我非殺戎王則不敢入邑。」他率兵去攻打西戎,而把繼承人的位置讓給了弟弟秦襄公。

秦襄公是秦國發展史上一個里程碑式的人物。

西元前771年,周幽王廢黜太子宜臼而改立寵妃褒姒所生的兒子伯服,引起宜臼的外公申侯不滿。申侯勾結西戎、繒國合入鎬京,弒殺了周幽王,從而出現了周平王和周攜王「二王並立」的局面。

秦襄公在「二王並立」中站在了周平王這一邊,「將兵救周,戰甚力有功」並且在周平王東遷雒邑時,自告奮勇,「以兵送周平王」。

周平王因此封襄公為諸侯,賜之岐以西之地,說:「戎無道,侵奪我岐、豐之地,秦能攻逐戎,即有其地。」

至此,秦國正式成為諸侯國(伯爵國),可以跟其他諸侯國互通使節互致聘問獻納之禮。

秦襄公在位僅12年,西元前766年,他病死於征討西戎的路上。

秦襄公的兒子繼位,是為秦文公。

西元前765年,秦文公移居西垂宮,說:「昔周邑我先秦嬴於此,後

第一章　馬場封國：起於附庸終成諸侯

卒獲為諸侯。」發誓一定要收取岐山之地，率兵繼續同西戎作戰，拚死爭奪地盤。

西元前750年，秦文公打敗了西戎，「遂收周餘民有之，地至岐」，實現了當年的夙願。

秦文公在世時，是立有太子的。

但他在位時間太久了，有50年之久。

以至於這個太子都沒能熬到繼位，就在西元前718年嚥氣了，賜諡為「靜公」。

沒辦法，秦文公另立秦靜公的兒子為太子。

西元前716年，秦文公去世，新太子繼位當上了國君，是為秦憲公。

秦憲公繼位時，年僅8歲，主少國疑，大權旁落到了大庶長（官名）弗忌（人名）、威壘（官名）三父（人名）之手。

還好，三父等人還是盡心盡責輔政的，他們輔佐幼主把都城東遷到平陽，對外展開了一連串的軍事行動：與亳戰，使得亳王奔戎打，奪取了陝西西安、咸陽一帶；攻芮，俘獲了芮國國君芮伯萬；伐西戎小國蕩氏，一戰取之。

但在西元前704年，秦憲公離奇死亡，在位11年。

秦憲公去世時雖然只有20歲，但卻留下了3個兒子：老大嬴說、老二嬴嘉、老三嬴曼。

並且，秦憲公生前已經立了老大嬴說為太子。

但是，三父等人卻廢黜了老大嬴說的太子之位，另外擁立了老三嬴曼繼位。

該年，老三嬴曼只有5歲，史稱「秦出子」。

如果說，三父等人廢長立幼的目的，是出於幼小的出子易於控制，這比較好理解。但是他們讓出子當了六年傀儡國君後，卻又於西元前698年派人把出子殺了，回頭重新擁立了老大嬴說為國君，即秦武公。

這讓人覺得十分不合理。

那麼，秦武公會因此而感激三父他們嗎？

不可能！

因為他本來就是秦憲公冊立的太子，本來在六年前就應該繼承王位了。

即位這一年，秦武公已經十五六歲了，對形勢有清楚的認知和判斷：三父等人的權勢已經尾大不掉，再不設法剪除，秦國就國將不國了。

秦武公不動聲色，以討伐戎族彭戲氏為由，帶兵到華山腳下修建了平陽宮，積極操練兵馬，培植和穩固自己的勢力。

過了3年，秦武公班師回朝，突然發難，一舉誅殺了三父等人。

至此，秦武公收歸軍政大權，東西征戰，親自帶兵滅掉了絡戎、冀戎將之設為秦國的邽縣、冀縣；再滅虢國、彭戲氏，將秦國的勢力推進到關中渭水流域一帶。

秦武公在位20年，於西元前678年去世，時年才三十五六歲，正值人生盛年，惜哉。

秦武公最受後人詬病的地方，是他首次開創了秦國活人殉葬制度，「從死者六十六人」。

秦武公有一個兒子，叫白，封於平陽。王位沒有傳給白，而傳給了秦武公的同母弟嬴嘉，即秦德公。

公子白有一個威名赫赫的後代──戰神白起。

第一章　馬場封國：起於附庸終成諸侯

第二章

草莽崛起：小國崛起吞併六雄

第二章　草莽崛起：小國崛起吞併六雄

■ 秦穆公該不該列入「五霸」之內？

「春秋五霸」之說，最先始自戰國末期趙國思想家荀況所著的《荀子‧王霸》。

原文說道：「齊桓、晉文、楚莊、吳闔閭、越勾踐，是皆僻陋之國也，威動天下，強殆中國，無它故焉，略信也，是所謂信立而霸也。」

荀況認為齊桓公、晉文公、楚莊王、吳王闔閭、越王勾踐這五個國君「威動天下，強殆中國」，建立了霸業，王霸天下，稱之為霸主，後世遂有「春秋五霸」之稱。

西漢辭賦家王褒作〈四子講德論〉也提到了七位「威震諸夏」、「折衝萬里」的君主，分別是齊桓、晉文、秦穆、楚莊、勾踐、魏文、燕昭。去掉後面兩位出現在戰國時期的君主不計，春秋時期的君主恰恰也是五位，可見「春秋五霸」的說法已深入人心。

不過，也由此可知，「春秋五霸」的說法雖成定論，但具體的「五霸」是誰，卻有爭議。

事實也正是如此。

如班固在《漢書注‧諸侯王表》中將「五霸」定為：齊桓公、晉文公、秦穆公、宋襄公、吳王夫差。

而與《漢書》同時代的《白虎通義》又將「五霸」列為：齊桓公、晉文公、秦穆公、楚莊王、吳王闔閭。

唐朝人司馬貞所著的《史記索隱》，另將「五霸」說成：齊桓公、晉文公、秦穆公、楚莊王、宋襄公。

由於《史記索隱》經常被人們與《史記》綁在一起閱讀，故影響力最

秦穆公該不該列入「五霸」之內？

大,即其「五霸」的說法被最多人接受。

近代人朱起鳳撰《辭通》時,卻在《史記索隱》說法的基礎上將「五霸」的組合進行了小幅的調整,用鄭莊公替換了宋襄公,是為:齊桓公、晉文公、秦穆公、楚莊王、鄭莊公。

朱起鳳大概是認為宋襄公好虛名而不務實,一心想繼承齊桓公的霸業,在與楚國爭霸中,兵敗身死而為後人笑。鄭莊公兩次擊敗周天子組織的諸國聯軍「秉國之均,四方是維」,比宋襄公強多了。

但是,鄭莊公的鄭國實在太小,實力有限,其僅僅形成「小霸」局面,實難入「五霸」之列。

以鄭莊公作為參考,秦穆公只是獨霸西戎,吳王闔閭僅縱橫江淮,越王勾踐不過稱雄於東南一隅。吳王夫差雖然與晉爭霸獲勝,但轉眼就國亡被擒,霸業成空。

即鄭莊公、秦穆公、吳王闔閭、越王勾踐、吳王夫差等人的功業實難與齊桓公、晉文公建立的霸業並肩。

另外,楚國長期被排除在華夏文化之外,即楚莊王雖有中原霸主之氣象,卻不容易得到一些人的認同。

為此,清朝人全祖望在《鮚崎亭集外編》中把「春秋五霸」排列為:齊桓公、晉文公、晉襄公、晉景公、晉悼公。

齊桓公九合諸侯,一匡天下;晉文公踐土會盟,親受周天子冊封為「侯伯」(諸侯之長)。這兩個人無論在哪一個「春秋五霸」版本中均位列其中。

晉襄公為晉文公之子,於崤山大敗秦軍,選賢舉能,為政寬仁,垂拱而治。

第二章　草莽崛起：小國崛起吞併六雄

　　晉景公在繞角之役、伐蔡攻楚破沈之戰中終結楚國霸業，在晉齊鞌之戰中降服齊國，續霸中原。

　　晉悼公尊天子而令諸侯、和戎狄以徵四方，獨霸中原。

　　從這個角度上說，對於全祖望的這個排列，我本人較為認可。

　　不過，話又說回來，不說別的，單論名氣，秦穆公、楚莊王、鄭莊公、吳王闔閭、越王勾踐、吳王夫差這些人比晉襄公、晉景公、晉悼公這三位大多了。

　　尤其是秦穆公。

　　賈誼在《過秦論》說：「自繆公以來，至於秦王二十餘君，常為諸侯雄。」即秦國的強大始於秦穆公。

　　秦穆公得繼君位有些僥倖。

　　秦穆公的父親是秦德公。

　　秦德公是秦武公的弟弟，本來是沒有資格繼承國君之位的。

　　秦武公病故時只有35歲，他的兒子年紀都很小，最大的兒子公子白只有十幾歲。所以，群臣沒有擁立秦武公的兒子為君，轉立了33歲的秦德公。

　　秦德公在位僅兩年，就死了。

　　君位傳給了長子秦宣公。

　　秦宣公在位12年，生了9個兒子，但年齡太小。群臣於是擁立了他的弟弟成公。

　　秦成公在位4年去世，生了7個兒子，但年齡太小。群臣於是擁立了他的弟弟任好，即秦穆公。

秦穆公該不該列入「五霸」之內？

秦穆公一生虛懷若谷，求賢若渴，從善如流，寬仁待人。

他繼位後重用百里奚、蹇叔、公孫支等人，「三置晉君」，先後扶持晉惠公、晉懷公、晉文公登基。

晉惠公、晉懷公都是忘恩負義的人。

其中的晉惠公在秦穆公護送回國前，信誓旦旦地稱：「若成功奪位，必回贈秦五城。」

但事成後他並未兌現諾言。

秦穆公恨得牙根癢癢。

改年，晉國遇上了旱災，舉國鬧饑荒。

晉惠公厚著臉皮派人來向秦穆公勸捐。

大臣丕豹勸秦穆公千萬不要捐糧給他，並建議趁其之危，出兵教他怎麼做人。另一個大臣公孫支卻搖頭說：「饑穰更事耳，不可不與。」

當然還是百里奚說的話最有分量，他說：「夷吾得罪於君，其百姓何罪？」

於是，秦穆公放下了對晉惠公的個人成見，慷慨送糧接濟，「以船漕車轉，自雍相望至絳」。

但是，秦穆公這樣一片好心卻換來了晉惠公的沒心沒肺。

第二年，秦國鬧災荒了，秦穆公向晉惠公買糧以度難關，晉惠公幸災樂禍，一粒糧食也不肯賣。

這就算了，晉惠公還與群臣籌劃陰謀算計秦國。

晉大臣虢射眉飛色舞地說：「因其饑伐之，可有大功。」

晉惠公笑而從之，興兵攻秦。

第二章　草莽崛起：小國崛起吞併六雄

秦穆公氣得吐血，親率孟明視等大將往前迎戰，生擒了晉惠公，奪取了先前他所許諾的 5 座城池，把疆域擴展到黃河西岸。

由於晉國是老牌大國，秦穆公一來受時代背景所限制，二來他也沒有這麼大的胃口對晉國實施吞併，三來他的夫人是晉惠公的姐姐，看在夫人的面子上，他放回了晉惠公。

晉惠公為表誠意，讓自己的兒子太子圉在秦國作為人質。

為了秦晉能夠和平友好相處，攜手共同發展，秦穆公將女兒懷嬴許配給了太子圉。

沒兩年，晉惠公就死了。

太子圉偷溜回國，是為晉懷公。

晉懷公翻臉不認人，與秦國交惡，用他的冷屁股來迎接秦穆公的熱臉。

秦穆公氣得全身發抖，將包括自己的女兒文嬴在內的 5 個女子一併嫁給晉懷公的伯伯重耳，助重耳回國當了國君，是為晉文公。

晉文公當上了國君後，猶如潛龍昇天，他在狐偃、先軫、趙衰、賈佗、魏犨等一批能臣的輔助下，通商寬農，整飭軍事，使晉國國力大增。先是聯合了秦國和齊國伐曹攻衛、救宋服鄭，平定周室子帶之亂；後來又在城濮之戰中大敗楚軍，召集齊、宋等國於踐土會盟，晉文公是繼齊桓公之後的第二位霸主，風頭完全蓋過了秦穆公。

幸好，晉文公即位時已經 61 歲了，僅僅當了 8 年國君，於西元前 628 年去世了。

說來也很巧，鄭國的鄭文公也是在這一年去世的。

秦穆公此時的年紀也很大了，為了在有生之年成就霸業，他遣孟明視、

西乞術、白乙丙奔襲鄭國，想藉此拿下中原。

但是，秦軍襲鄭得由秦都雍（今陝西鳳翔縣）至鄭都（今河南新鄭市），歷程750多公里，要穿過晉地和周地的桃林、崤函、轘、虎牢等數道雄關險塞，所謂孤軍遠征，風險極高。

百里奚、蹇叔苦勸秦穆公放棄這種自殺式的軍事行動，蹇叔說：「勞師以襲遠，非所聞也。師勞力竭，遠主備之，無乃不可乎？師之所為，鄭必知之，勤而無所，必有悖心。且行千里，其誰不知？」

但秦穆公覺得不能再等了，而且秦晉締結的聯盟還在，晉國從旁邊捅一刀的可能性不大，一意孤行，命令百里奚之子孟明視，蹇叔之子西乞術及白乙丙三個人率兵東進。

事情的發展正如百里奚和蹇叔所料，秦軍行抵滑國（今河南偃師縣之緱氏鎮）時，在當地做生意的鄭國人弦高以鄭國國君的名義獻牛犒勞秦軍，同時派人急回國內報告。

如此一來，孟明視、西乞術、白乙丙認為偷襲的意義已經失去，但又不甘空手而歸，於是順手襲滅滑國，滿載戰利品而歸。

但這並不是這次勞師遠征的最後結局。

新繼位的晉襄公哪容別人分享晉國的霸權？為了遏制秦人東進的態勢，他親率先軫等人於崤山（今河南洛寧縣西北）埋伏，襲擊秦軍。

秦軍全軍覆沒，孟明視、西乞術、白乙丙三帥被俘。

不過，晉文公雖死，秦穆公的女兒文嬴還在。

文嬴向晉襄公說情，孟明視、西乞術、白乙丙三帥得以釋放。

秦穆公遭此奇恥大辱，先後兩次伐晉，一敗一勝。

第二章　草莽崛起：小國崛起吞併六雄

敗，那是空耗國力，白白葬送了士卒的性命；勝，也不過是在晉國邊境耀武揚威一番而已，又沒能吞併晉國一城一地。

事實證明，有強晉存在，秦穆公就沒辦法向東發展。

沒有其他辦法，他只好聽從了百里奚的勸告，調頭向西發展，滅掉西方戎人所建立的十幾個國家，開地千里。

對於秦穆公西拓的勝利，周天子特加祝賀，並賜金鼓。

可以說，秦穆公稱霸西戎事業達到了巔峰。

不過，饒是秦穆公能力超群，見識卓越，卻始終被晉國牢牢困住東進之路霸業僅僅局限於西戎可惜了。

西元前621年秦穆公去世，葬於雍城（今陝西寶雞鳳翔東南）殉葬的人數高達177人，其中包括奄息、仲行、針虎3個良臣。

司馬遷在《史記・秦本紀》中，借當時有識之士之口，認為秦穆公雖然「廣地益國，東服彊晉，西霸戎夷」，但「不為諸侯盟主」，即不能像齊桓公、晉文公那樣為諸侯盟主，所以算不上「侯伯」，不能稱之為諸侯中的霸主。

▍秦穆公的諡號是「穆」還是「繆」？

春秋時期的秦國，只有兩位傑出的君主：一個是護周平王東遷因而得以建國的秦襄公；另一個是獨霸西陲的秦穆公。

但是，關於秦穆公的記載，有些史書把他寫為「秦穆公」如《左氏傳》和《國語》。

秦穆公的諡號是「穆」還是「繆」？

有些史書把他寫為「秦繆公」，如《公羊傳》、《穀梁傳》。

有些史書乾脆混用，時而用「秦穆公」，時而用「秦繆公」如《史記》。

讓人有些無所適從，困惑不已。

他到底是「秦穆公」呢，還是「秦繆公」？

這件事還真的得好好釐清。

有人說，他既是「秦穆公」，也是「秦繆公」。其中的「穆公」是廟號，「繆公」是諡號，「秦穆公」和「秦繆公」都是同一個人。

廟號是什麼呢？

《辭海》的解釋是：「帝王死後，在太廟立室奉祀，並追尊某祖某宗的名號，稱廟號。始於殷代，其後歷代封建帝王都有廟號。」

對於諡號，《辭海》的解釋是：「帝王、貴族、大臣、士大夫死後，依其生前事蹟給予的稱號。」

不難看出，廟號僅僅指宗廟、神主的排位；或是在祭祀時，子孫按照昭穆排列順序進行行禮，僅僅只是一種左右長幼順序的排列，不涉及功績大小、名聲好壞。

而諡號是有嚴格規定的是根據這個人的事蹟所給予的稱號，有美諡也有惡諡。

《逸周書‧諡法解》裡面說了，「布德執義曰穆」、「名與實爽曰繆」。

即「穆」是好字眼，用作諡號是美諡。

「繆」是個壞字眼用作諡號，是惡諡。

「秦穆公」、「秦繆公」這二者間的美、惡差別巨大，作為諡號史學家不大可能弄錯，而導致混用，並且還用在了同一個人身上。

055

第二章　草莽崛起：小國崛起吞併六雄

那麼，「秦穆公」與「秦繆公」二者之間只能一個是廟號，另一個是諡號。

之所以認為「穆公」是廟號，「繆公」是諡號那是因為《史記·蒙恬列傳》中，蒙毅曾對胡亥的使者說過「昔者秦穆公殺三良而死，罪百里奚而非其罪也故立號曰『繆』」之類的話。

不難看出，秦穆公之所以「立號曰『繆』」是因為他做過「殺三良而死，罪百里奚而非其罪」這兩件不光彩的事。這是根據個人事蹟評定出來的稱號，當然屬於諡號。

而且，「秦穆公殺三良而死，罪百里奚而非其罪」這兩件事，都是秦穆公的汙點。即秦穆公因為有了這兩個汙點，「故立號曰『繆』」。可見「繆公」是個惡諡。

秦穆公既然有了「繆公」的惡諡，就不應該再擁有「穆公」的美諡。

《禮記》中稱：「夫祭有昭穆昭穆者所以別父子、遠近、長幼、親疏之序而無亂也。」

在從西周傳下來的古代宗法制度中「父曰昭子曰穆；左為昭右為穆」。即「昭穆」關係僅僅是指宗廟、神主的排位。秦穆公為秦德公之子，其上有兄長秦宣公、秦成公，按照宗廟的排位，稱「穆」並無不妥。

但是，廟號的使用是在漢朝滅亡後才在帝王中氾濫開來的。在先秦時期，按照「祖有功而宗有德」的標準，一般是開國君主稱「祖」；繼嗣君主中，唯有治國才能傑出者才能擁有。

遍考史書，先秦時期擁有廟號的人只有商、周幾個帝王，如商中宗太戊，商高宗武丁等等。

即使在漢朝，廟號的追尊也非常嚴格，僅僅追尊了幾位功業卓著者，如漢高祖劉邦、漢世祖劉秀。

也就是說，春秋戰國時期的秦國，根本沒有立廟號的權利。

退一萬步說就算秦國不顧西周宗法制度，偷偷為自己的君主上廟號，那秦穆公即使擁有了「穆」的廟號，也只能叫「秦穆宗」，而不是叫「秦穆公」。

因此，「秦穆公」不可能是廟號而只能是諡號。

又回到了最初的問題。

「秦穆公」和「秦繆公」如果都是諡號，那就只能二選一，不能兼而有之。

不過有人認為諡號又分為兩種，一種是「生諡」，一種是「死諡」。

沒有特別說明，通常的諡號都屬於「死諡」，即帝王、貴族、大臣、士大夫死後，別人依據其生前事蹟給予他的稱號。

這個相對公平、公正。

而「生諡」是帝王、貴族、大臣、士大夫在生前就得到的稱號。

這種情況，歷史上有沒有呢？

有。

比如楚太子弒父，諡父為「靈」。但其父尚未閉眼，口雖不能言，卻眨巴著眼睛似有所指。死者為大，太子趕緊改諡為「成」，他這才瞑目。這位楚王即史書上記載的楚成王。

又比如，衛靈公因衛國內亂倉皇出逃，後來北宮喜與析朱鉏幫他平亂，並迎他歸國。衛靈公欣喜之下，立賜北宮喜諡為「貞」、析朱為「成」。

還有，魏明帝曹叡死前兩年，就早早欽定了自己的諡號為「明」。

不難看出，像魏明帝曹叡這樣的「生諡」，根本就屬於自稱，必須是好稱、美稱。

第二章　草莽崛起：小國崛起吞併六雄

事實上，據學者考證，中國古代最早應用諡法的時代，並非《逸周書‧諡法解》說的「維周公旦、太公望，開嗣王業，建功於牧之野，終將葬，乃制諡」而是出現在西周末期。

但商、周兩代帝王，在名字以外都有號，如文、武、成、康、昭、穆等，這些都是帝王生前的別號或稱號。起初只有商王、周王有號，後來公卿紛紛仿效自取其號如齊桓公、晉文公、宋襄公等莫不如此。

那麼，秦穆公的「穆」字很可能是他生前自取的尊號和美稱，也可以說是「生諡」。

可惜的是，查遍與秦穆公有關的史料，都從沒有出現過他自稱或他人尊稱他為「穆公」的記載。

只能說，「秦穆公」只能是「死諡」。

到底是「秦穆公」還是「秦繆公」？

《逸周書‧諡法解》裡面說「勝敵志強曰莊」、「經緯天地曰文」、「綏柔士民曰德」、「威強敵德曰武」、「安民立政曰成」、「安樂撫民曰康」、「布義行剛曰景」、「闢土兼國曰桓」、「愛民好與曰惠」。

根據這些說法，可知秦國諸公中秦莊公、秦文公、秦德公、秦武公、秦成公、秦康公、秦景公、秦桓公、秦惠公這些人全都是美諡，但這些人的功績遠遠不如秦穆公，照理說，秦穆公得到的就應該是美諡「穆公」而非惡諡「繆公」。

儘管《史記‧蒙恬列傳》提到了秦穆公有「殺三良而死，罪百里奚而非其罪也」這兩個汙點，但這不過是些小汙點。

要知道秦國的人殉制度在秦武公時期就開始了，在出土的秦景公一號大墓中也出現了大量殉人，而秦武公、秦景公得到的都是美諡。

秦穆公的諡號是「穆」還是「繆」？

秦國諸公中獲惡諡的也就是「殺戮無辜曰厲」的秦厲公和「好變動民曰躁」的秦躁公兩人而已。

把雄才大略的秦穆公和秦厲公、秦躁公這兩個庸主相提並論，根本說不通。

合理的解釋就是：秦穆公的諡號是美諡「秦穆公」。「秦繆公」是後人混用和誤寫的。

《史記・秦本紀》收錄有秦孝公的〈招賢令〉，其中有說：「昔我繆公自岐雍之間，修德行武，東平晉亂，以河為界，西霸戎翟，廣地千里，天子致伯，諸侯畢賀，為後世開業，甚光美。」

秦孝公這是在極力讚美秦穆公功德，但卻用了「繆公」的稱呼，如果說「繆公」是一個惡稱根本不合情理。

《詩經・黃鳥》在指責和唾罵秦穆公殺三良一事，裡面卻寫：「交交黃鳥，止於棘。誰從穆公？子車奄息。維此奄息，百夫之特。」論理上，既然你要唾罵一個人，而他有一個惡稱為「繆公」，你沒有採用，卻採用了他的美稱，同樣不合邏輯。

顯然，原因只有一個，在當時，「繆」通「穆」。

能說明「繆」與「穆」相通的，還有一個鐵證。

即《尚書・周書・金滕》篇裡面有記載：「既克商二年，王有疾，弗豫。二公曰：『我其為王穆卜。』」

這裡說的是周武王克商之後過了兩年，患疾病，太公、召公這二公準備為他舉行莊嚴肅穆的占卜活動。

司馬遷在《史記・魯世家》中記載了這件事寫成了：「武王有疾，不豫，群臣懼，太公、召公乃繆卜。」

059

可見,「繆」就是「穆」,「穆」就是「繆」。

另外,馬王堆漢墓出土的《黃帝四經》中,把現在人們熟知的「穆穆天刑,非德必頃」寫成了「繆繆天刑,非德必頃」。

這也再次證明在先秦時期「繆」與「穆」是畫上等號的。

與把「秦穆公」混淆為「秦繆公」相類似的,還有宋莊公的父親宋穆公,《春秋》寫成了「宋穆公」,而《公羊傳》、《穀梁傳》均寫成了「宋繆公」。

最後,這裡出現了一個問題:《逸周書‧謚法解》裡面明明提到「布德執義曰穆」、「名與實爽曰繆」,為什麼司馬遷等人卻視而不見,而把「繆」與「穆」混用呢?

原因只有一個,《逸周書》文字多誤脫,間雜了很多後人竄改增補、更動之作,即「名與實爽曰繆」這一句極有可能是漢朝之後的人加上去的。

這裡有一個很明顯的例子。《逸周書‧時訓》以雨水為正月中氣,驚蟄為二月節氣,根本不是先秦時曆法,明顯是漢朝人加上去的。

可見,盡信書不如無書。

秦桓公差點把秦穆公建立的基業敗光

秦穆公治理下的秦國,在春秋期間擁有了一段巔峰時刻。

秦穆公有雄心壯志,為了染指中原,他先是與晉國聯姻,結成秦晉之好,後來又連續擁立了晉惠公、晉文公,以為可以藉此獲得一條東進之路。

可是殊不知,晉惠公是個忘恩負義的人不說,那晉文公藉助秦國之力一

秦桓公差點把秦穆公建立的基業敗光

飛衝天，獨霸中原，不但風頭蓋過了秦穆公，還徹底阻斷了秦國東進之路。

好不容易熬到了晉文公死，秦穆公興沖沖地興師伐鄭，秦軍卻被晉襄公派出的晉軍在崤之戰中打得死傷殆盡。

沒辦法，秦穆公只好揮淚掉頭，將策略目標定在西戎的游牧部族。

秦穆公雖然也建立起了自己的霸業，但僅僅是稱霸西陲而已。

秦穆公的兒子秦康公、孫子秦共公承秦穆公之餘烈，積極與楚國交好，不斷擠壓和夾擊晉國。而晉襄公之子晉靈公荒淫，不行君道，晉國霸權搖搖欲墜。如果這種局勢能保持下去，秦國勢必會壓住晉國，但西元前607年晉靈公被趙盾的兄弟趙穿襲殺；西元前604年，秦共公薨，秦桓公立形勢又為之一變。

首先，晉襄公的弟弟、晉靈公的叔叔晉成公繼位之後，與鄭國結盟，多次派兵援救鄭國；又聯合白狄打敗了秦軍，重振了聲威。甚至，在西元前600年他還召集了宋文公、衛成公、鄭襄公、曹文公在扈邑集會，準備與楚莊王爭奪霸權。

也就是說，晉國的局面已經出現了好轉。

而秦桓公繼位後，不恤國政，把國內搞得天怒人怨，還強行出兵與晉國開戰，自然一戰即敗。

不過，晉成公在扈邑會見宋文公、衛成公、鄭襄公、曹文公之後不久就死了。

西元前597年，楚莊王包圍了晉國的盟友鄭國。晉成公的兒子晉景公派大軍前往救援也不知晉國的動作太慢，還是鄭國投降得太快，晉軍來到黃河邊時鄭軍已經投降了楚軍，並且，他們還與楚軍聯合，大敗晉軍。

晉軍經此一敗，元氣大傷晉國的霸業已衰。

第二章　草莽崛起：小國崛起吞併六雄

秦桓公趁此機會，出兵攻晉。

但在輔氏（今陝西省大荔縣）一戰，秦軍鎩羽而歸。

由此可見，在秦桓公之時，秦軍衰弱到了何種地步。

西元前595年，晉景公為了報復鄭國援助楚國之仇，出兵討伐鄭國，但在黃河邊，又被楚莊王帶來的楚軍挫敗。

在這種情況下，不服氣的秦桓公再次派兵攻打晉國。

秦晉兩軍在輔氏再次交手，秦將杜回被晉將魏顆擒捉，秦軍再次大敗而還。

西元前593年，晉景公派隨會滅亡了赤狄。

這說明，晉國在晉景公的治理下又重新雄起。

西元前591年，執掌了晉國國家政權的郤克因為上一年出使齊國時遭到齊頃公母親的譏笑，於是發兵討伐齊國，逼得齊國派太子強到晉國當作人質才罷手。

由於霸主楚莊王於西元前591年辭世，晉景公意欲復霸中原，藉西元前589年齊國討伐魯國之機，聯合了魯國、衛國共同討伐齊國，將齊國打服打趴。

沒料到楚莊王之子楚共王在晉國罷兵之後，興全楚國之師，並聯合鄭、蔡、許等盟國攻打魯、衛為齊國復仇。

在魯、衛服軟之後，楚共王遍邀魯、蔡、許、秦、宋、陳、衛、鄭、齊、曹、邾、薛和繒共計14個諸侯在蜀（山東泰安東南）會盟。

晉景公不甘示弱，向天子獻上齊國俘虜。

不過，晉景公命不好，西元前581年，有巫師替他算命，說他將吃不

到這一年的新麥了。

晉景公鬱鬱寡歡，不久病倒。

但晉景公還有求生的欲望，他聽說秦國有一個有名的神醫，名叫緩，便派人到秦國找秦桓公要人。

秦桓公懾於晉國的強大，派醫緩前去診治。

醫緩對晉景公進行了全面診斷，非常遺憾地對晉景公說：「您已是病入膏肓無法醫治了。」

晉景公回想起巫師的話，認為醫緩是良醫，便贈以厚禮護送他回國。

不過，晉景公還是熬到了新麥收成時節。

他非常高興，讓人將獻上的新麥煮熟，準備吃上香甜的一餐，然後派人把睜眼說瞎話的巫師殺掉。

煮熟的新麥端上來了，晉景公還沒有開吃就感到腹脹，只好急匆匆地去上廁所。

結果，晉景公竟然掉到糞坑裡被淹死了，真的一口新麥也沒吃到。

晉景公的兒子晉厲公繼位，他為了緩和晉國四面受敵的局面，同時也是想感謝秦國派醫緩救人的恩德，派使者攜厚禮去拜見秦桓公，約秦桓公在令狐（今山西省臨猗縣西）會盟，想跟秦國訂立友好關係。

這本來是好事，秦桓公卻猶豫不決。

在大臣們的好歹勸說下，他才答應赴約會盟。

西元前580年冬，晉厲公先一步到達令狐恭候秦桓公大駕。

這時的黃河水已經結冰，渡河不成困難。

秦桓公卻不肯渡過黃河，以各種理由拖延不見。

第二章　草莽崛起：小國崛起吞併六雄

　　在晉厲公的一再敦促下，秦桓公最後派出大臣史顆帶著文書過河，他表示，自己會留在河西的王城等待晉國派大使過來簽約的。

　　沒辦法，晉厲公只好派大夫郤犨過河與秦國結盟。

　　這次結盟，兩國國君並未會面，只是隔河相望，故史稱「夾河之盟」。

　　結盟的過程讓秦桓公的尾巴就翹起來了。他認為晉厲公膽小怕事、軟弱可欺，就想，晉國新君上位，政權不穩，自己這時候出兵，肯定能報當年的兩次輔氏大敗之仇。

　　這麼想著，他決定背棄令狐之盟，祕密聯合楚國和狄人圖謀伐晉。

　　狄國是遭受晉國欺負過的，一聽說是要打晉國，馬上答應了。

　　楚國卻有所顧慮。

　　晉國的耳目靈通，聽到了秦桓公準備伐晉的風聲。

　　晉厲公氣得鼻子都歪了。

　　晉厲公雖然年輕，卻不莽撞，他沒有冒冒失失地發兵攻秦，而是以老霸主的身分聯合魯、齊、宋、衛等10個諸侯國，發動了聲勢浩大的聲討行動。

　　不用說，諸侯都對秦桓公背信棄義的行為表示了極大憤慨，一邊倒地倒向晉國。

　　西元前578年，晉厲公率軍前往周都王城（今河南省洛陽市王城公園附近）與齊、宋、衛、魯、鄭、曹、邾、滕八國國君所率軍隊會師，籌劃攻秦事宜。

　　周簡王也派大夫劉康公、成肅公率軍助戰。

　　同年四月，晉厲公寫了一封〈絕秦書〉，派遣大夫魏相赴秦，歷數秦

穆公、秦康公、秦共公三代君主背信棄義的行為，宣布開戰。

秦桓公倉皇應戰，發兵進軍至涇河以東阻擊諸侯聯軍。

西元前578年，雙方在麻隧（今陝西省涇陽縣北）展開激戰，秦軍大敗，秦將成差及秦桓公的車右不更（爵名）女父被俘。

聯軍乘勝追擊，一直追擊到侯麗（今陝西省禮泉縣境內）才收兵。

此戰，聯軍深入秦境達150公里，離秦雍都僅100公里之遙，可謂揚眉吐氣。

秦軍軍心盡喪，士氣盡沮。

秦國由此開始走下坡。

秦桓公本人於次年暴亡，其子秦景公立。

秦景公即位，加強了聯楚攻晉的決心。

可惜的是，晉國隨之走入晉悼公時代，國力大增，復霸中原，諸侯莫能與之抗衡。

最終，在西元前546年晉楚弭兵會盟後，秦景公改善了與晉國的外交關係，與晉國重修秦晉之好。

秦惠文王稱王

原本，「皇」和「帝」是神話中主宰宇宙萬物的神，是最高的天神，即天帝。

後來「皇」和「帝」的稱號被引用到人間，演變出了半真實、半神話的三皇五帝。

第二章　草莽崛起：小國崛起吞併六雄

夏、商、周三代不稱帝，都稱王，以示自己的功德不足以與上古帝王媲美。

秦始皇吞併六國，統一天下後，認為自己的功業亙古未有，甚至連三皇五帝也比不上，如果不改變「王」的稱號，就「無以稱成功，傳後世」於是，在「德兼三皇，功蓋五帝」的想法下，兼採「皇」、「帝」之號將這兩個稱呼結合起來稱為「皇帝」。

三代屬於半史實時代，距今年代久遠，它的許多文化制度已經湮滅不可究。

但在孔子看來，三代是最美好的時代。三代中的絕大多數君王，尤其是夏禹、商湯、周文王、周武王、周成王以及周公等人，個個都懂得承天之道，講究「天命循回，禮樂天下，建德而興，敗德而亡」。也正是這樣「殷受夏，周受殷，有改制之名，無易道之實」。

孔子參加魯國的臘祭大典（臘月獵禽獸歲終祭先祖的活動），祭祀儀式結束，學生言偃看見老師在宗廟外面高大的建築物下垂淚嘆息，大感奇怪上前詢問，孔子說：「大道之行也與三代之英，丘未之逮也，而有志焉。」

受生產力發展的限制，周代沒法實行高度統一的中央集權制。周武王在奪取天下後，將伐紂功臣、上古聖賢人物的後代，以及自己的同族宗親按「公、侯、伯、子、男」五等諸侯實施分封，讓他們各自建國，拱衛周朝都城鎬京。自己則稱「王」、稱「天子」，說是「應神受命為天所子」，也稱「周天王」或「周天子」。

孔子敬仰萬分地說：「天子之德，感天，地洞八方，是以功合神者稱皇，德合天地稱帝，仁義和者稱王。」

然而，靠精神控制來維持的權威是不可能長久的，周天王的統治秩序，最終必定會被實力強大的諸侯國打破。

西元前841年的「國人暴動」象徵著周王朝開始衰敗。

又因周宣王違反嫡長子繼承制，還干涉魯國內政，引起諸侯不滿，「自是後諸侯多畔王命」。

孔子哀嘆的「禮崩樂壞」時代來了。

周平王東遷之後，霸道代替了王道，禮樂征伐自諸侯出。各諸侯國各行其是，不再把周王放在眼裡，甚至有與周王平起平坐的想法。

最先公開要與周天子一樣並稱為王的，是楚國國君熊通。

楚國本是北方一支部族，在商朝時，受到商人驅逐，遷移到了南方。

在周朝代殷的過程中，楚部落首領鬻熊充當周王的火師，肩負祭祀祈禱重任。

但周朝建立後，鬻熊卻沒有得到應有的封賞。直到周成王時期，鬻熊的曾孫熊繹才得到封爵，但也只是最低等的子爵。

爵位既低，楚國所處的南方在當時又被視為蠻荒之地，因此受到了中原諸侯的蔑視，被斥為蠻夷之國，不配和中原眾諸侯會盟。

楚國人化屈辱為力量，埋頭發展國力，抬頭開疆拓土，不斷吞併周邊小國。

西元前706年，楚國國君熊通不滿自己國大爵小，起兵攻打姬姓諸侯隨國。

熊通此舉的目的，就是要讓身為周朝宗親的隨國國君面見周天子，代為請求提升楚國爵位。

第二章　草莽崛起：小國崛起吞併六雄

一開始，隨國國君莫名其妙，非常無辜地說：「我無罪。」

楚國國君熊通惡狠狠地說：「我蠻夷也。」

隨國國君後來弄清楚了事情原委，面見了周天子，轉達了熊通的意思。

周天子的答復自然是否定的。

熊通惱羞成怒地說：「吾先鬻熊，文王之師也，蚤終。成王舉我先公，乃以子男田令居楚，蠻夷皆率服，而王不加位，我自尊耳。」

熊通不管不顧，悍然稱王，要與周王分庭抗禮。

楚國國君自此代代稱王。

與楚國同處在中原地區以南偏僻之地的吳、越兩國，緊隨其後，相繼稱王。

吳國國君是很有來歷的。

話說，周文王的爺爺古公亶父的正妃太姜是個非常賢德的女人，她一共生了太伯、仲雍和季歷 3 個兒子。

季歷的正妻太任也是個非常賢德的女人，她在生兒子姬昌時，「有聖瑞」即出現了聖人降生的瑞兆。

古公亶父驚喜壞了，連說：「我世當有興者，其在昌乎？」

長子太伯、次子仲雍一聽這話，聽出了弦外之音，知道老頭子想要傳位給昌，為了不讓老頭子為難，他們離家出走，主動讓位給季歷，好讓昌接下季歷的位置。

兄弟二人到了荊蠻之地，定居於梅里（今江蘇無錫的梅村），和當地人融合在一起，紋身剪髮，自創基業，建立了勾吳古國。

秦惠文王稱王

武王伐紂勝利，尋找太伯、仲雍的後代，找到了仲雍的重孫周章，鄭重封爵，不過，也只是封了子爵。

西元前585年，吳國國君姬壽夢稱王。

越國國君是夏朝君主少康的後裔，在周初也是得封為子爵。西元前496年，越國國君姒勾踐稱王。

至此，「南蠻」三諸侯均稱王。

不過，這「南蠻三王」都得不到中原諸侯承認，中原諸侯認為它們是不尊周禮的邊遠之國，將它們排斥出爭霸遊戲的圈子。後來吳王夫差在黃池會諸侯，想要與晉國爭當霸主，晉國提出吳不得稱王，夫差只得去掉了王號，而以「公」的名號簽盟。

一句話，雖然楚、吳、越在春秋時就開始稱王，但對當時的政治情勢影響並不大。

時間過了300多年，中原諸侯才開始陸續登臺稱王。

第一個跳出來稱王的是魏公子罃。

魏國經過魏文侯、魏武侯數十年的苦心經營，赫然成了一大強國。

公子罃繼位後，以諸侯方伯自居，萌生了稱王之心。

秦孝公變法過程中，為了緩解魏、秦兩國之間的矛盾，投其所好，派商鞅出使魏國，尊請魏君行王者衣冠。

心動不如行動。

西元前344年，魏罃在逢澤（今河南開封市東南）以朝見周天子為名，召集諸侯宣布自己稱王，是為魏惠王。

這次前來參加會盟的共有12個諸侯國，除淮泗一帶的小國外，還有

第二章　草莽崛起：小國崛起吞併六雄

趙肅侯和秦公子少官參加。

魏惠王此舉引起了其同盟國韓國的強烈不滿。

齊國也是抵制逢澤之盟的，韓國於是和齊國變得親近。

西元前341年，孫臏指揮齊軍在馬陵（河北大名東南）大敗魏軍，殲滅魏軍10萬，逼魏軍主帥龐涓自殺，俘魏太子申。

緊接著齊國又聯合秦、趙兩國，從三面夾攻魏國。

魏國慘遭打擊，元氣大傷，迅速喪失了霸主地位。

齊國的竄起態勢洶洶，國力強盛，如日中天，儼然成了新一代霸主。

為了化解齊、秦在東西方的夾擊，魏惠王採納了相國惠施「折節事齊」的建議尊齊侯為王，希冀以此挑起齊國和楚國、秦國的矛盾，坐收漁翁之利。

西元前334年，魏惠王前往徐州（今山東滕州南）朝見齊侯，尊其為王，是為齊威王。

齊威王心情大暢，也尊魏惠王為王。

這就是戰國史上著名的魏、齊「徐州相王」事件。

這是一件劃時代的大事。

周天子無力反對，只好接受了既成事實。

已經成了秦國國君的秦孝公之子秦惠文君嬴駟因此坐不住了。

西元前325年，秦惠文君在秦相張儀的鼎力支持下，自稱為王，是為秦惠文王。

魏國不滿秦惠文君稱王，聯合列國共謀擊秦。

該年，魏惠王於巫沙會見韓侯，尊韓侯為王，此即後來的韓宣惠王。

接著，魏、韓共同拉攏趙國，鼓動趙國稱王，但趙侯以實力不夠拒絕。

秦惠文王稱王

魏國的這些小動作很快被秦國覺察。

作為警告，西元前324年，秦惠文王派張儀領軍攻魏之陝地。

魏國在震怖之下加快了合縱攻秦的進度，連續兩年會見齊威王。

張儀則奔走於齊、楚兩國之間，於西元前323年與齊、楚的大臣在齧桑（今江蘇省沛縣東南）相會，以連橫之術反制魏國。

由秦入魏的公孫衍拉攏韓、趙、燕、中山四國，發起了歷史上著名的「五國相王」事件。

所謂的「五國相王」就是這五國一起互相承認對方稱王。

由於魏國和韓國已經稱王，這就等於抬高了另外三國的君主身分，達到合縱的目的。

不用說，「五國相王」的做法遭到了齊、楚、秦的反對。

齊國藉口中山國小，不具備稱王的資格，聯合趙、魏共同廢中山王號。

趙、魏沒有上當，堅定支持中山稱王。

齊國於是關閉與中山國往來的通道，並以割地為代價，勾結燕、趙和自己一起出兵攻中山。

燕、趙沒有中計。

相對於齊國，楚國的反應比較直接，發兵攻打魏國，占領了魏國的8個城邑。

魏國遇險，其他四國並不能來救。

這就說明了公孫衍的「五國相王」合縱意圖未能成功。

這種情況下，魏襄王不再信任公孫衍，反而倒向秦國，改任張儀為魏國宰相。

第二章　草莽崛起：小國崛起吞併六雄

　　張儀因此身兼秦、魏兩國宰相，得以從魏、韓兩國借道，發秦軍進攻齊國。

　　不難想像，如果秦軍得勝，其東出之路就算暢通了。

　　但張儀失敗了。

　　魏國於是把張儀逐到秦國，重新任用公孫衍為魏相。

　　公孫衍再次推行合縱策略，聯合起魏、趙、韓、燕、楚五國，出兵攻打秦國。

　　各國君主心懷鬼胎，各打各的算盤。

　　最終，出兵參戰的只有韓、趙、魏三國。

　　秦惠文王派庶長樗里疾率軍出函谷關進行反擊，大敗聯軍，斬首 8.2 萬人。

　　魏國損失巨大，被迫向秦國告饒求和。

　　秦國放過了魏國猛攻趙國。

　　齊國也趁火打劫，從東邊進攻趙國。

　　趙國很快被打倒，損兵 8 萬多人。

　　「五國伐秦」行動宣告失敗，公孫衍遭到了魏國大臣田需的責難，狼狽不堪地離開了魏國。

　　不過，公孫衍先前拉攏到了位於秦國西方的小國義渠。

　　義渠是匈奴的一個分支，它在秦國出動大軍攻打韓國時，從西面對秦國發起了進攻。

　　秦國只得暫時放棄了對韓國的攻擊。

　　西元前 316 年，秦惠文王用司馬錯之策攻蜀，破蜀軍於葭萌關，滅蜀。

西元前 315 年，秦伐取義渠 25 城，占有了西北大片地區。

西元前 313 年，秦惠文王遣張儀入楚國實施反間計，破壞了楚、齊之間的聯盟，然後指揮秦軍在丹陽（指今陝西、河南二省間丹江以北地區）大敗楚軍，取得楚地漢中，從而把關中、漢中、巴蜀連成了一片。

這個時候的秦國，已對東方六國構成了居高臨下的壓迫態勢。

可惜的是，西元前 311 年，秦惠文王崩，時年僅 45 歲。

秦武王舉鼎

西楚霸王項羽是一個悲劇英雄。

現在談論起項羽，大家都會不由自主地想起垓下之圍時四面楚歌的悽愴與悲壯。

也都會情不自禁地吟誦起這位大英雄在窮途末路時信口編寫出的絕命詩：「力拔山兮氣蓋世，時不利兮騅不逝，騅不逝兮可奈何？虞兮虞兮奈若何？」

老實說，這首絕命詩都不能算是「詩」。

可堪玩味的只有第一句，其餘的都是在囈語呻吟。

全詩的意思就是：我項羽的力量可以把山拔起，氣勢足以蓋壓世間一切，可惜運氣不好呀馬兒不肯跑。馬兒不肯跑呀我能怎麼辦？我的虞姬呀妳說我能怎麼辦？

很悲情的狀態下，很有氣勢地吼出了第一句「力拔山兮氣蓋世」，但第二句一出，氣勢迅速減弱，聽了第三第四句，一點氣氛都沒有了，讓人想笑。

第二章　草莽崛起：小國崛起吞併六雄

再說回第一句「力拔山兮氣蓋世」，這一句豪氣沖天，氣勢是夠了。但大家也知道，拔山，那是絕對不可能的。魯智深拔棵垂楊柳，就已經是天神級別的表現了。

項羽不能拔山，也沒拔過垂楊柳，但千年以降，大家都認為他天生神力，稱讚說：「羽之神勇千古無二！」

那麼，項羽的神力之說從何而來呢？

《史記‧項羽本紀》寫：「籍長八尺餘，力能扛鼎，才氣過人。」

這「力能扛鼎」就不同凡響。

《史記集解》解釋說：「扛，舉也。」

「力能扛鼎」，就是把鼎舉起來。

不過這「力能扛鼎」，只是形容詞，表示力量大，並不能準確量度出這力量到底有多大。

因為，鼎可以有多種形制，規格不同，大小不一。

根據現在考古發現，迄今出土的所有鼎中最大最重的是現藏於中國國家博物館的后母戊鼎，其總高 133 公分、重 832.84 公斤；迄今出土最小最輕的鼎是現藏於鳳翔縣博物館的八首帶蓋小鼎，大小不超過 10 公分，重不足 2.5 公斤。

項羽舉的鼎，肯定不會是八首帶蓋小鼎，否則就笑死人了。

當然，也不應該是后母戊鼎。

要知道，現代男子舉重比賽中 105 公斤以上級的最好成績是：抓舉 220 公斤，挺舉 263 公斤。

那麼，項羽舉的，應該是重量為 200 多公斤的大鼎。

事實上，這種量級的大鼎還不少，如西周大克鼎重 201.5 公斤、西周淳化大鼎重 226 公斤、秦始皇陵墓中發現的秦鼎重 212 公斤。

舉 200 多公斤的大鼎，是不是只有項羽一個人能做得到呢？

絕不是。

劉邦的小兒子劉長也是個「力能扛鼎」的人物，他在漢初第一代淮南王英布敗亡後，接任了淮南王，因在漢文帝時圖謀叛亂，被拘，死於謫徙途中，諡號為「厲」。《史記・淮南衡山列傳》記：「厲王有材力，力能扛鼎。」

漢武帝第四子劉胥不但力能扛鼎，還能空手和猛獸搏鬥。《漢書》記載：「胥壯大，好倡樂逸遊，力扛鼎，空手搏熊羆猛獸。」劉胥此人有覬覦帝位之心，曾使女巫詛咒漢昭帝。漢宣帝即位後，又復詛咒宣帝，事洩自殺封國被廢除諡號也是「厲」。

北齊神武帝高歡的第七子高渙，《北齊書・上黨剛肅王高渙傳》記載他「及長，力能扛鼎，材武絕倫」，也是個力能扛鼎的大力士，但被其二哥齊文宣帝高洋殺害了。

可惜，項羽、劉長、劉胥、高渙這些「力能扛鼎」的人下場都不怎麼好。

為什麼會這樣呢？

事情得從另一個力能扛鼎者──秦武王說起。

秦武王魄力宏大，重武好戰，繼位後不斷出兵討伐義渠、丹、犁等地，喜歡踏實，討厭空談，非常鄙視張儀這種好嘴弄舌之徒。

張儀很識趣，與魏國人魏章東投魏國去了。

當時的諸侯國都設有相國一職，秦武王恥與其他六國同列，將秦國的相國改設為丞相設左、右丞相各一人，以甘茂為左丞相，樗里疾為右丞相。

第二章　草莽崛起：小國崛起吞併六雄

秦武王有蕩平天下之志，想攻取韓國的宜陽，以打通出兵中原的路線，問左、右丞相如何才能做到。

他幽幽地說：「寡人欲容車通三川，窺周室，死不恨矣。」

樗里疾是秦孝公的庶子、秦惠文王的異母弟弟，足智多謀，有「智囊」之稱，曾於西元前 330 年率兵攻打魏國的曲沃，盡取曲沃之地；又於西元前 313 年率軍攻趙，俘趙將趙豹，奪取了藺邑（今山西離石西）；並於次年助魏章大敗楚軍於丹陽（今豫西丹水北），俘其將屈匄，斬首 8 萬人，奪取了漢中。

為了滿足秦武王的願望，他不得不積極想辦法。

由於他的母親是韓國人，他想出了一計：自告奮勇，前往韓國當間諜。

甘茂也是個不可多得的奇才，在魏章取漢中時，他也是立有大功的，並且還受秦武王的委派，親自領兵平定了蜀地。

他考慮到攻打宜陽路途遙遠，一旦遭到趙、魏的襲擊，後果不堪設想，於是自請入魏對秦武王說：「請之魏約以伐韓行。」表示自己不但要阻止魏國偷襲秦國，還要與魏國結盟，共同攻打韓國。

兩年之後，時機成熟，秦武王大舉起兵，斬首 6 萬人，拔宜陽。

韓襄王嚇得趕緊使公仲侈入謝，讓出了三川之地。

三川之地既得，秦軍東出再也沒有了障礙，秦武王興沖沖地帶領著手下一批大力士如任鄙、烏獲、孟說等，「窺周室」去了。

秦武王是怎麼「窺周室」的呢？

《史記·封禪書》裡說：「禹收九牧之金，鑄九鼎。皆嘗亨鬺上帝鬼神。遭聖則興鼎遷於夏商。周德衰，宋之社亡，鼎乃淪沒。」即大禹曾劃天下為九州，州設州牧，他收取了九州牧貢獻來的青銅，鑄造了九鼎，供奉上

秦武王舉鼎

帝鬼神。這九鼎遇聖則興,由夏入商,再由商入周,當周室傾覆,這九鼎就消失了。後世以「九鼎」借指國柄。

《墨子‧耕柱》也就提到「九鼎既成,遷於三國」,這三國指的就是夏、商、周。

按照《左傳》的記載,九鼎是三代傳國之寶:夏亡之後,鼎遷於商;商亡之後,鼎遷於周。周成王正式將鼎定放於郟(今河南洛陽境內)。

後世又以「定鼎」來指代天命之所歸。

《史記‧周本紀》又記:「定王元年,楚莊王伐陸渾之戎,次洛,使人問九鼎。王使王孫滿應設以辭,楚兵乃去。」即在周定王當政的春秋時期,春秋五霸之一的楚莊王曾興兵攻擊陸渾之戎,逼近雒邑的郊外,向周定王派來的使臣王孫滿問九鼎的大小輕重,流露出了他要滅周的野心。後人也因此將爭奪政權稱為「問鼎」。

秦武王「窺周室」的具體表現就是「問鼎」了。

明朝的馮夢龍在《東周列國志》的第九十二回〈賽舉鼎秦武王絕脛,莽赴會楚懷王陷秦〉中以小說筆法將這一過程寫得非常生動具體。說秦武王到了周室太廟,見九座寶鼎一字排列,整整齊齊,猶如九座小鐵山,不知重多少斤兩。他俯身細察發現每個鼎腹各有荊、梁、雍、豫、徐、揚、青、兗、冀字樣於是單指「雍」字鼎說:「此雍州,乃秦鼎也!寡人當攜歸咸陽耳。」然後與大力士孟賁比賽舉鼎,結果,大鼎離地才半尺,力盡失手,鼎墜於地壓碎了右足脛骨,當夜暴斃。

小說家言,不可盡信。如該回書寫大力士孟賁之神力,「水行不避蛟龍,陸行不避虎狼,發怒吐氣,聲響動天」又寫他野外見兩牛相鬥,以手分之,一牛伏地,一牛猶觸不止,他在一怒之下,用右手拔其角,最終,

第二章　草莽崛起：小國崛起吞併六雄

角出牛死。如此亂力怪神，純屬胡說八道。

但秦武王舉鼎力盡而死這一段，與《史記》所寫大致相同。

《史記》有三個地方提到了這一情節：

一、《史記‧秦本紀第五》載：「王與孟說舉鼎，絕臏，八月，武王死。」注意，秦武王並非被鼎砸到當晚死的，而是回秦國後才死的。

二、《史記‧趙世家》載：「十八年，秦武王與孟說舉龍文赤鼎，絕臏而死。」在這裡，特意點明了秦武王所舉為九鼎中的龍文赤鼎。

三、《史記‧甘茂傳》載：「武王至周而卒於周。蓋舉鼎者，舉九鼎也。」在這裡，九鼎似乎不是九個大鼎，而是一個名叫「九鼎」的大鼎。

不管如何，我們看到，不論是楚莊王的「問鼎」還是秦武王的「舉鼎」，都是盡顯其政治野心的表現。

後世項羽的政治野心也不用多說，他看到秦始皇出遊的排場，就脫口叫道：「彼可取代也。」

劉長、劉胥也都是覬覦帝位之人。

高渙雖然沒有流露出類似的野心，但他「力能扛鼎」這一特點，也足以讓當政者警惕，非要除之而後快了。

所以說後世能舉鼎的人應該不在少數，但舉鼎已經成了覬覦帝位的一種表現，誰還以身試法，去舉鼎而為自己招來殺身之禍？

話說回來，秦武王死後獲諡號為「武」，說明了他在秦國的發展過程中所做的貢獻是不容小覷的，畢竟，「剛強直理曰武，威強敵德曰武，克定禍亂曰武，刑民克服曰武，誇志多窮曰武」。

賈誼在《過秦論》中，把秦武王和惠文王、昭襄的功業並列在一起稱：

「孝公既沒，惠文、武、昭襄蒙故業，因遺策，南取漢中，西舉巴、蜀，東割膏腴之地，北收要害之郡。」

秦武王在位僅 4 年，平蜀亂，設丞相，更修田律，修改封疆，拔宜陽，置三川，欲據九鼎，可惜舉鼎喪命，年僅 22 歲。

兩名秦國士兵的家書

1974 年春，陝西一位村民在打井時無意中挖出一個陶製武士頭，該處距秦始皇陵園東側僅有一千多公尺。

隨後，政府相關部門召集了考古工作者進行保護性的挖掘。

由此，被稱為「世界第八大奇蹟」的秦陵兵馬俑得以重見天日。

秦兵馬俑皆模擬真人、真馬製成。

陶俑身高 1.75～1.95 公尺，按秦軍將士的形象塑造，體格魁偉，體態勻稱。

陶馬高 1.5 公尺，長 2 公尺，體形健碩，肌肉豐滿。

武器有青銅劍、青銅矛和弩。

這眾多的兵、馬、將、武器、戰車、御者等排列整齊有序，場面宏大，威風凜凜，氣壯山河。

最讓人拍案叫絕的是，陶俑完全是以寫實手法進行塑造。武士的髮型、髭鬚、披戴、相貌絕無相同，偏偏又共同具備秦川地區人物的相貌特徵。

人們被這支威武雄壯的模擬軍隊所震撼的同時，都會注意到這樣一個現象：大多數武士俑都身著短褐，腿紮綁腿，線履繫帶，而且，免盔束

第二章　草莽崛起：小國崛起吞併六雄

髮，不戴頭盔。

為什麼？為什麼這幾千個陶俑士兵中，不但衣甲簡單，而且大多沒戴頭盔呢？

有秦漢史專家對此的解釋是：秦國是個崇尚武力的國度，不戴頭盔可以在戰場上顯出英勇的氣勢，無懼生死，壓倒敵人。而且，從負重角度來說，不戴安全帽，輕裝上陣，動作迅捷，更容易殺敵，也更容易獲勝。

是嗎？真的是這樣嗎？

在兵馬俑發掘後的第二年，湖北雲夢縣睡虎地四號墓出土了兩件木牘。

這兩件木牘上的文字，似乎是在給予專家重重的耳光。

考古學家在進行考古挖掘時，發現這兩件木牘放置在墓地陪葬器物箱子裡的中部位置，旁邊有石硯、墨等文房用具。

這兩件木牘，專家分別標記為 6 號木牘和 11 號木牘。

經過研究，專家最後證實，它們是世界上最早的家書。

通訊的雙方，是在秦國軍隊當兵的弟弟「驚」、「黑夫」和在秦南郡安陸（今湖北雲夢縣）家裡侍奉父母親和操持整個家的哥哥「衷」。

6 號木牘的下部已經殘缺，現長 16 公分，寬 2.8 公分，厚 0.3 公分。正面的墨書秦隸五行雖歷時千載，字跡仍清晰可辨，大意為：

「驚」就問問哥哥「衷」，母親大人的身體還好吧？家裡家外要公平待人……哥哥「衷」呀，母親大人的身體真的還安好吧？母親前不久隨軍，跟「黑夫」弟弟在一起，身體一直很好……錢和衣服的事，希望母親再託人送五六百錢來，好布至少要二丈五尺……我跟垣柏借的錢都花完了，家裡再不送錢過來我就要餓死了，急急急。「驚」又多問一句，「驚」的新太

太和兒子「媭」也都還好吧？轉告她盡力照顧好老人家……

背面也有墨書秦隸五行，大意為：

「驚」在外面「媭」就拜託哥哥「衷」代為管教了，不要讓他去太遠的地方打柴，哥哥「衷」一定要把他管好……「新」這個地方被我們攻了下來，城裡的人大都跑光了。這些原敵國的老百姓普遍不遵守大秦的律令……請為我多燒香拜菩薩吧，如果得到的是下下籤，那就是因為我身在叛逆之城的緣故，別想多了。姐姐和她剛生的兒子「彥」還好吧……「新」這個地方盜賊多，哥哥「衷」千萬不要來啊，切記切記。

11號木牘保存完好，長23.4公分，寬3.7公分，厚0.25公分，正面同樣是墨書秦隸五行，內容承接6號木牘所述。大意是：

二月辛巳，弟弟「黑夫」和「驚」再次寫信問候家裡。母親大人安好否？「黑夫」和「驚」現在一切安好。前幾天「黑夫」和「驚」分頭執行任務，今天又得相會了。「黑夫」補寫這封信，是要黑夫的生活費，母親要趕緊做夏天的衣服。收到信後，母親看一下安陸絲布貴不貴，不貴的話就做整套夏衣，讓人把衣服和錢一起帶過來。如果絲布太貴，那就送多點錢來就行了「黑夫」在這裡買布做衣服。「黑夫」要隨軍攻打淮陽了可能要打很久，傷亡難以預料，希望母親給「黑夫」的錢不要太少。收到信一定要回覆，「驚」和「黑夫」給家裡掙下的爵位到底頒發了沒有？發了的話，就告訴我們是什麼樣的。如果沒送到也跟我說一聲。大王說只要……

背面的墨書秦隸六行有一處被墨染黑，文字模糊不清，從殘存文字來看，大意是：（接正面）……有文件就不會耽擱。人家送文書來你們別忘了說聲謝謝。衣服和錢一定要送到南軍……千萬不要搞錯……替我們問候姑姑、姐姐，特別是大姑姑……再幫我們問候「季須」，還有「嬰記季」，我

第二章　草莽崛起：小國崛起吞併六雄

們跟他說的事確定了沒？住「夕陽里」的呂嬰和住「匾里」的閻諍丈人也幫我們問候啊⋯⋯「驚」牽掛新太太，她和「妴」應該還好吧？告訴她要盡力照顧老丈人，千萬不要跟人家嘔氣⋯⋯盡力就好了⋯⋯

這兩封家書中詢問家中情況，向父母親大人請安，報告自己在前線打仗情況等，都讓人動容。但最揪人心的是，兩封信都因自己在前線缺衣少錢，向家裡求救告急，讓人睹此不免心酸落淚。

一句話，秦國士兵沒有專家們想像中那樣偉大，他們去前線打仗，為國家賣命，更多是被迫的，甚至打仗所需的衣物用度，都要靠家裡提供。

想想看這些可憐的士兵身處亂世，遠離家人，每天都要面對戰爭，面對死亡，但在軍營中，衣食沒有著落，要填飽肚子，還要遠隔千里向家裡告求，說什麼他們不戴頭盔不穿衣甲是無懼生死，要從氣勢上壓倒敵人，可能嗎？他們分明是沒有能力購買這麼昂貴的戰爭裝備啊。

附：

6號木牘正面原文：「驚敢大心問衷，母得毋恙也？家室外內同⋯⋯以衷，母力毋恙也？與從軍，與黑夫居，皆毋恙也⋯⋯錢衣，願母幸遺錢五、六百，布謹善者毋下二丈五尺⋯⋯用垣柏錢矣，室弗遺，即死矣。急急急。驚多問新負，妴皆得毋恙也？新負勉力視瞻二老⋯⋯」

6號木牘背面原文：「驚遠家故，衷教詔妴，令母敢遠就取新，衷令⋯⋯聞新地城多空不實者，且令故民有不從令者實⋯⋯為驚祠祀，若大發毀，以驚居反城中故。驚敢大心問姑秭，姑子產得毋恙⋯⋯新地人盜，衷唯毋方行新地，急急急。」

11號木牘正面原文：「二月辛巳，黑夫、驚敢再拜問中，母毋恙也？黑夫、驚毋恙也。前日黑夫與驚別，今復會矣。黑夫寄益就書曰：遺黑夫

錢，母操夏衣來。今書即到，母視安陸絲布賤，可以為襌裙襦者，母必為之，令與錢偕來。其絲布貴，徒操錢來，黑夫自以布此。黑夫等直佐淮陽，攻反城久，傷未可知也，願母遺黑夫用勿少。書到皆為報報，必言相家爵來未來，告黑夫其未來狀。聞王得苟得。」

11號木牘背面原文：「毋恙也？辭相家爵不也？書衣之南軍毋⋯⋯不也？為黑夫、驚多問姑姊、康樂孝須（嬃）故尤長姑外內（？）⋯⋯為黑夫、驚多問東室季須（嬃）苟得毋恙也？為黑夫、驚多問嬰記季事可（何）如？定不定？為黑夫、驚多問夕陽呂嬰、裡閻諍丈人得毋恙⋯⋯矣。驚多問新負（婦）、妴（婉）得毋恙也？新負勉力視瞻丈人，毋與⋯⋯勉力也。」

■「郾國」為什麼被改名為「燕國」？

談論中國古代歷史，撇開遠古時代的神話故事不說，人們大多從夏、商、周三代說起。

很多歷史朝代歌也都是從夏、商、周三代編起的。

三代之中，周代延續時間最長，有近800年。

憑著殷墟遺址的甲骨文，可以說，中國有史實記載的歷史開端始於商；但從嚴格意義上說，是起於司馬遷《史記》記載的西周共和元年（即西元前841年）。

西周「共和」執政過後不久，周平王東遷，中國歷史進入了東周時代。

東周以三家分晉為界，又分成春秋和戰國兩個部分。

提起春秋和戰國，人們最津津樂道的就是「春秋五霸」與「戰國七雄」。

第二章　草莽崛起：小國崛起吞併六雄

關於「春秋五霸」的說法，有十多種，至今尚無一致定論。

對於「戰國七雄」，大家都知道是齊、燕、楚、秦、韓、趙、魏。

初學歷史的朋友，可能會覺得這七國有點難記。

但如果從兩條線索去記，問題就會變得很簡單了。

一是透過歷史淵源記憶，二是透過地理方位記憶。

這裡簡單說一下從歷史淵源上的記憶法。

即根據七國的誕生先後來記：武王克殷平天下，分封功臣、宗室以及前代聖賢後人，齊國是第一功臣姜太公的封國，最早誕生；燕國第一代國君召公奭為姬姓，算是周室宗親，在周成王時代誕生；楚國先人鬻熊曾是武王伐紂時的火師，肩負祭祀祈禱重任，但因其遠居南方蠻荒之地，沒有得到應有的重視，到了鬻熊的曾孫熊繹那一輩，熊繹才獲得封爵；秦國的先人秦非子是在西周晚期周孝王時代才獲得封賞，但真正建國還得從秦襄公派兵護送周平王東遷時算起。至於韓、趙、魏三國，是三家滅智氏瓜分晉國得來的，這也象徵著戰國時代來臨了。

所以，七國的誕生順序就是：齊、燕、楚、秦、韓、趙、魏。

齊國誕生比燕國早了一點，卻出現了「田氏代齊」的現象，即其國君不再是一開始受周王室冊封的姜姓了。

從這一角度來說，燕國是戰國七雄中享國時間最長、資歷最老的一個國家。

但是，燕國享國時間雖然最長，其現存史料卻是七國中最少的。

現在的所有史書，關於燕國的記載非常稀缺零碎。

春秋時期200多年的時間裡，《左傳》、《史記》所提到的燕國事蹟不

「郾國」為什麼被改名為「燕國」？

過兩三條。

《史記・燕召公世家》甚至把姞姓南燕和燕國混為一談。

《世本・王侯譜》根本沒有完整的燕國世系，對燕侯的早期世系，只說「燕召公奭初封，周同姓。九世至惠公」。

《史記・燕召公世家》也說「自召公已下九世至惠侯」。

即除了召公和惠公，史籍有關第一代至第八代燕侯的名號和世序全都失載。

究其原因，據說是秦始皇怒燕太子丹派荊軻刺秦之故，在滅燕之後，悉焚其國資料文獻。

清朝的顧炎武因此喟然長嘆：「六國獨燕無後。」

燕國存世文獻少，讓後世對燕國的歷史了解有限。

可喜的是，近代出土了不少燕國的青銅器物，讓現代學者對燕國的歷史又有了不少新的認知。

其中，最讓人感到驚奇的就是，出土的青銅器物，有西周初期的，也有戰國末年的，時間跨度接近 800 年。但這 800 年時間裡，青銅器物上所表達的燕國或燕王從不寫「燕」字都是「匽」或「郾」。

郭沫若在〈兩周金文辭大系圖錄考釋・匽侯旨鼎〉一文中就非常奇怪地說：「凡北燕『燕』，金文作『匽』若『郾』，無作『燕』者。」

這太奇怪了。

有人說，歷史上本來就存在有匽國和郾國，匽國是殷商古國，郾國是建立在郾城附近的西周小國，和燕國根本就是不同的國家。這些出土的青銅器物是屬於匽國和郾國的，與燕國無關。

第二章　草莽崛起：小國崛起吞併六雄

在中國最早的文字甲骨文裡，如《甲骨續存》裡有卜辭為：「貞，旻乎取白馬氏。」這是商王貞問，向旻國索取旻人從氏族手裡爭奪過來的白馬。

另外，《殷墟書契前編》裡又有卜辭為：「乙巳卜貞，帚旻⋯⋯」

帚，就是現在的「婦」字。「帚旻」就是「婦旻」，是對商王后妃的稱謂，如婦好、婦辨。婦旻是指旻國嫁到王室的女子。

這些甲骨文表明，殷商時代的確有一個稱為「旻」的方國，後來又被寫成了匽國。

另外，黃帝之後吉光的後裔姞伯條在商代中期遷至光城（河南商丘市睢陽區西南），建立了姞姓光國。周武王滅商後，將光國移遷至光山（河南光山縣）另將胙城的東北之地（河南延津東北 22 公里處）賜封給姞伯條的部族立國，稱匽國。這個匽國，後來被鄭國所滅，卻被《史記·燕召公世家》一度和燕地的燕國弄混過。

不過，近代出土的這些顯示為匽國和郾國的青銅器物，它們上面的銘文所提到的歷史人物和歷史事件，都可以對得上史書上記載的西周至戰國時期的重要封國燕國的人物和事件，匽顯然不是殷商古國匽國和郾城一帶的姞姓南燕。

比如，《史記·周本紀》裡面記周武王在克殷平天下後：「於是封功臣謀士而師尚父為首封。封尚父於營丘，曰齊。封弟周公旦於曲阜，曰魯。封召公奭於燕。」這裡說的是：周武王封姜太公在營丘，國號齊；封弟弟周公旦在曲阜，國號魯；封召公在燕國。

《史記·燕召公世家》也有互補呼應說：「召公奭與周同姓，姓姬氏。周武王之滅紂，封召公於北燕。」

另外，《史記·周本紀》裡面又記載有：「成王既遷殷遺民，周公以王

「郾國」為什麼被改名為「燕國」？

命告,作多士、無佚。召公為保,周公為師,東伐淮夷,殘奄遷其君薄姑。」這裡說的是:成王把殷商的遺民遷到雒邑後,周公把成王的命令向殷商遺民宣告,作〈多士〉、〈無佚〉。成王任命召公為太保,周公為太師,向東攻伐淮夷,殲滅奄國,把它的國君遷到薄姑。

太保是西周三公之一的重臣,召公奭並不能親自到燕地來當燕侯,只能讓長子到燕國就封,他本人和太師周公一起在成王身邊輔政。

太師周公的情況也一樣,他被封於魯,因為要留在周公身邊輔政,只能讓其長子伯禽到魯地就封。

一件被命名為「堇鼎」的青銅器銘文上刻:「匽侯令堇飴太保於宗周。庚申大保賞堇貝。用乍大子癸寶。」該銘文說的是:燕侯讓堇到宗周去送甜品給太保,庚申日,太保賞賜給堇貝幣,堇花費了這些貝幣來鑄造這件青銅器。

一尊被命名為「匽侯旨鼎」的銘文是:「匽侯旨初見事於宗周,王賞旨貝廿朋,作姒寶尊彝。」這裡記載的是:匽侯旨初次進京覲見周王,得到周王賞賜的貝幣,從而以貝幣鑄造了寶鼎。

總之,召公奭在周朝室輔佐成王,他的兒子到燕地相繼為侯,是歷史事實。

1967 年,在北票市東官營發現的燕王職戈上面刻有銘文:「郾王職作御司馬。」

這裡的「郾王職」,就是《史記‧趙世家》中記載的「王召公子職於韓,立以為燕王」,即趙武靈王立為燕王的「公子職」。

1966 年出土有「郾王喜銅矛」,關於這件兵器上刻的「郾王喜」,語言學家在斷言:「兵器有郾王喜矛,即燕王喜也。」

第二章　草莽崛起：小國崛起吞併六雄

即這個「郾王喜」，就是燕國最後的一個國君燕王喜。

「匽」字為什麼被改成了「郾」字呢？

原來，漢字中，左「阝」是「阜」字的簡略寫法，右「阝」是「邑」字的簡略寫法。

把國名「匽」改為「郾」是在「匽」字右邊加了個「邑」字旁，加強了國土的概念。

這個不難理解。

但為何幾乎所有的史書都把「匽」或「郾」寫成了「燕」呢？

這就頗讓人費解了。

陳夢家認為，「匽」、「郾」和「偃」相通，而「偃」是「嬴」的「一聲之轉」。

他說，秦滅燕後，為了避諱，一律改「匽」、「郾」為「燕」。

劉師培甚至認為，偃姓即嬴姓，他舉例說《漢書‧地理志》以皋陶後為偃姓，班昭的《列女傳注》以伯益為皋陶子，而《史記‧秦本紀》又說舜以嬴姓賜伯翳，這個伯翳即伯益，所以，偃是嬴的舊姓。

但即使如此，也解釋不了改「郾」為「燕」的原因。

因為，按照陳夢家的說法，就算「偃」和「嬴」是「一聲之轉」，但「燕」和「嬴」何嘗又不是「一聲之轉」？

所以，為避諱而把「匽」、「郾」一律改為「燕」的說法解釋並不合理。

又有人提出，民族學上有一套關於「自稱」和「他稱」的理論。即一個民族或一個國家的稱謂，是先有自稱，後有他稱的。「匽國」或「郾國」屬於自稱，「燕國」是他稱。

「郾國」為什麼被改名為「燕國」？

話既然這麼說，那麼，問題來了，齊、秦、韓、趙、魏等國的稱呼，到底是自稱還是他稱？如果是他稱，他們的自稱又是什麼？

另外，陳夢家在《美銅器集錄》中釋文，著錄了傳世《陳璋壺》銘文「佳王五年⋯⋯陳璋內伐匽亳邦之獲」時，考訂陳璋壺為西元前314年齊田章伐燕所獲的燕器，銘文為後來所加，其中「匽亳邦」指的就是《左傳》昭公九年裡提到的「燕亳」。

他說：「燕、亳連稱，意即燕京。」

由此可見，「匽」並非燕國人的自稱，齊國人也稱它為匽。

所以，把「匽」、「郾」說成自稱，「燕」屬於他稱，也非常牽強。

又有人解釋「燕」字是從「妟」、「匽」、「郾」等字發展來的在古文字中這些字是相通的。

容庚《金文編》卷十二：「匽，經典通作『燕』。匽，召伯所封國。」

又比如《詩經・谷風》中「宴爾新昏」這一句中的「宴爾」，也可寫作妟爾、燕爾。

但是，「妟」字為什麼可以作為「燕」字解呢？

「妟」的甲骨文有多種寫法，無論哪一種，看上去都像是由「女」和「日」組成的。

《說文解字》因此說：「妟安也從女從日。」

有人卻認為，「妟」是「母燕餵乳狀」乳燕吃飽了即為「安」。

後來在「妟」是加「匸」為「匽」，是為乳燕多加上了個「窩」，從而加強了「安」字的意思。

這麼一來「妟」字既作「安」字解，又作「窩中的乳燕」解，繼而引申

第二章　草莽崛起：小國崛起吞併六雄

為成年的家燕。

「宴爾新婚」就是形容新婚夫婦像屋簷安窩的家燕那樣歡樂恩愛，也寫成了「燕爾新婚」。

另外，還有一個問題，燕國的封國在燕山山脈環繞之中，那麼，是先有了燕山之名才有燕國之稱呢，還是先有燕國之稱才有燕山之名呢？又或者，二者之間毫無關聯呢？

古代燕山被稱為「幽都之山」。

中國最早的地理著作《山海經·海內經》載：「北海之內有山，名曰幽都之山黑水出焉。其上有玄鳥、玄蛇、玄豹、玄虎、玄狐蓬尾。」

「幽」字從山中之兩幺，本義與「幺」字有關。

「幺」字的本義又是什麼呢？

《詩經·商頌·玄鳥》中的「天命玄鳥，降而生商」的玄鳥，指的是燕子。

而歷史學家李宗侗說：「幺即玄鳥之子，幺與玄似。有頭有身無翼像燕初生之形。」

即「幺」字的本義也是燕子。

理解了「幺」字的本義，李宗侗認為「幽」字是山中藏兩「幺」，「山之得名為幺所居」。

即幽山就是燕山。

最早著錄於《漢書·藝文志》的《爾雅》就說：「燕曰幽州。」

歷史及考古學家鄒衡也認為「燕」字由玄鳥即家燕而來，即燕山之稱，早在召公奭受封以前，至少在商代後期就已經存在了。

唐張守節作《史記正義》指出：「燕薊二國俱武王立。因燕山薊丘為名。」其引《括地誌》稱：「燕山在幽州漁陽縣東南六十里。」又引徐才宗《國都城記》稱「周武王封召公奭於燕，地在燕山之野，故國取名焉」。

可以想像，如果「燕」字是從「匽」、「匽」、「郾」等字發展來的，那麼燕山最早的寫法應該是「匽山」、「匽山」、「郾山」。

事實若真如此即「匽國」、「郾國」、「燕國」的表述完全相通不過是新字和老字寫法不同而已史書把「匽國」、「郾國」寫成「燕國」不足為奇。

但是，現在暫無史料可以證明燕山曾被寫成「匽山」、「匽山」、「郾山」。

那麼，史學家為何要把「匽國」、「郾國」寫成「燕國」、仍需史學家進一步研究。

秦始皇平此蕞爾小國興兵 50 萬耗時 10 年

老實說，兩廣地區遠離中原，在中國古代歷史上的地位並不突出。

而隨著人類航海事業的發展，廣東得沿海港口之便，開風氣之先，人才薈萃，遂在近代史上脫穎而出，成為中國人們矚目的南方大省。

而被視為廣東孿生兄弟的廣西，與之相比，稍顯「星光黯淡」，但很多人並不知道，在先秦時期，今廣西玉林所在可是百越之中最強大的部落國，名叫西甌國。

這個西甌國的版圖，恰好是貴港市尚未從玉林分出之前玉林市的管轄範圍。

郭璞注《山海經》說：「甌在閩海中郁林郡為西甌。」其中的「郁林郡」

第二章　草莽崛起：小國崛起吞併六雄

就是玉林的古稱。

西元前 221 年，秦始皇先後殲滅了韓、趙、魏、楚、燕、齊等六國，統一了中國的中原地帶，開始著重經營嶺南一帶。經過充分籌劃安排和緊張的物資準備，於西元前 219 年對南方百越民族發起征服戰爭，即史書上說的「秦戍五嶺」。

說西甌國「強大」，那是相對於百越地區眾部落國而言的；要對秦國來說不過是蕞爾小國。

司馬遷的《史記》記載：「西甌者，百越之首，帶甲五萬。其王曰譯籲宋，亦南面稱王。」

當時的西甌國王名為譯籲宋，王城建在現在玉林市興業縣的賣酒鎮。

秦朝派出南下大軍共 50 萬人，由主帥尉屠睢統一指揮。

秦軍來勢凶猛，氣吞萬里如虎，沒多久就平定了東甌和閩越，設定了閩中郡。

西甌國王譯籲宋知道下一個遭殃的就是自己，趕緊做出策略部署，舉國退守南部，延長縱深，遷西甌王城於丘陵（位於今天玉林南流江與陸川平樂鎮交界一帶）。同時，將僅有的 5 萬兵力分屯於三處：放馬坡（今陸川馬坡）、舊城（今天興業賣酒鎮）、三羅（今陸川珊羅鎮）。

以 5 萬兵力對抗 50 萬秦軍，兵力完全不對等，客觀地說，這是一場沒有懸念的戰鬥。

相信秦始皇就是這麼想的。

但是結果讓人跌破眼鏡。

西甌人充分利用主場作戰的優勢，將戰術與山地密林相結合，機動靈

活地從各個地點對秦軍及供應線發起襲擊和進攻，使龐大的秦軍處處受敵，暈頭轉向。

雖然西甌國君譯籲宋在戰場上英勇戰死，但西甌軍民並不氣餒，又推舉另一首領桀駿為將，「夜攻秦人，大破之，殺尉屠睢，伏屍流血數十萬」。

西甌人斬殺秦軍統帥尉屠睢的地方叫三羅，即今天陸川的珊羅鎮。

主帥被殺，秦軍群龍無首，四處逃散。

秦甌戰爭，是自秦始皇橫掃六國以來，秦軍所遭受的最慘烈、最艱苦的戰爭，戰爭曠日持久，秦軍「三年不解甲馳弩」陷入膠著狀態。

為了與西甌作戰，秦始皇逼迫中原百姓「丁男被甲，丁女轉輸」，並在今興安縣境內「以卒鑿渠，以通糧道」，開鑿出歷史上著名的人工運河——靈渠來解決後勤供應問題。

最後，秦始皇又派遣名將任囂和趙佗等人指揮秦軍對西甌作戰。

經過了長達 10 年的鏖戰，在力量對比懸殊和武器優劣差異巨大的情況下，秦軍終於征服了西甌，西甌也從此正式加入了中國統一多民族國家的版圖，再也沒有分開過。

為了征服這個蕞爾小國，秦始皇興兵 50 萬，耗時 10 年卻，始終無怨無悔將 100 多萬平方公里收入帝國版圖，福澤後世。

而經過這次戰爭，西甌人勇敢頑強的精神也讓天下為之震驚。

第二章　草莽崛起：小國崛起吞併六雄

第三章

智臣設政：謀臣助力奠定國基

第三章　智臣設政：謀臣助力奠定國基

▎大臣表忠誓與君主同生共死，結果弄假成真

秦穆公是秦國歷史上的一個具代表性的人物。其在位時間長達 38 年，勵精圖治，重視人才開發，首開秦國任用客卿制度之先河，廣納賢士以誠待人，不拘一格任用各式各樣的人才，不分國內外，使得秦國國力蒸蒸日上。

流傳至今的秦穆公錄用九方皋的故事，清楚說明了秦穆公招攬人才的態度。

話說，秦穆公看見伯樂一天天衰老，就關切地問：「您是相馬的高手，您子孫輩中有誰繼承了您的相馬本領呢？」

伯樂搖頭回答說：「大王，很遺憾，相馬之術，七分天注定，三分靠打拚，我的子孫輩都缺乏了相馬這根弦。慶幸的是，我的好朋友九方皋卻擁有了這種天賦，相馬的本領高強，大王如果有需要，他可以為大王效勞。」

穆公若有所思後召來九方皋，請他幫自己去物色一匹千里馬。

沒幾天九方皋來報告說：「好消息，好消息，經過微臣的艱苦搜索，已為大王物色到了一匹千里好馬。」

搜馬行動如此神速，穆公大感意外，高興地問：「快說說看，是匹什麼顏色的馬？」

九方皋眉頭一揚、鬍子一翹笑咪咪地答：「是匹黃色的母馬。」

穆公把買馬的錢交付給九方皋，讓他把馬買回來。

九方皋手腳俐落，沒多久就把馬牽回來了。

穆公不看則矣，一看，差點氣暈了。

這、這、這哪是什麼黃色的母馬？根本就是一匹黑色的公馬！

好吧，就算您是色盲，但您身為一個相馬界人士，怎麼可以連馬的公母也分不清呢？

穆公半天沒說話，賞賜了九方皋一些錢物，悶悶不樂地把他打發了。

改日，穆公對伯樂說：「你的朋友連馬的公母都分不清，還相馬呢！」

伯樂一聽哈哈大笑說：「大王您真是聰明一世，糊塗一時，會相馬的人，只注重於馬內在的靈性。那馬的顏色、外貌和雌雄，都是小兒科的東西，九方皋將之忽略有什麼好奇怪的？我問您，他牽來的馬是不是好馬？」

秦穆公被伯樂這番一逼問，頓時語塞，才想起還沒有試過九方皋牽來的黑色公馬，於是叫人趕快試騎。

不試不知道，一試，果然是匹天下無雙的好馬。

秦穆公從九方皋相馬這件事上得到了啟發，從此不為人才的外表、身分、年齡等所影響，採取「得其精而忘其粗，在其內而忘其外」的相馬之法，用5張公羊皮贖回來了「五羖大夫」百里奚；透過百里奚錄用了蹇叔，拜蹇叔為右相，拜百里奚為左相；又透過蹇叔錄用了他的兒子西乞術、白乙丙……很快地，秦穆公網羅了百里奚、蹇叔、由余、丕豹、公孫支，以及後來被稱為「三良」的奄息、仲行和針虎等賢臣。

秦穆公在執政的最後幾年時間裡，向西兼併了西戎二十國，開疆拓土，為400年後秦統一中國奠定了基石，在函谷關以西一帶稱霸，史稱「稱霸西戎」。

秦穆公也因此被稱為春秋五霸之一。

雖說「稱霸西戎」和「春秋五霸」的「霸」字是「伯」的通假字，原意是

第三章　智臣設政：謀臣助力奠定國基

「老大」的意思，但秦穆公在治國和擴張上的確顯現出了一種霸氣。

難得的，是凶悍霸道的氣場背後秦穆公卻又有一種悲天憫人的俠骨仁心。

晉文公重耳遭受晉惠公迫害，流落江湖，惶惶不可終日。秦穆公伸出援助之手，幫他擊敗晉惠公、重回晉國奪取了王位。

還有，秦穆公最心愛的一匹寶馬在岐山腳下吃草，卻被當地的農民宰殺，架起柴火烤馬肉吃。官吏捉到這些人，準備好好整治。愛馬被殺，秦穆公心口雖然流血，腦子卻異常清醒，強忍著笑說：「有德才的人不因為畜生而殺人。我聽說吃馬肉而不喝酒，就會傷及身體。」他不但不懲罰這些人，反而搬出王宮裡的美酒好好款待了這些人一番。

這樣的君王有本事，有能力，還仁人愛物，懂得換位思考，關心別人，誰不樂意為他效勞呢？

秦國因此君臣相濟，其樂融融。

可惜，韶華已逝，隨著年齡的增長，秦穆公越來越喜歡思考人生，越來越喜歡抒發關於人生的感慨。

某天，在君臣同歡的宴會上，秦穆公多喝了幾盅，又開始抒懷了，他醉眼迷離地望著眾位大臣，喃喃自語說：「眼前的情景雖然美好，但天下沒有不散的宴席，唉唉，如果我們君臣永遠都能這樣，即使死了也能在一起那多麼好哇！」

稱為「三良」的奄息、仲行和針虎三人坐得離秦穆公最近，對穆公的話聽得最清楚，一時熱血上湧，頭腦發昏，口齒不清，拍著胸脯說：「大王說得極是，我們願意永遠陪著大王，也真誠地希望可以死在一起。」

秦穆公莫名有些感動，眼睛裡泛出淚花，滴落杯中，和酒一起喝了。

本來酒桌上說的就都是醉話，不得當真。穆公與奄息、仲行和針虎「三良」在酒醒後也都把那些醉話忘得乾乾淨淨了。

但是有一個人沒有忘記，這個人就是秦國的太史官。當天酒宴上，他就坐在秦穆公身邊，將秦穆公說的話，以及奄息、仲行和針虎「三良」的承諾，都一字一字地記了下來。

西元前621年，秦穆公病死了。

當時的文明程度低，還流行滅絕人性的殉葬制度，穆公的姬妾以及一些聰明能幹且長得帥氣的奴隸被強行勒令殉葬。

奄息、仲行和針虎像沒事人一樣在旁邊看熱鬧。

突然，太史官捧出紀錄本，莊嚴地宣布：奄息、仲行和針虎應同殉葬。然後翻到記錄那場酒宴的地方，指給在場的公證人員看。

沒辦法，「三良」只好乖乖跳下自己挖下的坑，接受活葬。

《左傳》因此記載：秦伯任好卒，以子車氏三奄息、仲行、針虎為殉皆秦之良也國人哀之為之賦〈黃鳥〉。

秦穆公墓位於鳳翔縣文化路博物館院內，在「三良」的陪伴下，穆公應該不會寂寞吧！

■「秦國第一名相」百里奚

百里奚為秦國第一名相，千古流芳。

在眾多史書中，百里奚的身分是非常混亂的。

百里奚的人物形象，給人們印象最深的，是明人馮夢龍的演義小說

第三章　智臣設政：謀臣助力奠定國基

《東周列國志》。

該書第二十五回〈智荀息假途滅虢，窮百里飼牛拜相〉、第二十六回〈歌㲿㲿鯸百里認妻，獲陳寶穆公證夢〉寫：百里奚是虞國人，字井伯，家窮，三十幾歲了，始娶妻杜氏，生下一子。百里奚胸藏丘壑，有治國大略，不甘窮困一生，渴望到外面闖蕩一番。

妻子杜氏支持他的想法，用「好男子志在四方」的話來勉勵他，並殺了家裡唯一的老母雞為他餞行，分手時牽袂而對泣說：「富貴勿相忘！」

百里奚先是到了齊國，因為無人引見沒有得到錄用。

百里奚漸漸陷入困境，最後淪落到了沿街乞討的地步。

所幸蹇叔悲天憫人，收留了他。

百里奚和蹇叔志趣相投，兩人結為兄弟。

百里奚比蹇叔小一歲，呼蹇叔為兄。

不久，齊國的齊襄公被上卿管至父和連稱害死了，公子無知為新一代齊國國君。

百里奚認為，一朝天子一朝臣，公子無知接任了國君的位子，勢必要招攬大批新人，自己應該有入仕的機會。

的確，公子無知很快就張貼出了招賢榜文，招攬人才。

百里奚躍躍欲試想去應徵。

蹇叔潑了他一盆冷水說：「公子無知的口碑很差，雖然篡奪了國君的位子但一定不能長久，而且，齊襄公有兒子流亡在國外，一定會回來的，去替他工作，腦袋怎麼掉的都不知道！」

百里奚被冷水從頭澆到腳，趕緊打消了主意。

事情的發展正如蹇叔所料，公子無知很快敗亡，百里奚僥倖躲過了一劫。

過了幾年，百里奚聽人說，周襄王的兒子王子穨喜歡養牛，心中暗自思忖：我在鄉下養過牛，算是內行的行家，不如去周王室工作，看能不能扭轉局面。

蹇叔告誡他說：「大丈夫不要輕易失身於人。你一旦擇主而事，就不能中途棄之而去否則就是不忠；你一旦選擇了一個不肖之主而與之同患難就是不智。你先去看看，再謹慎做決定，我處理好家事，也過去幫你參謀參謀。」

百里奚風塵僕僕地趕到雒邑，不管不顧，冒冒失失地報名成了王子穨手下的一名養牛郎。

百里奚把心思都花在養牛上，牛被養得身強體壯、龍精虎猛。

王子穨非常欣賞百里奚，打算把他提拔為自己的家臣。

但是蹇叔來了，他暗地裡經過一番考察，對百里奚說：「王子穨這個人志大才疏、心懷不軌，他手下多是善於讒諂的小人，成不了大事，跟他，恐怕是羊湯沒吃到反惹一身羶。」

百里奚想起了公子無知被殺之事，心中懍懍，聽從了蹇叔的勸，心灰意冷想回虞國老家。

蹇叔突然想起了什麼，說：「虞有賢臣名叫宮之奇，是我的故舊好友，我和他相別已久，你既然要回虞國，我和你同行，趁機去拜會拜會他。」

蹇叔見到了宮之奇，極力推薦百里奚。

在宮之奇的張羅下，百里奚被虞公拜為中大夫。

百里奚樂壞了。

第三章　智臣設政：謀臣助力奠定國基

可是，蹇叔又對他潑冷水了，說：「我覺得虞君見識少而剛愎自用，並不是什麼有作為的君主，兄弟還是及時抽身吧。」

這時候，王子頹造反被殺，百里奚因為抽身早又躲過了一劫。

現在聽了蹇叔的話，他也很糾結。

猶豫了許久，他下定了決心對蹇叔說：「兄弟我久困風塵，猶如魚困陸地，有一勺水延續性命就謝天謝地了，管不了那麼多了。」

蹇叔黯然，告辭而去。

不得不說，蹇叔的見識實在高出百里奚太多。

百里奚在虞國當大夫還沒當幾天，虞國就被晉國滅了，百里奚成了晉國的俘虜。

秦國國君秦穆公為了與中原文化接軌，積極與晉國聯姻。

晉獻公讓太史占卜，得出的結論是：與秦國利於姻好，不利於戰爭。

於是，他同意了這門親事，嫁女伯姬給秦穆公。

伯姬出嫁時，百里奚成了陪嫁奴隸。

百里奚認為自己空有濟世大才，未能遇上明主舒展，年近老邁又成了奴隸，比僕妾都不如，不堪其辱，偷偷開溜。

百里奚逃到了楚國，重操舊業，替楚國國君楚成王養牛。

秦穆公的手下裡有一個來自晉國名叫公孫支的謀士，他告訴秦穆公，百里奚是個世間罕有的大賢士，鼓動秦穆公派人去楚國贖取百里奚。

秦國使者拜見楚成王，僅僅用了5張黑公羊皮，就贖取了百里奚。

秦穆公見到了鬚髮俱白的百里奚，有點愣住，問：「年幾何？」

百里奚拈鬚大笑：「才70歲。」

「秦國第一名相」百里奚

秦穆公搥胸頓足，嘆道：「惜乎老矣！」

百里奚不服老，誇誇其談了一番，說什麼你想讓我逐飛鳥、搏猛獸，我的確是老了點。如果想讓我和你坐在一起策論國事，那還很年輕呢。你想想當年姜太公年已80歲，垂釣於渭水之濱，周文王知賢愛賢，車載以歸，拜為尚父，終定周鼎。他現在遇到了你，豈不比呂尚遇上文王更早了10年？

秦穆公壯其言，封百里奚為上卿，任以國政。

人們因此稱百里奚為「五羖大夫」。

百里奚鄭重地向秦穆公推薦了蹇叔。

蹇叔於是與兒子白乙丙入秦。

關於這個白乙丙，書中特別交代：「蹇氏，丙名，字白乙。」

百里奚在秦國做出了政績，名揚四海，他的妻子杜氏也帶著兒子孟明視前來投奔。

孟明視也被拜為大夫，與蹇叔的兩個兒子西乞術、白乙丙合稱「三帥」，掌管秦國軍隊。

……

以上所寫，活靈活現，但終究只是小說家言，可信度很低。

比如小說中寫的：「百里奚是虞國人，字井伯，年三十餘，娶妻杜氏。」

但《史記‧商君列傳》中卻記：「五羖大夫，荊之鄙人也。」而《穀梁傳‧莊公十年》云：「荊者楚也何為謂之荊？狄之也。」即荊國就是楚國，百里奚是楚國人。

《水經注》裡面交代得更明確，該書卷三十一載：「縮水又南，梅溪水

第三章　智臣設政：謀臣助力奠定國基

注之。水出（宛）縣北紫山，南經百里奚故宅。奚，宛人也，於秦為賢大夫，所謂迷虞智秦者也。」

另外，《荊州記》也記：「（南陽）郡西七里有梅溪，溪西有百里奚宅。」

《太平御覽》亦載：「（南陽）郡南七里有梅溪，故考傳雲城西有百里奚宅。」

現在的南陽市中心城區西，的確就有一個百里奚村。

不過，讓人產生疑惑的是，《明嘉靖南陽府志校注》記載：「在百里奚村東，高約七米，稱百里大夫墓。墓前擺放七塊巨石，俗呼七星塚。唐開元二十三年鄭璉書五大夫碣銘，後佚。」

百里奚死於秦國，而且在秦國有封地百里邑，怎麼死後又葬到楚國宛邑去了？

話說回來，《東周列國志》之所以寫百里奚是虞國人，也是有根據的。《戰國策》稱：「百里奚，虞之乞人，傳賣以立革之皮，穆公相之而朝西戎。」

現在的山西平陸縣槐下村也立有「虞賢百里奚墓記」墓碑，碑文記載是北魏太和丙子年（西元前497年）所立。

很多當代書籍也都沿襲了《戰國策》的記載，把百里奚定位為虞國人。

《東周列國志》裡面一口一個「百里奚」，《周史演義》在介紹孟明視時更是說他「複姓百里，名視，字孟明」。但是這個「百里」，應該是指百里奚到了秦國後得到的百里邑封地。人們尊稱他為「百里」，並不是因為他姓百里。

那麼，百里奚本來應該姓什麼呢？

唐朝林寶編撰的《元和姓纂》中記載：「虞仲之後，公族有井伯，即百里奚也；生子孟明視，子孫以王父字為氏。」

　　虞仲是周太王古公亶父的次子仲雍的曾孫。

　　周康王封其於虞（今山西平陸縣北），從而建立虞國。

　　根據這個說法，百里奚就應該是虞國人，是虞仲之後，屬於虞國的公族，名叫井伯。

　　也就是說，百里奚就和周天子同姓，姓姬。

　　南宋人鄭樵撰寫的《通志》支持此說，稱：「姬姓虞仲之後也，有百里奚者，為虞之公族大夫，晉獻公滅虞，虜虞公及其大夫百里奚，以媵秦穆姬。」

　　不過《百家姓・井》裡面卻說：「據《姓源》所載周代姜尚（太公望）受封於齊國。其後有出仕虞國者，為大夫，受封於井邑，稱為井伯。」

　　在這裡，百里奚又成了姜太公的後代，姓姜。

　　當然，最權威的還是先秦典籍《左傳》裡的說法，該書在「僖公五年」條中說：「執虞公及其大夫井伯，以媵秦穆姬。」

　　百里奚在《史記・秦本紀》的第一次出場，就是出現在「以媵秦穆姬」這個環節中，原文為：「五年，晉獻公滅虞、虢，虜虞君與其大夫百里奚，以璧馬賂於虞故也。既虜百里奚，以為秦繆公夫人媵於秦。」

　　由此可知，井伯就是百里奚。

　　也無怪乎《東周列國志》寫秦穆公與百里奚一番長談過後，心悅誠服地說：「孤之有井伯猶齊之得仲父也！」

　　百里奚在《史記・秦本紀》中出場後，就亡秦走宛，從而被秦穆公以

第三章　智臣設政：謀臣助力奠定國基

五？羊皮贖了出來。書中特別寫道：「百里奚年已七十餘。」

《左傳》裡面從未出現過「百里奚」的名字，只有「百里」、「孟明」、「百里孟明視」、「孟明視」的說法。

秦史學家指出，「奚」的本義為隸役。《禮記》的〈疏〉載：「有才能曰奚，無才能曰奴。」《周禮‧酒人》：「奚三百人。」注：「猶今官婢。」

即百里奚是一個賣身為奴之人，被秦人稱為「奚」。

也就是說，「奚」和「五羖大夫」是一樣的，都是一個外號，並不是百里奚原來的名字。

史學家認為，孟明視和百里奚其實是同一個人。

他的依據是，《左傳》裡面寫的「召孟明、西乞、白乙伐鄭」、「復使孟明為政」、「猶用孟明，孟明增修國政，重施於民」、「遂霸西戎，用孟明也」等事蹟與《史記》中寫的百里奚相秦，伐鄭霸西戎等事蹟完全吻合。而且，秦國在秦武王置左右丞相之前還沒出現過兩人同時執政之例，尤其沒有以父子同時執政之例，由此可知，百里奚、孟明視就是同一個人。

他還提到了最有說服力的一點：《左傳》中記載有「秦用孟明遂霸西戎」、「奚相秦而西戎八國來朝」。而《戰國策》又說「百里奚，虞之乞人，穆公用之而朝西戎」、「朝西戎」、「西戎來朝」等，顯而易見，都是同一件事。但李斯在《諫逐客書》中說：「穆公西取由余於戎，東得百里奚於宛，迎蹇叔於宋，求丕豹、公孫支於晉。此五子者不產於秦，而穆公用之，並國二十，遂霸西戎。」李斯是秦相，自然深諳秦國歷史，孟明視既然有「秦用孟明，遂霸西戎」的光輝業績，李斯在列舉秦國前賢時，只提百里奚而不提孟明視，足見百里奚就是孟明視。否則李斯對「遂霸西戎」的孟明視視而不見根本說不過去。

「秦國第一名相」百里奚

另外,《左傳》記載秦穆公遂霸西戎之後,周王對秦穆公、孟明視和子桑三人,分別加以讚美。說秦國之所以能稱霸西戎,那是因為秦穆公重用孟明視;而孟明視之所以得到重用,又在於子桑能知人而舉善。這個子桑就是公孫支。《左傳》中並沒有公孫支舉薦孟明視的記載,而《呂氏春秋》裡面有提到公孫支向秦穆公舉薦了百里奚。《韓非子・說林下》裡面也有「公孫支自刖而尊百里」的文字,可見,百里就是百里奚,百里奚和孟明視就是同一個人。

還有,《史記・商君列傳》中說:「百里奚相秦六七年而東伐鄭,三置晉國之君,一救荊國之禍。」即秦穆公的東進政策是在百里奚的主意下展開的。但《左傳》和《史記・秦本紀》都記載攻打鄭國的人是孟明視。原因就是司馬遷考證錯誤,把一人誤認為是兩人了。

史學家還指出,秦國伐鄭之時,《左傳》只記載「公訪諸蹇叔」及「蹇叔哭送其子」。同書其他地方,如晉國原軫提到的「秦違蹇叔而以貪勤民」,又如穆公事後檢討的「孤違蹇叔,以辱二三子」,都根本就沒有涉及百里奚。《淮南子・道應訓》和《史記・十二諸侯年表》也僅有「將伐鄭蹇叔曰不可」之類的記載。《呂氏春秋》和《淮南子・道應訓》所記載的勸諫秦穆公及哭送兒子出征的,都只是蹇叔一人。《史記・秦本紀》卻強把勸諫秦穆公及哭送兒子出征的人寫成「蹇叔與百里奚」但在《史記・商君列傳》的記載中,百里奚本身是支持東進政策的人,是攻伐鄭國的主謀,他又怎麼會自行諫止呢?《史記・秦本紀》的寫法,明顯與《史記・商君列傳》裡的交代不符,可以說是自相矛盾。

《國語》裡面又記載:秦穆公九年,晉國內亂,秦穆公曾與群臣商議對策,原文載:「乃召大夫子明及公孫曰:『夫晉國之亂,吾誰使先若夫二公子而立之,以為朝夕之急?』大夫子明曰:『君使縶也。』」高誘注:「子明,

第三章　智臣設政：謀臣助力奠定國基

秦大夫百里孟明視也。」

根據分析，按照《史記》的記載，百里奚是在秦穆公五年（西元前655年）入秦的，在秦穆公九年（西元前651年），時間僅僅過了4年，秦穆公對百里奚言聽計從，如果說子明就是孟明視，而孟明視又是百里奚的兒子，那麼，秦穆公豈有遇上國家大事不先與為政之父相商，反而向他的兒子求教之理？

最後，《左傳》記載在殽之戰後，秦大夫及左右要求秦穆公殺孟明視以謝敗軍之罪。秦穆公長嘆說：「孤實貪以禍夫子，夫子何罪？」馬非百先生說，如果孟明視是百里奚的兒子，而這個時候的百里奚還健在，秦穆公怎麼可能稱呼他的兒子為「夫子」呢？

種種跡象表明，孟明視和百里奚並不是父子，而是同一個人。

即使孟明視和百里奚不是同一個人百里奚的年齡也讓人感到難以置信。

《史記・秦本紀》中記載：秦穆公五年，秦穆公用5張羊皮贖回了百里奚，百里奚當時70餘歲。秦穆公三十三年（西元前627年），發生殽之戰。這之間已經過了28年。

不管百里奚是不是孟明視，他都還健在。

那麼，這一年，他已經將近100歲了。

關於百里奚的結局，《史記・商君列傳》中借趙良之口稱：「五羖大夫之相秦也，勞不坐乘，暑不張蓋，行於國中，不從車乘，不操干戈，功名藏於府庫，德行施於後世。五羖大夫死，秦國男女流涕，童子不歌謠，舂者不相杵。」

從趙良的說法中猜測，百里奚應該是善終。

但在《史記・蒙恬列傳》中，蒙恬又將百里奚與為秦穆公殉葬的「三

良」相提並論，說：「昔者秦穆公殺三良而死，罪百里奚而非其罪也，故諡名曰繆。」

似乎，百里奚被秦穆公論罪處斬了。

百里奚，真是一個謎一樣的人物。

甘羅十二歲拜相？

甘羅這個人是非常可疑的。

若說這個人物根本不存在，但司馬遷在《史記·卷七十一·樗里子甘茂列傳第十一》裡又明確提到：「甘羅者，甘茂孫也。」

你要說這個人物確實存在過，司馬遷的《史記·卷七十一·樗里子甘茂列傳第十一》又記載得沒頭沒尾，突如其來的強行式插入，又突如其來地憑空消失，既與歷史背景不符，又消失得了無痕跡，就像從未來過這個世界。

而且《史記·卷七十一·樗里子甘茂列傳第十一》對甘羅故事的描寫，猶如小孩子玩扮家家酒一般可笑，與我們印象中戰國的風雲變幻格格不入。

我們來看看，甘羅的故事是怎麼樣的。

甘羅的故事是附在甘茂列傳之後的。

甘茂其人、其事是不用懷疑的，他原本是秦國的左丞相，聲名顯赫，故得在《史記》中入列傳。列傳之後，就引出甘羅，說甘羅是甘茂的孫子，在甘茂死後，文中是這樣寫的：「甘羅年十二，事秦相文信侯呂不韋。」即甘羅 12 歲就在秦國丞相文信侯呂不韋手下工作了。按照這個說法，甘羅

第三章　智臣設政：謀臣助力奠定國基

少年就到丞相府任職，自然就是不同凡響之輩了。但呂不韋工作遇上了難題，甘羅出面為他分憂時，呂不韋喝斥甘羅的口氣就跟像喝斥普通小屁孩一樣：「去！我身自請之而不肯，女焉能行之？」這就讓人有些難以理解了。

呂不韋遇上的是什麼難題呢？

原來，秦國勢大，燕趙聯合抗秦。秦國為了破壞燕趙聯盟，派人去燕國講趙國的壞話，要燕國跟自己交好。燕國答應了，讓秦國派個人來自己國家擔任丞相，到時一起攻占趙國的河間之地。秦王派張唐前往。張唐卻認為自己曾經攻打過趙國，去燕國要經過趙國，到時會被趙國人揍，堅拒絕去。呂不韋因此苦惱。

甘羅就在這時候自告奮勇要去說服張唐，結果遭到了呂不韋的喝斥。

但甘羅人小志氣高，他反過來訓斥呂不韋說：「夫項橐生七歲為孔子師。今臣生十二歲於茲矣，君其試臣，何遽叱乎？」氣昂昂大踏步地去找張唐，說了一通「您如果抗命不遵就會死得很難看」等警告、恐嚇之類的話語。張唐趕緊表示：「請因孺子行。」令裝治行。

這一情節讓人難以置信。張唐身為一個成年人，此前居然不知「抗命不遵就會死得很難看」的後果，要等到一個小孩來提醒，才魂飛魄散地準備行裝上路。

要說，張唐上路就上路，甘羅又搶先入了趙國。

咦？他去趙國做什麼？

他去趙國恐嚇趙襄王，說現在秦國要和燕國聯合對付你了，怕不怕？

趙襄王說怕，但該當如何？

甘羅搖頭擺尾地說：「你最好割河間五城來討好秦國，和秦國聯合來

攻打燕國，到時瓜分燕國，三一分，你三、秦一。」

好，成交！

就這樣，甘羅威風凜凜地回到秦國，被秦王封為上卿。

甘羅的故事就此結束。

縱觀整個故事，情節簡單、匪夷所思，但最令我奇怪的是，趙國和燕國幹麼那麼傻？傻得像個布娃娃，任人擺布！

好吧，如果說這就是戰國時期各國之間激烈相爭的真實情況，我也無話可說。

問題是，甘羅的故事就此結束了，沒有下文；其他同個時代人的傳記也沒有與他交會的點，太詭異了。

現在河南省鄢陵縣縣城西部遠處，有一個甘羅村，據說村東頭就有一座甘羅墓。

凡是人都會死，有甘羅墓也不奇怪，但甘羅拜上卿後又發生了什麼事，以及他是怎麼死的，是沒有任何史料記載的，只能任由小說家和民間故事大王隨便編撰了。

《東周列國志》說是被持有天符的紫衣天仙召歸天上了；民間故事大王則說是因為調戲皇后娘娘被秦始皇殺了⋯⋯說法有很多，都是各人經過想像得來的各說各話，沒什麼意思。

有人根據甘羅故事中出現過的人物，如呂不韋、秦王、燕王喜、燕太子丹、趙悼襄王，結合《史記．秦始皇本紀》、《燕召公世家》、《趙世家》煮成大雜燴，得出的結論是：甘羅使趙只能發生在秦王政三年、趙悼襄王元年，也就是西元前244年，即甘羅其實只比秦王政小3歲，他12歲，秦王政15歲，有點出乎想像。

第三章　智臣設政：謀臣助力奠定國基

▍發生在商鞅身上的一系列奇事

我們都知道，秦滅六國，席捲天下，包舉宇內，威勢赫赫。

但那只是戰國時期的秦國，是在秦始皇奮六世之餘烈的情況下做出的壯舉。

春秋時期的秦國，其實是很弱小的。

春秋時期的秦國，除了在開國國君秦襄公護周平王東遷時露過臉，再來就是秦穆公時有過短暫的巔峰時刻，其他時間都是國小民弱，在春秋諸侯中沒什麼話語權。

秦穆公之後，秦康公、秦共公父子兩代改變秦晉結好的策略，聯楚抗晉，當時楚國執政的是向來豪橫的楚莊王，秦國因此雖小有挫敗，卻無傷國體。

而晉國方面在晉靈公時代一度出現頹勢，但隨後的晉成公、晉景公、晉厲公三代持續雄起，重振國威。

所謂此消彼長，楚莊王死後，楚共王治理下的楚國已經開始走下坡了。

接替了秦共公國君位的秦桓公還想沿著祖、父兩代制定的路線走下去，背叛了晉厲公主動促成的友好和議，勾結楚國和狄國攻晉。

秦桓公此舉徹底激怒了晉厲公。

在楚國失約不至，而晉國又集結齊、魯、宋、衛、鄭、曹、邾、滕等諸侯國的情況下，雙方在麻隧（今陝西省涇陽縣北）開戰，結果毫無懸念，秦軍大敗。

晉厲公帶領十國聯合一直擊至涇陽，離秦雍都不過100多公里，耀武揚威，滿意而歸。

秦桓公經此一敗，羞憤交加，於次年病倒離世，其子秦景公趙石繼位。

楚國方面，楚共王年幼即位，由重臣子重專政。西元前 590 年，發生「子重之亂」，大夫申公巫臣逃到晉國，成為晉國謀士，出現了「楚才晉用」的情況。到了西元前 584 年，巫臣為報滅門之仇，出使吳國（都城在今江蘇蘇州市）結成吳晉之好共，同對付楚國。

西元前 575 年，晉國伐鄭，楚共王發兵援鄭，楚、晉兩軍在鄢陵（今河南鄢陵西南）交戰，楚軍大敗，楚共王的眼睛甚至被晉將魏錡射瞎。

鄢陵之敗後，楚國方面再無大動作。

楚共王崩，楚康王立，由於吳國的羽翼已豐，對楚國構成威脅，楚國疲於應付。

晉國在晉悼公的治理下，國力大增，復霸中原，諸侯莫能與之抗。

如此一來，在前 546 年晉楚弭兵之盟後秦景公改善了與晉國的外交關係與晉國重修秦晉之好。

由此，秦國向東不能出崤函，爭南不能及巴蜀，被壓縮在西陲一地，動彈不得。

所幸，晉國六卿輪流執政，政令無法統一，無暇他顧，秦國得以跌跌撞撞地走完了春秋之路。

西元前 453 年，韓、趙、魏三家攻滅智伯，瓜分其地，形成了趙、魏、韓三卿獨霸晉國的局面。

西元前 437 年，受盡了窩囊氣的晉哀公死了，繼位的晉幽公更加窩囊，晉公室的權勢已一落千丈，一有什麼事，晉幽公非但無法遣動韓、趙、魏三家，他還得低聲下氣地去朝見三家之主。晉室只剩下絳（當為今山西新絳）與曲沃（今山西聞喜東北）二邑，其餘的晉地全被三家瓜分。

第三章　智臣設政：謀臣助力奠定國基

西元前403年，看著趙、魏、韓三家聲勢越來越旺，已完全取代了之前的晉國，周天子威烈王就乾脆正式承認韓、趙、魏三家為諸侯，是為「三家分晉」。

三家分晉，打破了西周以來諸侯國的格局，司馬光就將西元前403年作為《資治通鑑》一書的時間起點。可以說，這是劃時代的一年，這一年之後，戰國時代揭開了帷幕。

三家分晉，趙氏獲利最多，得到了晉國北部的大片土地，並向東越過太行山，占有邯鄲、中牟等地。魏、韓位居趙氏南邊，魏氏偏西，韓氏偏東。

魏氏集中在晉東南，核心地區是運城谷地，北面是強大的趙國，東邊是與自己實力相當的韓國，西面是與自己僅隔一河的秦國，南面越過中條山便是秦、楚、鄭拉鋸爭奪的陝地（今河南三門峽澠池、陝州和靈寶地區），可見魏國所處乃是所謂的「四戰之地」。

但是，在戰國時代最先完成霸業的是三晉中的魏國。

魏文侯以李悝為相，變法圖強。

李悝，可以被稱為法家始祖，他在魏國發起的變法開戰國時代之先聲，他所編撰的《法經》是法學史上的一部具代表性的作品，他的「盡地力之教」影響了整整一個時代。

李悝變法具有劃時代的意義。史學家認為，它吹響了戰國時代各國變法的號角，從而導致奴隸制生產關係的崩潰和封建制生產關係的建立。

魏國經過短短幾年的整治國富民強，軍隊的戰鬥力大為提升，所向披靡威震天下。

李悝受到魏文侯重用，引得天下眾多賢能之士動心不已，一如百川歸

海，源源不斷地投奔魏國。

其中，名將吳起也投奔到了魏國。

魏文侯任吳起為將。

吳起拔劍四顧，把發展方向定在西邊，率軍攻打秦國，連戰連勝，打得秦國只有招架之功而無還手之力。

西元前409年，吳起攻取秦西河地區的臨晉（今陝西大荔東）、元里（今陝西澄城南），奪取了5座城邑。次年，攻秦至鄭（今陝西華州），築洛陰（今陝西大荔南）、合陽（今陝西合陽東南），盡占秦之西河地（今黃河與北洛河南段間地，）置西河郡，任西河郡守。

秦簡公、秦惠公為了奪回西河之地，屢次攻魏，但都被吳起擊敗。

西元前389年，秦惠公破釜沉舟，盡起50萬與魏軍一戰。

但是，吳起在陰晉以5萬之卒大敗秦軍。

秦國輸慘了，可謂傾家蕩產，瀕臨滅亡。

所幸，三晉中的趙國不滿魏國的壓制，與魏國反目成仇，三晉聯盟瓦解，秦國的壓力大減。

西元前385年，流亡於魏國的秦靈公之子師隰回國，在風雨飄搖中即位，是為秦獻公。

即位後的秦獻公，仿效魏制實施改革，其中包括廢止人殉、遷都到地近河西地的櫟陽（今陝西西安閻良區武屯鎮）、擴大商業活動、編製戶籍和推廣縣制，穩定了秦國局勢，並於西元前366年發兵洛陽，打敗了威脅周天子顯王的韓、魏兩軍，得到周顯王的讚賞，提升了秦國的地位。接著，他又進行了數次收復河西的軍事行動。西元前364年在石門（今山西運城西南）大破魏軍，斬首6萬人，取得了戰國時代秦對東方各國的第一

第三章　智臣設政：謀臣助力奠定國基

次大勝，終止了秦國繼續淪落的腳步，為秦孝公時期的商鞅變法奠定了基礎。

商鞅是衛國國君的後裔，姬姓，公孫氏，名鞅，稱公孫鞅，因由衛入魏，也叫衛鞅，後來入秦，得封秦地，世稱商鞅。

商鞅改革主要內容有：

一、制定和頒布法律。商鞅把李悝制定的《法經》在秦國頒布實行，將「法」改為「律」，增加了什伍連坐法，即五家為伍、十家為什，建立相互監督機制，一家有罪則九家相揭發。若不揭發，則十家連坐。檢舉揭發之功與戰場斬敵相同，不檢舉揭發者，一經查實，處腰斬酷刑。窩藏犯罪嫌疑人與投敵者同罪，即本人斬首，全家罰為刑徒作苦役。客舍收留無官府憑證的旅客住宿，收留者與無官府憑證者同罪。

二、健全軍功獎懲制度，禁止私鬥。建立二十級等軍功爵制，從低到高依次為：一級公士；二級上造；三級簪裊；四級不更；五級大夫；六級官大夫；七級公大夫；八級公乘；九級五大夫；十級左庶長；十一級右庶長；十二級左更；十三級中更；十四級右更；十五級少上造；十六級大上造；十七級駟車庶長；十八級大庶長；十九級關內侯；二十級徹侯。各級爵位都有一定的政治、經濟特權，爵位越高享受的待遇、特權越優厚。規定斬敵甲士首級一顆賞爵一級，田一頃，宅九畝，服勞役的「庶子」一人。與李悝變法相比，商鞅更狠，他規定：爵位越高，相應的政治、經濟特權越大。官職和待遇的獲得一律取決於軍功，即使是宗室、貴戚，凡是沒有軍功的，不能獲得爵位，沒有貴族特權。

三、重農抑商，獎勵耕織、獎勵墾荒。商鞅根據秦國地廣人稀、荒地多的特點，進一步把李悝「盡地力之教」發揚光大，規定凡是種糧大戶和

從事紡織業的百姓，免除其本身的徭役；而凡從事工商業和因不事生產而貧困破產的人，全家老小一律充官為奴。

四、建立郡縣制，由國君直接派官吏治理。加強中央集權。

商鞅的變法最先觸犯了舊貴族的利益，引起他們激烈的反對。甚至太子也跟著指責商鞅，說：「新法太過嚴峻。」

按照商鞅的政策，凡指責新法者，一律重罰。

雖然對太子動不了大刑，但在秦孝公的大力支持下，商鞅仍可以拿教導太子的兩位老師開刀，其中公子虔被割了鼻子，公孫賈臉上被刺了字。

其實，除了舊貴族、宗室和大臣外，老百姓對新法中的酷刑也多感恐懼和苦不堪言，到國都訴說新法弊端的人數以千計，但因太子慘遭處罰，眾人噤若寒蟬，集體沉默。

如此一來，新法得以順利實施。

因為貴族特權取消了，爵位等級秩序建立了，農耕得到獎勵，生產的糧食多也可以當成軍功，軍功多了，就可以富甲一方，秦國人民的生產動力大為提升。幾年時間，秦國的農業便有了顯著的發展，秦國也由此更加強盛。

到了西元前350年，商鞅又實行了第二次變法，變法的主要內容有：

一、廢井田，開阡陌。阡陌即田間的大路，商鞅要求把這些寬闊的大路一概剷平，包括以前作為劃分田畝疆界用的土堆、荒地、樹林、溝地也全部開墾，把原來的100步為1畝開拓為340步為1畝，重新設定「阡陌」和「封疆」。國家承認地主和自耕農的土地私有權，在法律上公開允許土地買賣。

二、普遍推行縣制。建立縣的組織，把秦國劃為41個縣，在未設縣的地方把許多鄉、邑，聚合併成縣，共新建31縣。由國家設縣令、縣丞

第三章　智臣設政：謀臣助力奠定國基

直接管理。如此一來，中央政權的權力更集中了。

三、遷都咸陽。為了便於向東發展，把國都從原來的櫟陽遷移到渭河北面的咸陽（今陝西咸陽市東北）。

四、平衡賦稅，統一度量衡。

新法施行了 10 年，秦國的戶籍、法律、軍功爵位、土地制度、行政劃區、稅收、度量衡以及民風民俗等各方面都得到了完善，百姓的生活水準大幅度提升，道不拾遺，山無盜賊，家家豐衣足食。人們勇於為國而戰而怯於私鬥，社會秩序良好。周天子打發使者送胙肉（祭祀時供神的肉）來給秦孝公，封他為「方伯」（一方諸侯的霸主），中原的諸侯國也紛紛向秦國道賀。

除了在政治、經濟上取得如此成就，商鞅還以統帥的身分成功地收復了西河地區（今山西、陝西兩省間黃河南段以西地區）部分失地。他先騙魏軍統帥公子卬前來結盟，將之捕殺，然後趁魏軍群龍無首，一擊而潰，因此被封為列侯，受封於商（今陝西省商洛市丹鳳縣商鎮）15 個邑，號為商君。

不過，商鞅的下場很慘——被施以嚴酷的車裂之刑，五馬分屍，滅族。

商鞅落此下場的原因很簡單：秦孝公死了，太子惠文君即位。

惠文君的兩個老師公子虔、公孫賈當年因為指責新法，一個被商鞅割了鼻子，一個被商鞅刺字在臉上，他們告商鞅謀反。

商鞅因此在劫難逃。

不過，關於商鞅死前的最後掙扎，《史記・商君列傳》裡面寫得荒誕離奇，讓人難以置信。

我們來看一下原文：後五月而秦孝公卒，太子立。公子虔之徒告商君

欲反,發吏捕商君。商君亡至關下,欲捨客舍。客人不知其是商君也,曰:「商君之法,舍人無驗者坐之。」商君喟然嘆曰:「嗟乎,為法之敝一至此哉!」去之魏。魏人怨其欺公子卬而破魏師,弗受。商君欲之他國。魏人曰:「商君,秦之賊。秦彊而賊入魏,弗歸,不可。」遂內秦。商君既復入秦,走商邑,與其徒屬發邑兵北出擊鄭。秦發兵攻商君,殺之於鄭黽池。秦惠文王車裂商君以徇,曰:「莫如商鞅反者!」遂滅商君之家。

這段記載有點讓人摸不著頭緒。

為什麼這樣說呢?

我們看,商鞅在出逃碰壁後,回到了自己的老巢,「與其徒屬發邑兵北出擊鄭」,這說明他還有攻擊和侵略外國的能力,那他怎麼會在一開始時,就彷若驚弓之鳥一樣倉皇出逃呢?

而且,商鞅的出逃過程也同樣令人匪夷所思。

商鞅倉皇出逃,逃到函谷關前,卻突然不慌了,想去住旅店。

其實,商鞅並無住旅店的必要。在遭到店主拒絕後,他絲毫沒受影響,從容逃入了魏國。

給人的感覺,司馬遷寫「商鞅投店」的情節,就是想讓商鞅說出「嗟乎,為法之敝一至此哉」這句話,以達到類似搬起石頭砸自己腳的寓言效果。

但這麼一寫問題來了。

商鞅出逃時,他的身分還是相國列侯,要弄出一張由自己蓋印的通行證,還不簡單?他怎麼會被這種小事難倒呢?根本不可信。

退一萬步來說,這時候的商鞅肯定不是孤身一人,會有車駕隨從,不說旅店,他真要霸占這個鄉野小店也是輕而易舉的事,怎麼會灰溜溜地走了呢?

第三章　智臣設政：謀臣助力奠定國基

　　最主要的是，司馬遷明明交代「客人不知其是商君也」，即店家並不知道來人是商鞅，那麼，「嗟乎，為法之敝一至此哉」這句話是怎麼流傳下來的呢？

　　想來想去，結論只能是：這一情節是司馬遷想出來的。

　　接下來，更為荒唐離奇的事出現了：商鞅逃離秦境進入魏國沒有問題，但他不應該，也不可能去尋求魏國人收留。

　　因為他在收取河西部分地區時，用極為拙劣的手段欺騙了公子卬、打敗魏軍。

　　最讓人費解的是，秦惠文君僅僅是發批文抓捕商鞅，秦國國內的人恐怕都還不知商鞅惹上了麻煩，而魏國人卻已知道他是秦國的敵人。

　　更加荒唐的是，魏國人對於商鞅這個敵人，既不是殺了報仇雪恨，也不是抓起來交給秦惠文君收取酬金，博取好感，僅僅說了一句「商君，秦之賊。秦彊而賊入魏，弗歸，不可」把商鞅驅逐回秦境就算了。

　　讓人摸不著頭緒的是，商鞅經歷了這些磨難，毫髮無傷，照理說，就算回到了秦境，他還可以再逃，逃到楚國、韓國或趙國去。

　　但他突然好像想通了什麼，竟然跑回了最為危險的商地老巢。

　　他這是要做什麼？

　　他居然點起自己邑地的兵將，不遠千里去攻打鄭國！

　　從秦國出兵去攻打鄭國，不是想攻就能攻的。

　　當年秦穆公就曾讓孟明視等遠攻鄭國，結果在崤山吃了一個大悶虧，許久都沒有恢復過來。

　　商鞅怎麼可能這麼糊塗呢？

不管如何，按照司馬遷的說法，商鞅就被殺於鄭黽池了。

事實上，《戰國策》在記載商鞅之死時，情節超簡單：商鞅告老回封國，秦惠文君受人挑唆，把商鞅車裂處死。

司馬遷設定在商鞅身上的離奇情節，其實在《史記‧商君列傳》的開頭就出現了，並且一直貫徹始終。

按照《史記‧商君列傳》的說法，商鞅一開始是在魏國相國公叔痤手下做事的。

公叔痤這個人是有才能的，但有一個毛病：嫉賢妒能。

吳起在魏國做得好好的，並把魏國的軍事力量經營得如日中天。

公叔痤擔心吳起威脅到自己，為了保住相位，他施展出下三爛的功夫擠走了吳起。

由此可知，商鞅在公叔痤手下做事，不可能有出頭之日。

但《史記‧商君列傳》只以「公叔痤知其賢，未及進」輕輕一筆帶過。

公叔痤年老病危，臥在病榻上，苟延殘喘，奄奄一息。

魏惠王探病詢問他：「公叔病有如不可諱，將奈社稷何？」

公叔痤這才隆重地推薦了商鞅，說：「座之中庶子公孫鞅，年雖少，有奇才，可以擔任魏國相國。」隨即，他又神祕兮兮地對魏惠王說，「大王如果不任用商鞅，那就一定要殺死他，不能讓他逃出國境，千萬千萬！」

然而，等魏惠王走了，他又把自己對魏惠王說過的話全部告訴了商鞅，告誡說：「今天我向大王隆重地推薦了你，想讓你接替我，他不太同意。於是我又對大王說了，如果不任用商鞅，就應當殺死他。這一點，大王已經同意了。你趕緊離開魏國不然就完了。」

第三章　智臣設政：謀臣助力奠定國基

一方面勸魏惠王殺商鞅，一方面又勸商鞅快逃，他想做什麼？

更奇怪的是，商鞅聽了公叔痤的話，既不驚訝，也不逃跑，一臉平靜地對公叔痤說：「大王不能聽您的話任用我，又怎能聽您的話殺死我呢？」

果然，公叔痤死後，魏惠王既不用商鞅，也不殺商鞅。

不用說，司馬遷用詭異的人物對話和詭異的人物心理來寫商鞅在魏國的生活，立刻就吸引住了讀者。

但這怎麼看都像是在寫小說，不像是寫史。

《史記・商君列傳》裡面寫商鞅三見秦孝公，也極富喜劇色彩。

透過秦孝公所寵愛的弄臣景監引見，商鞅第一次見到秦孝公，就滔滔不絕地談起了堯舜治國的策略，大論三皇五帝的「帝道」。

但秦孝公卻發出了酣睡聲。

商鞅第二次見秦孝公，口若懸河地從夏、商、周三代盛世說起，大談夏禹、商湯、周文王、周武王治國的「王道」。

秦孝公聽得心生厭倦，哈欠連連。

商鞅第三次見秦孝公，不再廢話了，開門見山，對症下藥，從齊桓公、晉文公、秦穆公、楚莊王等人稱霸天下的事蹟談起，向秦孝公灌輸「霸道」思想。

秦孝公因此「大說之耳」。

這之後，商鞅舌戰秦國重臣甘龍、杜摯也寫得非常精采。

實施變法前的「移木建信」更是成了千古佳話。

但是，這些情節怎麼看都像是小說家語，不足為信。

「連橫」對「合縱」，張儀巧破公孫衍

商鞅死了，但他制定下來的制度和政策卻被秦惠文君全部保留了下來，秦國也因此保持著原有的態勢繼續發展，進而走上了一條以對外擴張為主的快速道路。

秦國要擴張，最先要對付的就是魏國。

魏國占去了原屬秦國的西河之地，使秦國無法東進，秦國為了染指中原，就圍繞著西河進行了一場又一場慘烈的戰爭。

西元前 333 年，秦國大良造公孫衍率軍向魏國發起進攻，掀起了一波對外擴張的狂潮。

魏國被打得毫無還手之力，於西元前 332 年正式割陰晉之地求和。

但秦國人並不肯就此收手，他們倚仗軍事力量強大，繼續欺負魏國，俘獲魏國西部軍主帥龍賈，斬首 8 萬餘人，進入了魏國用於阻擋秦國東進的長城。

魏國安置在上郡、西河兩郡的兵力損失殆盡，魏惠王只得再割西河郡獻給秦國，只求停止戰爭。

這就陷入了蘇洵《六國論》說的惡性循環：「六國破滅，非兵不利，戰不善弊在賂秦。賂秦而力虧破滅之道也。」

魏國割地，損己利敵。

秦國得地，實力更強，野心更大。

從西元前 330 年到西元前 329 年，公孫衍又率軍渡過黃河攻取曲沃、焦（今河南三門峽以西）、汾陰（今山西萬榮西南）和皮氏（今山西河津東）四地。

第三章　智臣設政：謀臣助力奠定國基

秦國人的攻占殺伐行為引起了一個名叫張儀的魏國人的關注。

張儀是一個很有抱負的文士，長於雄辯，曾遊歷過眾諸侯國，尋求屬於自己的政治舞臺。

但在楚相國昭陽門下，他遭受了一次慘痛的教訓。在一次宴會上，其他門客聯合起來，誣賴他偷盜了昭陽家的寶玉。張儀因此遭受了嚴刑逼供，被打得皮開肉綻、血肉模糊。

張儀回家療傷的時候，正是公孫衍率領秦軍大顯神通、猛力攻打魏國的時候。

從公孫衍的身上，張儀看到了可以使自己飛黃騰達的良機。

因為，公孫衍本來也是魏國人，在魏國飽受排斥轉投秦國，沒多久就成了攻城略地、呼風喚雨式的人物。

張儀沒有任何猶豫，收拾行囊，向西投奔秦國。

西元前 329 年，張儀見到了秦惠文君，他告訴秦惠文君，秦國一味沉迷於攻打魏國，雖說取得了一大片一大片土地，但秦國的擴張必定會讓其他諸國感到威脅，搞不好就會讓它們抱成團來對付秦國。那時秦國將陷入以一對多的不利局面，後果將不堪設想。所以秦國目前不宜擴張過快，只能穩紮穩打，慢慢增強實力，當自己的實力強大到不再畏懼任何諸侯國結盟時，就可以為所欲為了。

秦惠文君連聲稱是，當即奉張儀為顧問 —— 客卿。

秦國因此暫停了對魏國的攻打。

魏國也因此沒有和其他諸侯國締結任何聯盟。

比較搞笑的是，楚國的楚威王病死了，魏惠王為了把自己與秦國作戰

時的損失找回來,把帳記在楚國身上,向楚國揮起了屠刀。

當然,魏惠王要這麼做,也是有他自己的考量的。楚威王死,楚懷王新立,楚國政權新舊交替,肯定存有許多不穩定因素,取勝的機會很大。

就這樣,魏惠王就發兵猛攻楚國的陘山(今河南漯河東)。

魏國人的表現,證明了張儀的政治預見能力非凡。

秦惠文君對張儀大加讚嘆。

魏國前年已經同意將西河割給秦國,但一直拖欠著不予交付,而等秦國撤軍,它就開始賴帳了。

趁這個機會,秦惠文君準備向魏惠王索取西河。

張儀阻止,獻計返還秦國在皮氏俘虜魏國的士兵和繳獲到的軍事裝備,聲援魏國對楚國的戰爭,讓魏國和楚國打得更激烈,等魏國力氣用完了那時候,再跟魏國索還西河,一來魏國無力抗爭,二來也欠了秦國的人情,還怕魏國會不乖乖將西河交付給秦國嗎?

秦惠文君拍手稱好,讓張儀全權去辦理此事。

在張儀的安排下,秦國不費一兵一卒,不動一刀一槍,就順利拿到了西河。

這還不算,西元前328年,張儀又同樣軟硬兼施地索取到了魏國的上郡。

為了安撫魏國一方的情緒,張儀又說服了秦惠文君,讓秦惠文君送兒子公子繇前往魏國做人質。

可嘆魏國明明吃了大虧,卻偏偏有苦說不出。

不得不說,張儀的外交手段實在太高明了!

第三章　智臣設政：謀臣助力奠定國基

秦惠文君欣喜之餘，仿效山東諸國，在國內設定相國一職，將張儀任命為秦國的第一任相國。

張儀感激萬分，決定投桃報李，將秦惠文君擁立為王。

西元前327年，張儀出使魏國，與魏國搞好關係把，兩年前由公孫衍攻占來的焦、曲沃及皮氏等魏國原有領土交還給了魏國，讓已經在西元前344年稱王的魏惠王在秦惠文君封王的問題上出一份力。

西元前326年，在張儀的倡導下，秦惠文君舉辦了一次規模空前的「臘祭」由文武百官輪番上陣，對秦惠文君本人不遺餘力地進行歌功頌德，為秦惠文君的封王之舉造勢。

大會結束，張儀又鼓動秦惠文君到黃河龍門渡口祭神。

秦惠文君所乘大船自黃河龍門渡口溯流而上，於西河郡大會當地的少數民族部落首領。

看看態勢差不多了，張儀便讓秦惠文君正式宣布明年稱王，並發出請帖，遍邀各部首領屆時齊聚咸陽參加稱王儀式。

因為張儀前面的準備做得好，魏惠王依期而來。

魏惠王不但來了，還帶來了三晉之一韓國的韓威侯。

這面子給得非常大。

秦惠文君從此成了秦國的第一任王，史稱秦惠文王。

在秦惠文王檢閱軍隊的環節，魏惠王和韓威侯還負責駕車。

透過這次稱王活動，秦惠文王的身分不但得到了改變，還極大地鞏固了秦國與韓國、魏國的關係。

張儀稱這種關係為「連橫」。當時，人們將東西走向的直線稱為橫

線，而將南北走向的直線稱為縱線。秦國在西方，其他諸侯國在東方，秦國與東方的諸侯相國連接，稱「連橫」。

張儀認為，只要秦國聯結起東方的兩三個國，就可以對另外幾個國進行兼併了。

但是，因為張儀在秦國得寵，公孫衍內心極度不平衡，他投回了魏國，被魏惠王任命為將。

為了破壞張儀實施的連橫政策，公孫衍祭出了合縱之計。

他以趙國的趙肅侯新喪，趙雍繼位政權未穩為契機，讓魏國與齊國結盟攻打趙國。

西元前325年，魏、齊聯軍俘虜了趙將韓舉，攻取了平邑（今河北南樂西北）和新城，使得新即位的趙國國君被迫屈服於魏、齊。

就這樣，魏、齊、趙結成同盟國了。

戰國七雄中，當時最強的是秦、齊、楚三國。

而齊、楚本來是盟友關係。

公孫衍這麼一弄，等於是神不知、鬼不覺地把魏國帶入了齊國的懷抱，從而形成魏、齊、趙、楚的南北聯盟來對付獨處西面一隅的秦國了。

沒辦法，張儀只好親自領兵殺出函谷關，大肆攻取魏國的陝邑，藉此打擊魏國，同時邀請楚相昭魚、齊相田嬰、衛嗣君會於齧桑（今江蘇沛縣西南），準備在齊、楚、衛這些國家身上實施連橫策略。

但是，齊、楚和秦國沒法達成協議，會談失敗了。

公孫衍作為回應，策劃了一個聲勢浩大的稱王活動，鼓動起趙、韓、燕、中山等國國君讓他們一起稱王。

第三章　智臣設政：謀臣助力奠定國基

公孫衍這麼做的目的，就是把這些國家聯合在一起，共同對抗強秦。

就這樣，西元前 322 年，魏、韓、趙、燕、中山共同舉辦了隆重的稱王大會，相互承認對方王的資格。

秦惠文王很生氣，加強對魏國用兵，一口氣攻占了魏國的曲沃和平周（今山西介休西）。

不過，張儀還是不主張過急擴張，反正當前還吞不下魏國，還是想辦法先把魏國拉到自己的陣營裡。

看魏國被打得差不多了，他向秦惠文王請纓，願意以秦國人的身分到魏國任職，表示寧捨棄一條老命不要，也要使秦、魏結成堅固的聯盟。

秦惠文王非常感動，用武力護送張儀去魏國任相。

被打得叫苦連天的魏惠王看見秦惠文王有罷兵休戰的意思，就接受了秦國的要求，任張儀為魏國相國。

於是，張儀一人兼任秦、魏兩國相國。

這麼一來，公孫衍在魏國待不下去了，只好外逃了。

張儀不斷向魏國君主灌施連橫思想，魏惠王死了，就轉而灌施給魏哀王。

這麼一來二去，魏國就被擺平了。

西元前 318 年，張儀順利回秦國覆命。

但張儀覺得自己還不能閒著，因為齊、楚的合縱相親盟約還在。

西元前 313 年，張儀辭掉秦相國位，向南投入楚國的「懷抱」他以秦國出讓 300 公里土地為誘餌，讓楚國結交秦國，疏遠齊國。

貪婪的楚懷王中計了，他把楚國的相印授給了張儀，任張儀為相，宣

「連橫」對「合縱」，張儀巧破公孫衍

布與齊國斷絕關係，廢除了盟約。

楚懷王這麼做，除了想得到那 300 公里土地之外，也想看到秦、齊相爭局面，妄想自己可以坐收漁翁之利。

但等楚、齊交惡，已經回到秦國的張儀讓使者帶口信，矢口否認割讓 300 公里土地的事，說只能割讓 3 公里的地。

失去理智的楚懷王大怒，命大將軍屈匄與副將軍逢侯丑率軍猛攻秦國。

張儀對楚懷王的反應已做足了準備，秦軍以逸待勞，不但擊退了楚軍的進攻，透過反攻反而占領了楚國丹陽（今河南西峽丹水以北地區）、漢中等大片土地。

屈匄、逢侯丑和受封有爵位的將領共 70 餘人被俘 8 萬楚軍被殲。

楚懷王不服，繼續調動軍隊進攻秦國。

楚軍孤軍深入，再敗於藍田。

由此，楚軍實力大損再無還手之力。

先前一直在旁觀看的韓、魏兩國迅速出手，乘機向南進攻楚國，一直打到鄧邑。

楚懷王欲哭無淚，只好割讓了兩座城池和秦國議和。

打敗了楚國，能夠與秦國抗衡的就只剩下齊國了。

張儀先是向東去遊說新繼位的齊宣王，然後又向西遊說趙武靈王，再向北到燕國遊說燕易王，兩片嘴唇上翻為雲，下翻為雨，充分利用各國之間的矛盾，或為秦國拉攏盟友，使其歸附於秦；或拆散其聯盟，使其力量削弱，為秦國的強大和以後統一中國立下了汗馬功勞。

可惜的是，西元前 311 年，秦惠文王病逝，繼任的是秦武王。

第三章　智臣設政：謀臣助力奠定國基

秦武王崇尚武力征服，對張儀那一套油嘴滑舌的功夫不感興趣。

張儀敏銳地感受到秦國不能再待下去了，他藉助秦國的威勢回到了魏國，出任了魏國相國，最終在魏國壽終正寢。

蘇秦進行合縱對抗張儀？為什麼搞垮了齊國？

蘇秦是比張儀還要出色的縱橫家，但因為史料記載混亂，最主要的是司馬遷《史記》對蘇秦之事記載的混亂，致使後世對蘇秦其人其事產生許多誤解。其中的「蘇秦搞合縱對抗張儀」便是其中之一。

按照《史記》中的記載，蘇秦和張儀都是鬼谷子的學生，但蘇秦入世比張儀早，推行合縱策略，得佩六相國印，迫使秦國15年不敢輕出函谷關。張儀出道，蘇秦在暗中助了一把，最後兩人互相鬥法，一個推行合縱、一個推行連橫，共同上演了一幕幕開闔縱橫卻又精采絕倫的歷史大戲。

但是，從山東銀雀山出土的竹簡本《孫子兵法‧用間》、《呂氏春秋‧知度》等書可知，蘇秦卻是為燕而仕齊，最後導致齊亡而燕興的風雲人物。《荀子‧臣道》因此把「齊之蘇秦」和「秦之張儀」相提並論，連司馬遷在《史記‧鄒陽傳》中也把蘇秦稱為燕國的忠臣。

但是，齊亡燕興的時間指的是齊湣王和燕昭王當政之世。

也就是說，蘇秦和張儀並非同一時代的人！

按時間推算蘇秦比張儀晚生了二三十年。

所以說，兩個人同臺對決是不太可能的。

蘇秦進行合縱對抗張儀？為什麼搞垮了齊國？

1973 年，在長沙馬王堆漢墓出土的帛書本《戰國縱橫家書》也證實了這一點。

《戰國縱橫家書》全書共 27 篇，其中有 11 篇是蘇秦上燕王或趙王書齊湣王不見於《戰國策》、《史記》等傳世的古籍，應該是司馬遷所沒有見過的，另有兩篇其部分內容見於《戰國策》。

這 13 篇文字確鑿無疑地表明，蘇秦是比張儀、公孫衍、陳軫等晚一代的縱橫家，曾與孟嘗君、李兌、周最等人一起活躍於六國間。他一生的成就和功名與燕昭王、齊湣王密不可分。

這裡順帶提一下鬼谷子。

傳說他不僅教出了蘇秦、張儀，也教出了龐涓、孫臏，甚至連商鞅、李斯、呂不韋、白起、李牧、王翦、徐福、毛遂、范蠡、甘茂、樂毅、魏昂、茅蒙、要離、范雎、猗頓、田穰苴、蔡澤、鄒忌、酈食其、司馬錯、蒯通、黃石、公孫衍、魏僚、曹劌、荀躒、魏章、西門豹、魏成、王齕、文種、田駢、白圭、計然、呂耕、任座、李冰、趙奢、田單、李悝、匡章、陳軫、許行、石申、甘德、劇辛、鄒衍、郭縱等 500 多位風雲一時的人物都是他的弟子。

這種傳說，一看就不可信。

話再說回來，蘇秦為什麼要毀掉齊國呢？

這得從燕、齊兩國的恩怨說起。

西周初年周武王分封諸侯，封宗室召公於燕地（今北京、河北北部、遼寧西部一帶），即燕召公奭為燕國的開國君主，也由此可見，燕國和魯國一樣，是周王室的宗親之國。

第三章　智臣設政：謀臣助力奠定國基

由於燕國遠居華北，與中原各地來往比較少，文化較齊國、晉國等中原大國落後。

春秋初年，山戎入侵燕國，燕國差點滅亡。所幸春秋第一任霸主齊桓公義薄雲天，高舉「尊王攘夷」大旗，其本人以盟主的身分率軍北上，大敗山戎，救下了燕國。

齊桓公班師之日，燕莊公心存感激，一路相送，進入齊國境內還不肯回去。

齊桓公認為自己不是天子，燕莊公相送出了燕地就違反了禮制，為了表示自己絕不會對燕國無禮，毅然下令，將燕莊公所經過的地方全部割送燕國。

可以說那時的燕、齊兩國情誼深似父子兄弟。

但是，到了戰國中期，姜齊為田齊所代，齊國已經不是原來意義上的齊國了。

田氏立國，不斷擴大變強。

齊威王內用鄒忌為相，外用田忌、孫臏為將，經濟、軍事同時抓，大敗魏軍於桂陵、馬陵取代魏國成了霸主。

齊國當然不會只滿足於現狀，繼續向北擴張，攻侵燕國。

幸好，燕國有三晉的支援，勉強維持著局面。

但到了西元前 321 年，燕易王卒，兒子噲繼位。這個燕王噲是個理想主義者，覺得燕相子之精有治國之才，就想效法神話裡堯舜讓位的故事實行禪讓，把君位讓賢給子之。

這樣一來，就引起了太子平及其他許多舊貴族的極大不滿，國家因此發生了內亂。

蘇秦進行合縱對抗張儀？為什麼搞垮了齊國？

齊國趁火打劫，於西元前 314 年占領了燕都，滅亡了燕國。

齊國的動作過大，破壞了當時諸國間的均衡發展，趙、韓、秦、楚等國紛紛出手伐齊，幫燕國人復國。

在韓國為人質的燕公子職，更得到了一代梟雄趙武靈王的保護，回燕國復國，是為燕昭王。

燕昭王發誓燕、齊兩國不共戴天，以越王勾踐為榜樣，臥薪嘗膽、勵精圖治，並積極網羅人才。

魏人樂毅、齊人鄒衍、趙人劇辛，包括現在要說的主角蘇秦，都是這個時候投奔燕國的。

蘇秦曾在西元前 307 年到秦國向秦昭王求職（張儀已死於 2 年前，即西元前 309 年），秦國掌權的是秦惠文王的第二任王后羋八子以及羋八子的異父長弟魏冉，秦昭王並無話語權。

所以，蘇秦碰了一個釘子，轉而投入燕國。

燕昭王渴求賢士，蘇秦苦覓明君，兩人相見，猶如魚遇到水一般。

蘇秦在秦國碰壁，恨透了秦國，站在燕國的立場上大談合縱抗秦的好處；但燕昭王最想做的事就是滅掉齊國、報仇雪恨他提出：「燕國本來就貧窮弱小，最近又新遭受齊國的打擊，先生如果能用合縱相親的辦法使燕國安全無事，我願傾出國庫所有支持合縱抗秦。」

蘇秦弄清楚燕昭王的心思後，先利用自己的三寸不爛之舌，遊說趙惠文王、韓宣王、魏襄王、齊宣王和楚威王合縱，然後自己打入齊國內部，挑撥齊國滅宋，以引發韓、魏、趙、楚、秦等國的不滿，讓齊國引火燒身，最終走上自取滅亡的道路。

蘇秦的計畫非常成功。

第三章　智臣設政：謀臣助力奠定國基

　　齊國的攻宋行為激怒了諸國，尤其是秦國。

　　秦國人高呼「有齊無秦，有秦無齊，必伐之，必亡之」，發兵猛擊齊國的河東（漳河以東河南省北部地區）連戰連捷，一口氣奪下 9 座城池。

　　韓、趙、魏三國還與秦國結成了同盟一同伐齊。

　　齊國的輓歌就此奏響。

　　當盟軍兵臨齊都臨淄時，齊湣王才意識到這一切都是蘇秦搞的鬼，一怒之下，下令將蘇秦五馬分屍。

　　不過，蘇秦死後沒多久，齊湣王也在逃亡的路上被楚國的將軍淖齒殺掉了。

▌揭開中國歷史上「最強老師」的神祕面紗

　　縱觀中國數千年以來，大凡為著名人物立傳，都會追溯到他的師承。如果說誰是中國歷史上的「最強老師」，恐怕非鬼谷子莫屬。

　　沒錯，孔子一直被尊為萬世師表，但弟子 3,000，賢者不過 72 人，且這 72 人不過是接過孔子的衣缽，在立言立德方面垂範後世，並沒能對歷史的發展做出重大貢獻。

　　鬼谷子與孔子周遊列國不同，他隱居於深山老林，教過的學生，公認的有 4 位：龐涓、孫臏、蘇秦、張儀。這 4 位一出山就呼風喚雨，改變天下格局，成了風雲人物。

　　從這個角度來說，鬼谷子才是當之無愧的「最強老師」。

　　來看看這 4 位學生的光輝事蹟。

揭開中國歷史上「最強老師」的神祕面紗

龐涓初出山林，就大放異彩，幫助魏國問鼎霸業；不久孫臏出任齊國軍師，與龐涓鬥法，最終把魏國打回了原形；蘇秦更不得了，僅憑三寸不爛之舌，就身佩六國相印，玩起了合縱策略，聯合六國共抗強秦，使天下形成東西對峙局面，壓制住了強秦虎狼之師 15 年不敢東出函谷關；張儀為秦相後運，用自己高超的智謀和辯術，以連橫破合縱，瓦解了蘇秦辛辛苦苦建構起來的六國聯盟，為秦國統一天下奠定了基礎。

鬼谷子，不過一個隱居山林的山夫野老，卻洞察世事變化，培養出了 4 個曠世奇才，實在是厲害。後世因此又尊稱他是「王禪老祖」，並把許多風雲人物掛靠在他名下，說是他的弟子，比如說孫武、商鞅、李斯、毛遂、徐福、甘茂、樂毅、範雎、張良、酈食其，甚至東漢末年的諸葛亮、初唐名將薛仁貴等。

這麼說起來，鬼谷子不是凡人而是神仙，壽命得有上千年了。

唐末五代時的道士杜光庭在《錄異記》中就說，鬼谷子生於軒轅黃帝時期，曾跟隨太上老君西出函谷關，教化西方荒漠地區的人們。東周末年回到內地傳道授徒，其弟子達數百人。按照這種說法，鬼谷子可是活了數千歲之久。

明朝的馮夢龍在《東周列國志》中對鬼谷子描述得更詳細，說：「周之陽城有一處地面名曰鬼谷。以其山深樹密，幽不可測，似非人之所居，故云鬼谷。內中有一隱者，但自號曰鬼谷子，相傳姓王名詡，晉平公時人，在雲夢山與宋人墨翟，一同採藥修道……其人通天徹地，有幾家學問人不能及。那幾家學問：『一曰數學，日星象緯，在其掌中，占往察來，言無不驗；二曰兵學，六韜三略，變化無窮，布陣行兵，鬼神不測；三曰言學廣記多聞，明理審勢，出詞吐辯，萬口莫當；四曰出世，修真養性，卻病延年，服食異引，平地飛昇。』」

第三章　智臣設政：謀臣助力奠定國基

此外,《金樓子》、《太平廣記》、《道藏目錄詳註》等書也都把鬼谷子奉為神仙。

這麼一來,鬼谷子就接近於一個虛構人物而非歷史人物了。

不過,鬼谷子有作品《鬼谷子》傳世,而且司馬遷的《史記》、揚雄的《法言》、王充的《論衡》、王嘉的《拾遺記》、劉勰的《文心雕龍》、洪邁的《容齋隨筆》、洪適的《盤洲文集》以及明、清的一些典籍中亦有鬼谷子生平的記載,世上似乎是確有鬼谷子其人。

可是,前述典籍除了《史記》外,其餘多為志怪小說、札記、隨感、評論等,可信程度不高不說,其記載其實大多是以《史記》為藍本和依據,加以民間傳說附會而成的。

實際上,《史記》也並未為鬼谷子立傳,只是在《蘇秦列傳》中提過一句:「蘇秦者,東周洛陽人也。東事師於齊,而習之於鬼谷先生。」《張儀列傳》再提一句:「張儀者,魏人也。始嘗與蘇秦俱事鬼谷先生,學術。蘇秦自以不及張儀。」

所以說,《史記》雖屬信史,但僅以這泛泛兩句話來斷定鬼谷子這個人真實存在,顯然草率。

范雎中蘇代反間計與白起結怨?

秦國能從一個邊陲小國崛起,並在戰國七雄中勝出,進而豪取天下,有 6 個人居功至偉。

這 6 個人就是人們常說的「秦國六大名相」:百里奚、商鞅、張儀、范雎、呂不韋、李斯。

百里奚輔佐秦穆公三置晉君、尊王攘夷，提升了秦國的聲望和政治地位，最終獨霸西陲。

商鞅推行變法，強根固本，極大地增強了秦國國力。

張儀首創連橫策略，多次破解關東六國的合縱，並收服巴蜀，為秦國的進一步強大贏得了時間。

范雎強公室，杜私門，巧施遠交進攻策略，蠶食諸侯，削弱六國，讓秦國一枝獨大。

呂不韋帶兵攻取周國、趙國、衛國，設三郡，對秦王嬴政兼併六國做好了準備。

李斯配合秦始皇統一天下，並統一了貨幣、度量衡、文字，促進了民族融合和經濟的發展。

「秦國六大名相」中，聲譽最高的是商鞅和李斯，最受人詬病的是范雎。

范雎在「秦國六大名相」中聲譽不高，主要是《史記‧卷七十九‧范雎蔡澤列傳第十九》對他的刻薄性格描繪得入木三分，讓人難有好感。另外，文中還說他「與武安君白起有隙，言而殺之」。即一代戰神武安君白起就是死於他的構陷之下。

《史記‧卷七十九‧范雎蔡澤列傳第十九》所記范雎的人生軌跡大致可靠；但所涉及的復仇故事，多半是司馬遷的刻意拼湊。

類似於范雎這樣的復仇橋段，《史記》一書中比比皆是，如越王勾踐滅吳復仇，伍子胥鞭屍復仇，孫臏雪龐涓的臏骨之恨，張儀報楚相國鞭撻之仇，蘇秦挖苦嫂子的辱己之怨，李廣殺霸陵尉報仇……這其中，無疑又以范雎的復仇最富戲劇性。

《史記‧卷七十九‧范雎蔡澤列傳第十九》寫道：范雎是魏國人，曾

第三章　智臣設政：謀臣助力奠定國基

　　周遊列國兜售自己的強國主張，但無人問津，只好摸摸鼻子返回魏國，在魏國中大夫須賈門下當了一個門客。須賈擔任外交大使出使齊國，范雎有幸相隨。主僕一行在齊國忙碌了幾個月，一事無成。但范雎卻得到了齊襄王的垂青，頗受禮遇。須賈認為范雎在暗中與齊襄王達成了某種交易。回國後，把這件事報告給了魏國宰相魏齊。魏齊不問青紅皂白，讓人抓來范雎，吩咐狠狠地打。范雎被打得肋折齒斷，昏死了過去。這還不夠，喪心病狂的魏齊叫人把范雎扔到了茅廁裡，帶領宴飲的賓客輪流往他身上撒尿。范雎大難不死，被一個名叫鄭安平的人救了下來，並結識了來魏訪問的秦國使臣王稽。王稽覺得范雎是個人才，把他偷運回國，化名為「張祿」，推薦給了秦昭襄王。張祿得到了秦昭襄王的賞識，在秦國政壇上大展拳腳，成了秦國相國、封應侯。魏王聽到秦國即將向東攻打韓、魏兩國的消息，派外交大臣須賈出使秦國，企圖化解這次爭端。須賈並不知道「張祿」就是當年的范雎。范雎牢牢地抓住了這個機會，裝扮成身分低賤的下人，引須賈到自己的相府，淋漓盡致地將之羞辱了一番。在驅逐須賈出境時，范雎非常舒爽地對著他的背影說：「為我告魏王，急持魏齊頭來！不然者，我且屠大梁。」

　　須賈狼狽歸國，把情況告訴了魏齊。魏齊嚇得六神無主，倉皇逃走，逃到了趙國，躲入了平原君趙勝家裡避難。秦昭襄王想替范雎報仇，誘騙平原君入秦，然後以之為人質，威脅趙國國君趙孝成王說：「王之弟在秦，范君之仇魏齊在平原君之家。王使人疾持其頭來；不然，吾舉兵而伐趙，又不出王之弟於關。」趙孝成王只好派人到平原君家逼死了魏齊，將魏齊的腦袋奉送到秦國。

　　范雎在「睚眥之怨必報」的同時，也「一飯之德必償」，舉薦了自己的恩人鄭安平為將軍、王稽為河東郡守。

范雎中蘇代反間計與白起結怨？

像這樣范雎快意恩仇的故事也許在歷史上存在，但這樣極富戲劇性，肯定是經過了太史公的藝術加工。

至於說范雎「與武安君白起有隙，言而殺之」，這件事根本經不起推敲。

范雎與白起的嫌隙因何而起？

《史記‧卷七十三‧白起王翦列傳第十三》中說：白起在長平之戰中坑殺了趙軍40萬人，趙國大震。白起想一鼓作氣滅掉趙國。韓、趙兩國在驚恐之餘，共推大縱橫家蘇秦的弟弟蘇代到秦國行反間計。蘇代厚賂范雎一見面就說：「今趙亡，秦王王，則武安君必為三公，君能為之下乎？」范雎聞之色變，回頭勸告秦昭襄王說：「秦兵勞，請許韓、趙之割地以和，且休士卒。」秦昭襄王言聽計從接受了韓、趙兩國的割地求和，吩咐罷兵休戰。結果「武安君聞之，由是與應侯有隙」。

讀來讀去，總覺得蘇代這一個反間計太幼稚了。

按照《史記‧卷七十三‧白起王翦列傳第十三》裡面的說法，范雎本人此前也施行過反間計，讓只會「紙上談兵」的趙括代替了經驗老到的廉頗統率了趙國軍隊。

那麼，范雎身為一個行間老手，怎麼會傻乎乎地中蘇代之計呢？

而且，蘇代的說辭也太沒有說服力了。

蘇代用以恐嚇范雎的說辭就是：秦國滅亡了趙國，秦王就要君臨天下了，白起就會被封為三公了。而你，就將位居白起之下了。

因為這個，范雎就受不了？

因為這個，范雎就不擇手段從中作梗，讓白起撤軍？

范雎讓白起撤軍的原因，只是單純妒忌白起的軍功？

第三章　智臣設政：謀臣助力奠定國基

　　范雎讓白起撤軍的目的，只是單純要自己獨享王恩而掐滅白起即將到手的不世之功？

　　想想看，范雎身為一個大政治家，他的平生志向，不就是要輔佐秦王掃平六國，君臨天下嗎？怎麼會因為敵國說客的三言兩語就擅自改變主張呢？

　　細考歷史，秦國在長平之戰後之所以撤軍，絕非因蘇代的反間計，事實上，這個反間計都不一定存在。

　　俗話說，殺敵一萬，自損八千。

　　秦國在長平之戰殲滅了趙國45萬人，但自身也元氣大傷。

　　要知道，長平之戰打了3年。而在戰國時代，各國實行的是徵兵制，兵即是民民即是兵，所謂「執矛為兵，荷鋤為民」。秦趙兩國在長平傾力相爭，國內的勞動力被抽走，生產歉收是必然的。而以當時的生產力來說，先前積存下來的存糧肯定多不到哪裡去，糧食供應是個大問題。

　　趙國在西元前260年就已經難以支持了，不得不向齊國借糧。

　　秦國的耕地面積是比趙國多，但糧食上的壓力也沒比趙國好多少。

　　原因有三：

　　一、秦國的供給路線是趙國的3倍以上，則輸送糧食過程中造成的消耗遠高於趙國。

　　二、秦國投入的兵力遠遠多於趙國，單純的軍隊消耗也遠遠大於趙國。

　　三、長平之戰前，秦國累年征戰，耗損嚴重，並且四面樹敵。在長平之戰中，秦國不可能得到其他諸侯國的援助。其他諸侯國懾於秦國的淫威，也不敢明目張膽地救援趙國，但有沒有暗中給予趙國援助糧食就不好說了。

范雎中蘇代反間計與白起結怨？

在長平之戰最艱難的那段時間，《史記‧卷七十三‧白起王翦列傳第十三》中載：「秦王聞趙食道絕，王自之河內，賜民爵各一級，發年十五以上悉詣長平，遮絕趙救及糧食。」秦王聽說趙國的糧道被堵死了，為了「遮絕趙救及糧食」，不得不散盡血本「賜民爵各一級，發年十五以上悉詣長平」。

15歲，還未成年，都去參加戰爭了。請問，秦國手裡還能有更好的籌碼嗎？

長平之戰結束，秦昭襄王和范雎接受了趙、韓割地求和的請求，必定是經過審時度勢後做出的正確判斷，絕不是因為蘇代那個可能根本就不存在的反間計。

那麼，白起會因為撤軍而與范雎結怨嗎？

范雎是一個偉大的政治家，白起是一個偉大的軍事家，他們對戰爭的走向都會有自己的預判。

范雎知道，秦軍已是強弩之末，雖魯縞猶不能穿。

白起身為對趙作戰的總指揮官，能不懂這個道理嗎？

司馬遷雖然在《史記‧卷七十三‧白起王翦列傳第十三》中試圖勾勒出白起和范雎將相失和的場景，但他在白起後來勸秦王的話裡還是露出了破綻。該年九月秋收之後，秦國籌劃到了糧食，再次發兵攻打趙國都城邯鄲。白起勸阻說：「今秦雖破長平軍，而秦卒死者過半，國內空。遠絕河山而爭人國都，趙應其內，諸侯攻其外破秦軍必矣。不可。」

看看「秦雖破長平軍，而秦卒死者過半，國內空」，白起說得夠清楚了。

那麼，他怎麼會因為秦昭襄王和范雎在長平之戰後撤軍而怨恨范雎呢？根本沒道理嘛。

第三章　智臣設政：謀臣助力奠定國基

另外,《資治通鑑・卷五・周紀五》中記：趙國求和得到秦國同意後，趙王準備派趙郝赴秦國訂立和約，割讓 6 個縣。虞卿問趙王：「秦國是因為疲倦了自行撤退呢，還是由於鍾愛大王而有所保留，不再進兵了呢？」趙王不假思索地說：「秦不遺餘力矣，必以倦而歸也。」

看，就連被打敗了的趙國，也明白秦國的撤退是屬於「倦而歸也」。

白起根本就沒有能力再打下去了，對於撤軍，還能有什麼怨言呢？所以，白起之死跟范雎沒關係。

應侯范雎的結局,《史記・卷七十九・范雎蔡澤列傳第十九》說：范雎所舉薦的大將鄭安平在邯鄲戰敗降趙。按照秦國法律，范雎應當連坐，但秦昭王並沒有追究。沒過兩年，范雎所推薦的河東郡守王稽又私通外國，坐法被誅。按照秦國法律，范雎也應當連坐，但秦昭王還是沒有怪罪范雎。范雎心不自安主動隱退，老死於林下。

1975 年 12 月，在湖北省雲夢縣睡虎地秦墓中出土的秦簡上面，赫然記載有「五十二年，王稽，張祿死。」

張祿是范雎在秦國用的名字，即范雎受王稽私通外國所牽連，被誅殺了。

▋秦始皇的身世之謎

史學家呂思勉說：「秦之滅六國，蓋始基於魏冉，而後成於呂不韋、李斯。」

似乎，他忽略了范雎的作用。

西元前 278 年，秦昭襄王舉大軍伐楚，秦將白起攻破楚郢都（今湖北

江陵）。楚遷都於陳。

不久，秦昭襄王分置黔中郡、北地郡。

秦擁有了上郡、隴西、北地之後，開始築長城以拒戎狄，成了同時代的最強國。

范雎向秦昭襄王進獻上「遠交近攻」策略。

這個策略，具體來說就是隱藏自己的策略目標，以地理上的遠近為準則，將地理位置比較靠近秦國的韓國、魏國作為秦國兼併的主要目標，同時與地理位置較遠的齊、趙、楚、燕等國保持良好關係，這樣就可以穩步兼併山東六國，一統宇內。

但是，魏冉趁著五國伐齊的機會，於西元前284年奪取了陶邑（今山東定陶西北）作為自己的封地，爾後，又想要攻打齊國以奪取剛、壽兩城，擴大自己在陶邑的封地。

魏冉的做法，與范雎「遠交近攻」的策略相違。

在范雎的幫助下，秦昭襄王罷去了魏冉的丞相職務。

宣太后已死，魏冉下臺，秦昭襄王再無顧忌，根據范雎的部署，準備大展拳腳，向東擴張勢力。

他努力交好齊、趙、楚、燕等國，除了向這些國家輸送大量的財物和奢侈品，還主動送上人質。

這些人質全是自己的兒子或孫子，要結交的國家分量越重，送到該國家的王子或王孫的身分和地位就越重要。

秦昭襄王甚至把長子悼太子送到魏國國都大梁充當人質。

秦昭襄王的身體很硬朗，做了40多年君主，仍是精氣神十足。

第三章　智臣設政：謀臣助力奠定國基

　　西元前 267 年，悼太子衰老病死了，秦昭襄王還健在，他讓次子安國君接替了悼太子的太子位。

　　安國君兒子眾多，有 20 餘，人很多被派遣到周邊盟國充當人質。

　　異人是安國君眾多兒子中毫不起眼的一個，他被送到了趙國的邯鄲。

　　在邯鄲的日子裡，異人看不到未來，看不到希望，每日醉生夢死、渾渾噩噩。

　　在笙歌醉酒的日子裡，他結識了衛國濮陽（今河南省濮陽縣城西南）的大商人呂不韋。

　　呂不韋知道了異人的身分，認為這是一枚「奇貨」，可以囤積居奇，進行長期投資，於是極力結交。

　　他對異人分析說：「秦王老矣，去日無多，汝父安國君得為太子。竊聞安國君寵幸華陽夫人，華陽夫人無子，能立適嗣者，獨華陽夫人耳。今子兄弟二十餘人，子又居中，不甚見幸，久質諸侯。即大王薨，安國君立為王，則子毋幾得與長子及諸子旦暮在前者爭為太子矣。」

　　異人聽了，悽然一笑，悲慘無比地說：「然。為之奈何？」

　　呂不韋拈鬚微笑，為異人指出一條路，說道：「子貧，客於此，非有以奉獻於親及結賓客也。不韋雖貧，請以千金為子西遊，事安國君及華陽夫人，立子為適嗣。」

　　異人一聽，酒醒了一大，半欣喜萬分，將酒杯一擲，趴倒在地，頓首叩拜說：「必如君策，請得分秦國與君共之！」

　　呂不韋哈哈大笑。

　　呂不韋可不是只在口頭上說說，他真的是豪擲千金，傾情投身於這場大賭、豪賭中去的。

他為異人提供了250公斤的黃金，讓他利用這筆錢去結交邯鄲城的社會名流，以擴大他秦異人在上層社會的影響和諸侯國間的知名度。

他用另外250公斤黃金購買珍奇玩物，親自運著進入咸陽，進行公關。

當然，他不可能直接見到安國君和華陽夫人。

他先用黃金敲開了華陽夫人的弟弟陽泉君的門，然後透過陽泉君認識了他的另一位姐姐。

在這位姐姐面前，呂不韋大談特談異人的聰明賢能，稱其所結交的諸侯賓客遍及天下，然後非常煽情地說了一句：「異人以夫人為天，日夜泣思安國君及夫人。」

姐姐無比動容。

呂不韋趁熱打鐵，讓姐姐把自己用黃金買來的珍奇玩物進獻給華陽夫人，並且帶話進宮傳達自己的意思。

姐姐在宮中推心置腹地對華陽夫人說：「吾聞之，以色事人者，色衰而愛弛。今夫人事太子，甚愛而無子，不以此時蚤自結於諸子中賢孝者，舉立以為適而子之。夫在則重尊，夫百歲之後，所子者為王，終不失勢，此所謂一言而萬世之利也。不以繁華時樹本，即色衰愛弛後，雖欲開一語，尚可得乎？今異人賢而自知中男也次，不得為適，其母又不得幸，自附夫人，夫人誠以此時拔以之為適，夫人則竟世有寵於秦矣。」

華陽夫人聽了，深以為然。

於是，她頻頻在安國君枕邊勸說，說異人才華橫溢，是不世出的治國之才，哭鬧著說：「妾幸得充後宮，不幸無子，原得異人立以為適嗣，以託妾身。」

第三章　智臣設政：謀臣助力奠定國基

　　安國君經不起華陽夫人再三哭鬧，同意了她的要求，並刻下了玉符為憑證。

　　改日，安國君和華陽夫人都備下了禮物送給異人，並正式下聘書邀請呂不韋為異人的老師。

　　華陽夫人是楚國人，羋姓，她讓呂不韋遞話說「吾楚人也而子字之」，要異人改其名為「子楚」。

　　事情到了這一步，接下來所需要做的就是等。

　　等秦昭襄王嚥氣了，又繼續再等，等繼位的安國君閉眼，由子楚登上王位，這才算功德圓滿。

　　在漫長的等待中，呂不韋每天就和子楚混在一起，沉湎聲色，尋歡作樂。

　　在這裡，《史記‧呂不韋列傳》推出了一個異想天開的情節：呂不韋取邯鄲諸姬絕好善舞者與居，知有身。子楚從不韋飲，見而說之，因起為壽，請之。呂不韋怒念，業已破家為子楚，欲以釣奇，乃遂獻其姬。姬自匿有身，至大期時，生子政。子楚遂立姬為夫人。

　　這裡說的是，呂不韋物色到了一個姿色過人又長袖善舞的邯鄲豔姬，帶回家中同居。等這個豔姬有了身孕，故意邀請子楚到自己家裡喝酒。子楚不知這個豔姬已有了身孕，被她的美色所吸引，大膽向呂不韋索要。呂不韋這麼做的目的是「欲以釣奇」，他先佯裝發怒，然後作忍痛割愛狀，把豔姬送給了子楚。豔姬跟了子楚，「至大期時」，生下了兒子嬴政。子楚因此立豔姬為夫人。

　　因為這個豔姬是趙國人，史稱趙姬。趙姬所生的兒子嬴政就是後來掃平六國、統一宇內的千古一帝秦始皇。

當然，秦始皇繼位的過程乏善可陳 —— 秦昭襄王死，安國君繼位，時年為西元前 250 年；但安國君年邁體弱，守孝 1 年，加冕才 3 天就駕鶴追尋父親去了，諡號為孝文王。子楚繼位，是為秦莊襄王。秦莊襄王壽數不永，登位僅僅 3 年，薨，13 歲的嬴政登基。

按照司馬遷的這段描述，秦始皇就是呂不韋的兒子了。

這不，後來班固編著《漢書》，司馬光編著《資治通鑑》，都沿襲了「秦始皇就是呂不韋兒子」的說辭。

其中《漢書・王商傳》中記載：「臣聞秦丞相呂不韋，見王無子，意欲有秦國，即求好女以為妻，因知其有身，而獻之王，產始皇帝。」

《資治通鑑》中記載：「呂不韋娶邯鄲姬絕美者與居，知其有娠，異人從不韋飲，見而請之，不韋佯怒，既而獻之，孕期年而生子政，異人遂以為夫人。」

東漢班固的〈上明帝表〉裡面，赫然有這樣八個字：「秦之其位，呂政殘虐。」

秦始皇是嬴姓趙氏，按照先秦貴族稱氏不稱姓的習慣，應該叫趙政。

但班固不稱「趙政」而稱「呂政」，那是一口咬定秦始皇就是呂不韋的兒子。

《史記集解》因此稱「呂政者，始皇名政，是呂不韋姬有娠，獻莊襄王而生始皇」。

此後南宋人胡宏在其《皇王大紀》一書中的「呂政窮欲極凶」；朱熹在其《四書或問》一書的「呂政之紹嬴統」；王應麟在其《通鑑答問》的「至呂政而法令益苛」；元人陳櫟在其《歷代通略》中的「嬴氏之秦已滅於呂政之繼也哉」；胡一桂在其《史纂古今通要》中的「呂政嗣位」；明人凌迪知在其

第三章　智臣設政：謀臣助力奠定國基

《氏族博考》一書中的「呂政受命」；梁潛在其《泊庵集》中的「秦之亡以呂政」；王立道在其《具茨集》一書中的「呂政縱併吞之謀」等，一概把秦始皇呼為「呂政」。

但是，呂不韋將已有身孕的趙姬轉交給子楚這件事，屬於極其隱祕的事，司馬遷是怎麼知道的？

只能有兩種解釋：第一司馬遷取材於道聽塗說，不足為信；第二，司馬遷憑空臆想出來的，不可信。

其實，司馬遷這麼寫的時候，他自己也很不自信，所以在行文時他埋下了一處伏筆——「至大期時《史記索隱》生子政」。

這裡的「大期」是什麼意思呢？

《史記集解》：徐廣曰：「期，十二月也。」

《史記索隱》：徐廣云「十二月也」。譙周云「人十月生，此過二月，故云『大期』」。

但是，所謂「九月懷胎，一朝分娩」。

女子從懷孕到生育的時間最多為 280 天加 13 天，即 293 天是時間的上限，超過了 293 天，就是過期妊娠。

醫學上說，一旦過期妊娠，胎盤就會迅速衰老，既不能向胎兒提供氧氣，也不能向胎兒輸送營養和排除胎兒的代謝物，胎兒的死亡率極高。另外包圍保護胎兒的羊水從懷孕第 38 週以後已經開始逐漸減少，超過了第 293 天便蕩然無存，胎兒的生存環境惡劣，即在過期妊娠一兩天後僥倖生出來的孩子，由於缺少了羊水，渾身都是臭不可聞的糞便。

說趙姬懷了秦始皇十二個月才分娩，這種話，怎麼會有這麼多人相信？！

明朝人王世貞不相信這種話，他在《讀書後》中說：「自古至今以術取富貴、秉權勢者，無如呂不韋之穢且卑，然亦無有如不韋之巧者也。凡不韋之所籌策，皆鑿空至難期，而其應若響。彼固自天幸，亦其術有以攝之。至於御倡而知其孕，必取三月進之子楚，又大期而始生政，於理為難信，毋亦不韋故為之說而洩之秦皇，使知其為真父而長保富貴邪？抑亦其客之感恩者故為是以罝秦皇？而六國之亡人侈張其事，欲使天下之人謂秦先六國而亡也。不然，不韋不敢言，太后復不敢言，而大期之子人烏從而知其非嬴出也。」

而司馬遷在《史記‧秦始皇本紀》裡面也老老實實地交代：「秦始皇帝者，秦莊襄王子也。」

事實上，《史記‧呂不韋列傳》在編造「秦始皇就是呂不韋的兒子」的過程中，有兩處漏洞：第一，無法確定趙姬懷的是男孩還是女孩；第二，無法確保子楚登位後是否立這個孩子為太子。

最致命的是第二個。

須知，子楚得到趙姬後，一旦得知趙姬並非完璧，而趙姬生育孩子的時間又比自己預期的時間提前了幾個月，可以輕易確定這個孩子不是自己的孩子，他登位後不殺呂不韋的頭就算好了，怎麼還會把王位傳給這個孩子呢？

子楚回國後，過了 10 年才繼位，這其中容他思考的時間足夠長，但他毫不猶豫地立嬴政為太子，那麼真相只有一個：嬴政必定是他的兒子。

一句話，司馬遷寫史，無法辨其真偽，就都收集進去了。

第三章　智臣設政：謀臣助力奠定國基

第四章

猛將爭鋒：戰神名將征戰天下

第四章　猛將爭鋒：戰神名將征戰天下

▍廉頗的能力到底有多大？

長平之戰是中國古代軍事史上最早、規模最大、最徹底的大型殲滅戰。

關於此戰的評價，傳統觀點是趙王沒有辨清秦強趙弱的形勢，錯誤堅持進攻策略，棄用名將廉頗，改用只會紙上談兵的趙括，結果中了秦國名將白起誘敵深入之計，慘遭分割包圍，最終全面潰敗。

此戰的結局是趙國 40 萬大軍被坑殺，元氣大傷，無力再與秦國抗衡，秦國也因此加快了統一中國的進度。

可以說，長平之戰是戰國歷史的最後轉捩點。

對於這場戰爭，人們談論最多的就是那 40 萬被坑殺掉的趙國冤魂，同時也帶出了一個問題：如果趙王能夠聽從廉頗的意見，沒有讓趙括代替廉頗出戰長平，由廉頗對戰白起，名將對名將，巔峰對決，那麼趙國的 40 萬大軍被坑殺的慘劇還會上演嗎？

由於秦趙雙方在人數上並沒有太大的差距，廉頗善於防守，白起善於圍殲，兩人的對決是一場堅盾與強弩的對決。因此，主流的看法是：所謂強弩之末猶不能穿魯縞，秦軍遠在西部，長途跋涉，不但勞累，而且軍需糧草供給困難，並不適合長久作戰。廉頗占據地利之便，一旦能扎根固守，拖累秦軍，找到合適的戰機，反守為攻，大有獲勝的可能。

其實，撇開天下紛爭日久、大勢趨於統一等大局因素不談，單以廉頗與白起的這兩位將領來看，廉頗並無勝算。

廉頗十分有名氣，但這名氣主要來自「將相和」裡負荊請罪的故事，當然，還有辛棄疾〈念奴嬌・京口北固亭懷古〉的那一名句：「廉頗老矣，尚能飯否？」

廉頗的能力到底有多大？

但廉頗的統兵作戰能力，與白起根本不在同一個等級。

廉頗能成為趙國重臣，官拜上卿，那是先前領兵攻打魏、燕等弱小國家建立下的功勞。

能屢戰沙場，又能屢建戰功，的確是優秀將領，但要成為「名將」，單單有以強凌弱的戰績是遠遠不夠的，還要看他在強強對決甚至以弱抗強中的表現。

遺憾的是，以弱抗強時，廉頗的戰績乏善可陳。

首先，廉頗缺乏強強對決、以弱抗強的勇氣。

《史記‧廉頗藺相如列傳》記：秦軍征伐韓國，韓人向趙國求救。趙王有意讓廉頗領兵赴援，問廉頗：「可救不？」廉頗面露難色，答：「道遠險狹，難救。」趙王只好改問趙奢。趙奢是貨真價實的名將，這位名將是這樣回答的：「其道遠險狹，譬之猶兩鼠鬥於穴中，將勇者勝。」看，狹路相逢勇者勝！這就是名將的風采！趙王命趙奢領兵去救。趙奢不負所望，大破秦軍，勝利而回。客觀條件「道遠險狹」就擺在那裡，在趙奢眼中是取勝的關鍵，在廉頗眼中卻是不能出兵的因素。這就是名將與優秀將領的區別。

長平之戰的第一階段發生在趙孝成王六年，即西元前 260 年。這時候，「趙奢已死，而藺相如病篤」，儘管廉頗缺乏抗秦的勇氣，趙國實在無人可用，還是讓他領兵攻秦。

趙軍士卒犯秦斥兵，秦斥兵斬趙裨將茄。六月，陷趙軍，取二鄣四尉。七月，趙築壘壁而守之。秦又攻其壘，取二尉，敗其陣，奪西壘壁。

廉頗萬般無奈，只好「堅壁以待秦，秦數挑戰，趙兵不出。」

由此可見，廉頗堅壁防守，並非人們所津津樂道的，是想占據地利之

第四章　猛將爭鋒：戰神名將征戰天下

便，扎根固守，以拖累秦軍，等候戰機，反守為攻。而是本能的反應，是無奈的選擇。

其實，從策略戰術上來說，秦軍遠道而來，師老兵疲，趙軍以逸待勞，又占地利之便，最佳應對方式就是趁其立足未穩、部署不定時，予以迎頭痛擊。

所以，趙王派遣廉頗領兵主動攻秦的想法是正確的，如果能在戰爭初期重創秦軍，長平之戰也不會是這個結局了。

可是，廉頗心存畏懼，進攻不堅決，致使初戰失利，隨後便畏縮不前，消極防禦使得秦軍得以從容調整部署，任用白起擔任主帥，秦王又親臨一線督戰，徵派國內15歲以上男丁參戰。

等秦國部署妥當，將帥已經就位，大軍已經集結，糧草充足，這種情況下即使是孫子、吳起出現也無法改變戰局，更遑論一個初出茅廬的軍事愛好者趙括！

說穿了，長平之戰之敗，罪不在趙括，廉頗倒是得要負一點責任。

一句話，廉頗並不能拯救趙國，即使沒用趙括代替廉頗，長平之戰的敗局也已經注定。

▌廉頗負荊請罪，是真的意識到錯誤了嗎？

廉頗負荊請罪的故事被傳為千古佳話，就連沒什麼學識的黑旋風李逵，在惹惡了宋江後，為了能保住自己那顆人頭，在燕青的指點下，也懂得剝下自己的衣衫，背上幾根荊條，不倫不類地在梁山山寨上上演一出黑旋風版的「負荊請罪」，讓宋江過了一把當藺相如的癮。

廉頗負荊請罪，是真的意識到錯誤了嗎？

廉頗在絕大多數人的印象裡，都是一個鬍子花白的老將軍形象。

畢竟，每提起廉頗，大家都會不由自主地想起辛棄疾〈念奴嬌・京口北固亭懷古〉那一名句：「廉頗老矣，尚能飯否？」

事實上，在做「負荊請罪」這一歷史壯舉的時候，廉頗還是一個青壯年將軍。

要知道，負荊請罪之事發生在趙王與秦王澠池會之後不久，而澠池會的舉辦時間是趙惠文王二十年，即西元前 279 年。

這時候的廉頗曾領軍打敗齊國，官拜上卿，年紀一定不會太小。但在趙悼襄王元年，即西元前 244 年，廉頗與樂乘發生了矛盾，憤而離開趙國投奔魏國。而到了趙悼襄王五年，即西元前 240 年時，趙國被秦國連下數城，及趙國門戶上黨岌岌可危，趙王開始懷念廉頗，派人到魏國查看廉頗的身體狀況。廉頗在魏國鬱鬱不得志，也想回國效力，於是在考察人員面前傾情表演：飯斗米，肉十斤，披甲上馬，拉強弓。不過，由於廉頗的仇人郭開從中作梗，廉頗最後仍舊沒能回國。若干年後，他又到了楚國為將，病死於壽春。

想想看，從西元前 279 年到西元前 240 年，時間跨度接近 40 年。如果負荊請罪時的廉頗是一個鬍子花白的老將軍，那他在楚國為將時，豈不已經上百歲了？還能「飯斗米，肉十斤，披甲上馬」？

話說回來，青壯年時代的廉頗做出了負荊請罪的舉動，他是真的意識到自己的錯誤，知道「將相和」的道理，以國家大局為重了嗎？

如果完全相信的話，那未免太天真了。

是，青壯年的廉頗火氣很盛，像個鞭炮，一點火就爆。但三四十年之後呢？身為國家重臣，經過三四十年時間的磨練和沉澱，六七十歲的廉頗

第四章　猛將爭鋒：戰神名將征戰天下

老先生是否變得沉穩、練達一些呢？

沒有。

長平之戰後趙王曾任用廉頗，封他為信平君，還讓他做代理相國，比以前更加重視他。可是，趙悼襄王繼位後，樂乘伐燕有功，趙悼襄王讓樂乘代替廉頗做代理相國。廉頗竟然急火攻心，一口氣沒嚥下，帶領自己的私人兵馬追砍樂乘。《史記·廉頗藺相如列傳》是這樣記的：「廉頗怒，攻樂乘，樂乘走。」

廉頗自己是將，樂乘是相，廉頗器量狹小，只著眼於自己的官職待遇，稍有變動，就把「將相和」的道理拋之腦後，這哪裡能看出他大度了？

廉頗肯低頭向藺相如負荊請罪，那是他被藺相如在澠池會上表現出來的霸氣震懾住了。

對於藺相如、趙奢這類渾身是膽，充滿大無畏精神的強人，膽小的廉頗是心悅誠服的。但要說他意識到自己的錯誤，則是不準確的。

藺相如、趙奢這些人不在了，廉頗馬上故態復萌，藐視一切了。

這下子，樂乘才一出頭，廉頗老先生立刻受不了，拚命打壓。

就因為廉頗老先生這一鬧，他成了趙國不受歡迎的人，在趙國混不下去了，「遂奔魏之大梁」，流落到了魏國國都大梁。

魏國當然也不會歡迎這樣的人，所以「廉頗居梁久之，魏不能信用」。

楚國後來倒是把廉頗接過去了，但也沒重用。

最終，廉頗老先生寂寂無聲地客死在了異國他鄉。

白居易是戰神白起的後人？

提起戰神白起，那絕對是神一般的存在。

據梁啟超考證，戰國時期在戰場上死亡的將士達到 200 萬人，其中有 100 萬將士的死亡與白起有關。而且，這 100 萬死亡的將士，只計算了白起的敵對方，並沒把白起統率的秦軍陣亡人數統計入內。

這實在太恐怖了。

白起橫空出世，出道就是巔峰，之後是巔峰連巔峰，一直高高在上，讓世人仰望。

秦昭襄王十三年（西元前 294 年），38 歲的白起擔任左庶長，代替老將向壽攻打韓國重鎮新城（今河南伊川縣西），一擊得手。

韓國人為了阻擋秦軍東進，聯合魏國，由韓國主帥暴鳶、魏國主帥公孫喜率兩國大軍扼守崤函古道。

白起避實擊虛，迂迴到韓魏聯軍後方，採用了密集如雨的進攻節奏，快速擊破了聯軍後方的留守之軍，然後展開圍困戰術，將聯軍主力壓縮於伊闕（今河南洛陽龍門），盡殲其 24 萬人，俘虜魏軍主帥公孫喜，並陣斬魏將犀武。

伊闕之戰，白起以寡擊眾，以弱破強，以 10 萬兵力殲敵 24 萬人，一戰成名。

白起接下來的表現，更是驚人。

他乘勝東進，渡黃河豪取韓國安邑以東到乾河的土地，然後轉頭攻魏，一舉奪取了魏城大小 61 座，為秦國東出奠定了堅實的基礎。

韓、魏兩國元氣大傷，哀鳴而不能自顧。

第四章　猛將爭鋒：戰神名將征戰天下

楚國此前在丹陽、藍田兩次與秦國交兵均以失敗告終，國勢走向衰微。

秦軍挾伊闕大勝之威，兵鋒向南，繼續削弱楚國。

楚頃襄王委曲求全，向秦國求和。

但到了秦昭襄王二十五年（西元前 282 年），楚頃襄王積極利用外交手段，與各諸侯國結成聯盟，相約合縱伐秦。

這種情況下，楚國就必須要付出血的代價了。

秦昭襄王二十七年（西元前 280 年），白起領兵伐楚，大敗楚軍。

楚頃襄王大驚失色，趕緊割讓出上庸、漢水以北土地，卑躬屈膝，向秦請和。

秦國接收了楚國割讓出的土地，但進攻的步伐並沒有停下。

秦昭襄王二十八年（西元前 279 年），白起連奪楚國鄢、鄧等 5 座城池，然後分三路快速突進楚境，直擊楚國的都城郢都（今湖北江陵西北）。

秦昭襄王二十九年（西元前 278 年），楚國都城郢破，楚王的祖墓夷陵（今湖北宜昌西南）被焚，楚軍狼狽不堪地退卻到陳（今河南淮陽）。

楚頃襄王將陳作為都城，仍稱作郢。

可惜此郢不是彼郢。

楚國從此一蹶不振，再也不能與秦相抗衡了。

秦昭襄王封白起為武安君，以原楚都郢為南郡。

武安君白起之威名從此震懾天下。各國名將，聞之色變。

秦昭襄王三十四年（西元前 273 年），白起再次率軍攻打救援韓國的趙、魏聯軍。他率部長途奔襲日行百里，於華陽（今河南新鄭北）突如其來地對聯軍發起猛攻，迅若電閃雷擊，以少勝多，斬聯軍首級 13 萬人，

活捉了 3 名對方大將。魏相芒卯狼狽逃竄。

接著，又大敗趙將賈偃，溺斃趙卒 2 萬人，兵鋒連指魏都大梁。

華陽之戰，出其不意，攻其不備，被稱為「古典閃擊戰」。

秦昭襄王四十三年（西元前 264 年），白起攻陷韓國 5 城，斬首 5 萬。

秦昭襄王四十五年（西元前 262 年），白起攻取了韓國野王（今河南沁陽），將韓國的上黨郡與韓國都城的連結隔絕。

按照韓國國君韓桓惠王的意思，準備把上黨郡作為禮物獻給秦國，以求秦國息兵。

上黨郡守馮亭卻認為這種做法是強敵弱己，不如舉上黨歸附趙國，把趙國拖下水。屆時韓、趙聯合未必會輸給秦國。

趙國平陽君趙豹窺知馮亭的用意，勸趙孝成王不要接受，說這是馮亭的嫁禍之計。

平原君趙勝卻說：「無故得一郡受之便。」

趙孝成王利慾薰心，派平原君趙勝前去接收上黨的土地，封馮亭為華陽君，另派廉頗率軍駐守長平（今山西省高平市西北），以備秦軍。

這麼一來，震駭千古的長平之戰揭開了序幕。

秦昭襄王四十七年（西元前 260 年），秦國怒趙國接收了上黨郡派大將王齕攻韓，奪取上黨，然後攻趙。

廉頗在長平布置了三道防線：第一道是空倉嶺防線，第二道是丹河防線，第三道防線是百里石長城。

秦軍雖然攻陷了第一道防線，卻被阻於第二道防線。

廉頗抓住秦國補給線漫長、後勤供應難以保障的特點，全軍收縮在丹

第四章　猛將爭鋒：戰神名將征戰天下

河防線深溝壁壘固守陣腳以逸待勞堅守待變。

這麼一來，戰爭持續了3年，秦軍損兵折將，仍是不能跨越丹河半步。

可惜的是，秦國後勤供應難以保障不假，但與秦國相比，趙國國小財困，同樣不利於打持久戰。

經過3年的鉅額消耗，趙國沉不住氣了，決定走馬換將，速戰速決，一舉擊敗秦軍。

這樣，在趙王的指派下，只會「紙上談兵」的趙括替換掉了老將廉頗。

與此同時，秦國也祕密換將，戰無不勝的武安君白起被任命為上將軍，匆匆前來前線領軍。

白起示敵以弱，後退誘敵，一撤再撤，將趙軍吸引進秦軍主力構築的袋形埋伏圈。

爾後，從側翼派出兩支奇兵各25,000人長途跋涉繞到趙軍背後，奇襲了趙軍的最後一道防線百里石長城。

如此一來白起不但把45萬趙軍包圍在長平，還透過攻占趙軍的百里石長城防線，切斷了趙軍的糧道。

趙軍被困，多次突圍無果，糧絕矢盡，軍心動搖。

在第46天的突圍中，趙括被射殺，趙軍全面崩潰，紛紛投降。

白起的策略，是殲敵有生力量為主，攻城略地為輔。

面對40萬趙降卒，他下令將之坑殺，只留下240個年紀小的士兵回趙國報信。

長平之戰，開創了中國歷史上最早、規模最大的包圍殲敵戰先例，秦軍先後斬殺和俘獲趙軍共45萬人，極大地削弱了趙國的實力，為秦完成

統一創造了有利條件。

不過，誠如司馬光在《資治通鑑》中說的：「秦雖勝長平，士卒死者過半，國內空。」

秦國因此暫停了對趙國的打擊，接受了韓割垣雍、趙割 6 城的求和之請，於秦昭襄王四十九年（西元前 258 年）正月休兵。

細數起來，白起自出道之日起，在 37 年征戰生涯中，全面摧垮了韓、魏、楚、趙四雄，致使山東六國再也沒有一個國家能與秦國抗衡。

趙國在秦軍退去後，拒絕履行此前的和約，積極備戰。

秦昭襄王大怒，於該年九月，以舉國之兵攻趙。

邯鄲之戰打響了。

對於這場攻堅戰的艱苦性，白起是有所預料的。

他當時身患重病，苦苦勸諫秦昭襄王說：「邯鄲實未易攻也。且諸侯救日至，彼諸侯怨秦之日久矣。今秦雖破長平軍，而秦卒死者過半，國內空。遠絕河山而爭人國都，趙應其內，諸侯攻其外，破秦軍必矣。不可。」

但秦昭襄王不聽。

事態的發展，也如白起所料：秦圍攻邯鄲，累年不下。楚國派春申君同魏公子信陵君率兵數十萬攻秦軍，秦軍傷亡慘重。

白起嘆息說：「秦不聽臣計，今如何矣！」

秦昭襄王希望白起前去救場。

由於病體不便，白起未能立即啟程。

三月後，秦軍戰敗消息不斷從邯鄲傳來。

第四章　猛將爭鋒：戰神名將征戰天下

秦昭襄王怒急攻心，不斷催促白起動身。

白起只好帶病上路。

秦昭襄王聽使者報白起起行時「意尚怏怏不服」惱羞成怒，乾脆派使者賜劍命其自刎。

當時，白起剛抵達杜郵，得到秦昭襄王賜劍，長嘆一聲：「我何罪於天而至此哉？」

在舉劍自裁時，又若有所思地說：「我固當死。長平之戰，趙卒降者數十萬人，我詐而盡阬之，是足以死。」

白起一生殺人太多，雖有「人屠」、「殺神」等惡名但自古以來，人們對他的譽多過於毀。

他死而非其罪，秦人深為同情，無論城鄉，都建祠祭祀。

西漢司馬遷稱讚他在軍事的謀略：「料敵合變，出奇無窮，聲震天下。」

「起翦頗牧，用軍最精」，《千字文》不但將他與廉頗、李牧、王翦並稱為戰國四大名將，而且將他列為四將之首。

唐開元十九年（西元731年），唐玄宗設定武廟祭祀歷代名將，白起赫然位列其中。

唐大詩人白居易追慕前輩英姿，他在為其祖父白鍠、祖母薛氏撰寫的墓誌銘〈故鞏縣令白府君事狀〉中，詳細自述了白氏種姓與世系，尊白起為先祖。

按照白居易的說法，他的種姓源於楚國王族：當初楚平王的嫡子太子建逃亡到了鄭國，不幸身死。太子建的兒子勝在伍子胥的帶領下，先逃到了吳國，後來回歸楚國，被封為白公，世人稱之為白公勝。白公勝死於一

白居易是戰神白起的後人？

場政變中,他的兒子逃亡入秦,從白乙丙而下,代為名將,裔孫白起更是有大功於秦,封武安君。後非其罪,賜死杜郵,秦人憐之,立祠廟於咸陽。始皇帝登位,感念武安君大功,封其子白仲於太原。白仲子孫繁衍不息,白氏從此成了太原望族。

白居易所說的白公勝的事蹟大致是正確的。

白公勝為羋姓,熊氏,名勝,他的父親太子建因遭費無極陷害,攜家人逃到了鄭國,卻遭鄭國人殺害。白公勝被迫從鄭國逃到吳國。西元前487年楚國令尹子西召白公勝回楚國,封為巢邑大夫,號「白公」。西元前479年,白公勝發動叛亂,殺死令尹子西和子綦,劫持了楚惠王,自立為王。但葉公率軍勤王,與楚國國內的人共同攻打白公勝。白公勝兵敗身死,楚惠王恢復王位。

《史記‧卷四十‧楚世家第十》對這一事件的結局,只簡潔地說了一句話:「會葉公來救楚,楚惠王之徒與共攻白公,殺之。」並沒有提到白公勝之子逃亡秦國一事,說明白公勝沒有兒子存活。

所以,白居易所勾勒出這一白氏世系是值得懷疑的。

最早對白居易這一自撰世系表示懷疑的,是白居易的忘年交李商隱。

白居易生於大曆七年(西元772年),李商隱生於元和七年(西元812年),兩人相差整整40歲。

清道光中錢振倫、錢振常編注的《樊南文集補編》中收錄有〈與白秀才狀〉、〈與白秀才第二狀〉兩文。這「白秀才」指的是白居易的養(嗣)子白景受,也是白居易哥哥白幼文的兒子。

原來,白居易死後,其嗣子白景受認為李商隱既享有才名,又與其父有深厚交情,故來書請求李商隱為亡父撰寫墓誌銘。

第四章　猛將爭鋒：戰神名將征戰天下

於是就有了〈與白秀才狀〉、〈與白秀才第二狀〉這兩篇答狀。

在〈與白秀才狀〉中李商隱自稱「大和之初，便獲通刺，升堂辱顧前席交談」即在大和初年，他曾投刺拜謁過白居易，得到了款待，主客言笑晏宴，相見甚歡。後來「雖跡有合離，時多遷易，永懷高唱，嘗託餘暉」一直保持著友誼。

對於白居易的逝世，李商隱用了「辛酸不勝」、「伏紙向風，悲憤交積」等語以狀自己的傷悼之情。

可以想像，李商隱不但會接受白景受的請求，還會飽含深情去完成這篇墓誌銘。

清初馮浩編注的《樊南文集》裡面就收錄有李商隱為白居易撰寫的這篇墓誌銘。

這篇題為〈墓碑銘並序〉的墓誌銘，李商隱沒有辜負白景受的委託對白居易的生平如實記載，對白居易的文學成就及其對文學的貢獻做了公正的評價。

但是，對於白居易的先祖及世系，他卻用了「公之世先，用談說聞」八個字。

這說明，他對白居易〈故鞏縣令白府君事狀〉中關於白氏種姓與世系的敘述是不信的。

也無怪李商隱不信。白居易為了將家世寫得顯赫一點，把白公勝、白乙丙、白起串起來稱「代為名將」。但白公勝死於西元前479年是秦悼公時期的人，而白乙丙是秦穆公時期的人。

要知道，從秦襄公算起，秦穆公是秦國的第九任國君，而秦悼公是秦國第十六任國君，這時間明顯對不上。

白居易是戰神白起的後人？

　　《舊唐書》和《新唐書》的編纂者對白居易〈故鞏縣令白府君事狀〉中的世系所述也不信。

　　他們在為白居易作傳時，對於白居易家世的介紹都極為簡略，只說他是「太原人，北齊五兵尚書建之仍孫」，絕口不提白氏出自何姓這個問題，而且對白建以上的世系都避而不談。

　　不過，白居易從弟白敏中是唐宣宗、唐懿宗朝的宰相，他的墓誌銘明顯沿用了白居易〈故鞏縣令白府君事狀〉中的說法：「白氏受姓於楚本公子勝，理白邑有大功德，民懷之，推為白公。其後徙居秦，實生武安君，太史公有傳，遂為望族。」

　　《新唐書》的編者歐陽脩在撰寫《宰相世系表》時，不得不對白氏世系做了一番梳理，說：白氏出自姬姓，是周太王之後。周太王的五世孫虞仲封於虞國。虞國後來為晉國滅亡。虞國的公族井百奚流落到秦國，受邑於百里，號百里奚。百里奚生子視，字孟明，古人習慣於先稱字後稱名，故稱為孟明視。孟明視有兩個兒子：一個名叫西乞術，另一個名叫白乙丙。白乙丙的後人以白為姓，其裔孫為武安君白起，被賜死於杜郵，始皇思其功，封其子白仲於太原故子孫世為太原人。

　　不用說，《新唐書·宰相世系表》的說法是有問題的。

　　對〈崤之戰〉有印象的人都知道，孟明視、西乞術、白乙丙是秦晉崤之戰的三位主帥，而〈崤之戰〉摘自《左傳·僖公三十三年》。

　　因此說孟明視是百里奚之子是可以的，但說西乞術和白乙丙是孟明視的兒子絕不可信。因為，西乞術和白乙丙是和孟明視地位並列的「三帥」，他們不應該是父子關係。

　　南宋人陳振孫在《白文公年譜》中對此做出了辯駁，最後指出〈故鞏

第四章　猛將爭鋒：戰神名將征戰天下

縣令白府君事狀〉說的白氏出於芈姓，《新唐書·宰相世系表》說的白氏出於姬姓均是於史無證，自相牴牾，並不可信。

此後的學者顧炎武、汪立名、沈炳震、俞樾等都認同陳振孫的說法。

近代人大力鉤沉求證，最後給出了白居易先世出自西域龜茲白姓的結論。

即白居易並非白公勝、白乙丙、白起這些人的後人。

事實上，白起出自秦國王族，嬴姓。

話說，當年秦武公即位後，誅弗忌等三族，集大權於王室，然後展開了一連串軍事活動，先後征服併吞了綿諸、邽戎、冀戎、義渠戎、翟和貘等戎族，初設縣制以管理所得之地，並使秦國勢力達到關中渭水流域。

可惜的是，秦武公英年早逝，死時才三十五六歲。他的兒子白年紀太小，王位傳給了他的同母弟嬴嘉，即秦德公。

秦德公封白於平陽，其後人以白為姓。

白起即為白的後人。

《戰國策》之所以稱白起為公孫起，是因為公子、公孫是春秋戰國時期對公族子弟們的稱呼。

▋戰神白起真的活埋了 40 萬趙軍嗎？

1995 年，山西某處的村民在自己家的果園裡面整地，打算種植一些作物。

突然，一鋤頭下去竟然挖出一個骷髏頭！

戰神白起真的活埋了 40 萬趙軍嗎?

事實上這片地帶是古代長平之戰的舊戰場,這裡的村民在自家田地裡面挖出屍骨並不是什麼新鮮的事。

所以,他也沒多想,只是往地面重重地吐了一口唾沫,說了聲:「又挖到古屍骨了!」

可是,以往挖出的屍骨都是零零碎碎的,不多。這次並不同,越往下挖看到的屍骨越多,這些屍骨堆積在一起,犬牙交錯,並且夾雜有許多已經腐朽發黑的箭頭,說不盡的詭異、恐怖。

村民錯愕萬分,趕緊向政府上報。

下午,文物專家來到現場經過細緻的挖掘和測量,還有地理位置、屍骨規模的比對得出結論,這就是 2,000 多年前戰神白起坑殺趙軍的現場!

史書記載,戰國末期的秦趙長平之戰,戰神白起一舉戰勝趙國大軍,將 40 萬降卒悉數「坑殺」。

《史記・廉頗藺相如列傳》記:「括軍敗,數十萬之眾遂降秦,秦悉阬之。趙前後所亡凡四十五萬。」

《史記・白起王翦列傳》載:「括軍敗,卒四十萬人降武安君。武安君計曰:『前秦已拔上黨,上黨民不樂為秦而歸趙。趙卒反覆。非盡殺之,恐為亂。』乃挾詐而盡阬殺之,遺其小者二百四十人歸趙。前後斬首虜四十五萬人。趙人大震。」

從史書對這事的記載來看,應該不是虛構的,屬於真實的歷史事件。

何謂「坑殺」?專家認為是活埋。

但活埋 40 萬人,極不合理。

想想看,在冷兵器時代軍人與平民的區別並不大,隨便一根樹枝、一塊石頭都可以與刀劍周旋和對抗,40 萬人可不是小數目,就算一個個站在

第四章　猛將爭鋒：戰神名將征戰天下

那裡給你綁縛，也要綁縛上好久，而他們知悉自己即將被活埋，豈不拚命掙扎、反抗？鬧起來，你還能用繩子把他們綁縛好，並把他們推入坑裡，用鍬子一鍬一鍬往下填土嗎？

所以，即使秦軍殺 40 萬趙國降卒的事不假，但也不可能是活埋。

周作人在《苦竹雜記》中就說「掘了很大很大的坑，把二十萬以至四十萬人都推下去，再蓋上土，這也不大像吧。正如《鏡花緣》的林之洋常說的『坑死俺也』」。

所以，人們常說的「坑殺」的「坑」，不是挖坑埋人，而應該是「坑騙」中「設計陷害」的意思。

而《史記》原文字作「阬」，《辭源》對「阬」的解釋：「坑陷，殺害。」《玉篇》也說：「阬，陷也。」

由「阬」演化成「坑」，徐鉉專門指出說：「今俗作坑，非是。」

由此可見，長平之戰是「挾詐而盡阬殺之」，其實是指使用了欺騙、不光彩的軍事手段將降卒殺害。

就因為用了暗招、損招騙殺了 40 萬人，白起心理壓力很大，臨死還念著說：「我固當死。長平之戰，趙卒降者數十萬，我詐而盡阬之，是足以死。」

白起提到的這個「詐」字，再次說明「阬」並非指「坑殺」。

後人之所以說白起活埋了長平 40 萬趙軍，主要是以訛傳訛。

從這次考古結果來看，長平之戰白起坑殺趙軍的現場，很多屍骨並不完整，絕大部分是殘缺的，頭顱與身體分離，而且四肢不全，很多屍骨上還留下了刀痕、弓箭的箭頭，有的屍骨還負有插在其中的刀。

由此可見，當年白起坑殺趙軍的過程應該是這樣的：先將趙軍降卒驅趕到事先挖掘好的大坑之中，隨後用弓箭甚至士兵直接衝殺，將趙軍全部殺死，或者砍倒之後再進行集體埋葬。所以活埋 40 萬趙軍的說法是不準確的。

王翦為什麼非要動用 60 萬大軍出征滅楚呢？

宋贛水先生，負奇氣，喜言兵，一生雖未經戰陣，卻極具策略前瞻眼光。

崇寧年間，涇原經略使邢恕準備建造戰車 300 輛、運輸船 500 艘，襲擊西夏的靈武。

此舉，得到了好大喜功的宋徽宗的嘉勉。

贛水先生時任熙河轉運使，得知此事，大呼不可，上書極力反對，說這無異於引火自焚。

宋徽宗如夢初醒，趕緊取消了這個計畫。

可惜的是，宋徽宗後來還是經不過馬植的慫恿，玩了一出更大膽的引火自焚的悲劇：和金人簽訂了駭人聽聞的「海上之盟」，聯金滅遼，引發了靖康之禍北宋被滅他本人被俘。

贛水先生任秦州知州，秦州被金兵攻破，他慘死於亂兵之中。

贛水先生論兵屢有詩作，其中一首〈王翦〉廣為傳誦。

詩云：「少李輕兵去不回，荊人勝氣鼓如雷。將軍料敵元非怯，能使君王促駕來。」

第四章　猛將爭鋒：戰神名將征戰天下

　　這裡講述了一個重大的歷史事件。西元前 224 年，秦王政籌劃平滅楚國。秦國名將王翦在西元前 236 年出道攻打趙國的閼與開始，就攻無不勝，戰無不克。閼與之戰，王翦僅僅出動全軍五分之一的兵力，就一舉拿下閼與，並且乘勝攻取了趙國 9 座城邑。西元前 229 年，王翦從上郡發兵下井陘，與趙國名將李牧對峙年餘，用反間計除掉李牧，大敗趙軍，破竹前行攻下趙國的都城邯鄲，俘虜趙王遷，盡定趙地為郡。西元前 227 年，王翦領軍攻燕，易水河邊大破燕王喜和代王趙嘉集結起來的聯軍，長驅直入，攻取了燕都城薊。西元前 225 年，王翦之子王賁先敗楚兵然後揮師北上，進攻魏國，水淹大梁城，逼迫魏王假投降，滅魏；然後直抵臨淄，滅齊。可以說，東方六國，王翦父子已滅其四。這次滅楚軍事行動，秦王政準備繼續由名將王翦統軍。但王翦提出，滅楚必須要動用 60 萬大軍。秦王政有些為難。少年將軍李信自信滿滿，拍著胸膛說：「20 萬人即可。」秦王政因此認為王翦老不堪用說：「王將軍老矣，何怯也！李將軍果勢壯勇，其言是也。」改派李信和蒙恬率兵 20 萬，南下伐楚。王翦黯然稱病辭朝，回歸頻陽故里。不久，李信大軍遭到了楚軍的反擊，7 個都尉被斬，大敗而還。這是秦滅六國期間罕有的敗仗之一。秦王政羞憤交加，乘快車奔往王翦的頻陽東鄉（今陝西富平縣）老家，親自登門向王翦致歉，答應竭盡所能，湊夠 60 萬之數，讓老將軍平荊滅楚。他說：「寡人以不用將軍計，李信果辱秦軍。今聞荊兵日進而西，將軍雖病，獨忍棄寡人乎！」王翦推辭說：「老臣罷病悖亂，唯大王更擇賢將。」秦王政認錯說：「已矣將軍勿復言！」王翦再次強調：「大王必不得已用臣，非六十萬人不可。」秦王政：「為聽將軍計耳。」王翦於是領兵啟程，上演了擒王滅國的好戲，先斬楚名將項燕於蘄，一年多後又擒捉了楚王負芻，平定了楚國。

　　白起用兵，經常兵行險著，敢打沒把握的仗。

王翦為什麼非要動用 60 萬大軍出征滅楚呢？

王翦不像白起，用兵穩重老成。

白起心狠手辣，喜歡打殲滅戰，以消滅對手有生力量為終極目標，不知斬殺了天下多少生靈。

王翦不以趕盡殺絕為要務，而重於憑藉巨大的軍事優勢對對手予以打擊，從而迫使對手就範。

從這一點來說，王翦的用兵之道及性格上更趨完美。

滅楚之戰，王翦是在清楚秦國完全有能力提供 60 萬大軍的基礎上，並對楚國的兵力做了全面的評估和考量才提出這個數字的。

他認為，要滅人之國，單單幾萬、十萬的偏師肯定不行。要像李信說的 20 萬人吃掉楚國，難度極大。

而且，任何優秀的統帥，用兵都是多多益善。所以王翦要 60 萬兵，一點都不奇怪。

《史記》也指明了這麼做的原因 —— 楚王得知王翦增兵而來，就竭盡全國軍隊來抗拒秦兵。

不得不說，在春秋戰國時，軍事思想還沒有現代這麼成熟，所有滅國之戰往往都是在一兩場大決戰中就完成了。如果楚國不為王翦的 60 萬大軍所動，堅持依託有利地形展開襲擊戰、游擊戰，楚國就不會這麼輕易滅亡了。明朝馮夢龍在《東周列國志》中也借王翦的口談論了一番春秋、戰國用兵的差異，進而解釋為什麼非要動用 60 萬大軍出征滅楚的緣由。秦王說：「五霸威加諸侯的時代，出兵制國不過千乘，兵員不過十萬。將軍您卻一定要用 60 萬，太多了。」王翦回答說：「五霸時代打仗都是君子式的，在指定地方開戰，按約定日期廝殺，列陣和交戰的步伐都要講究規則，敵人倒地就不能再打，只分勝負而不侵占地盤，即使是刀劍相交也要

第四章　猛將爭鋒：戰神名將征戰天下

互相禮讓，所以帝王用兵從不用眾。齊桓公作內政，勝兵不超過 3 萬人。現在列國兵爭以強凌弱，以眾暴寡，逢人就殺，遇地就攻。圍城動輒就圍好幾年。農夫都拿起了武器，孩童也報名參軍，打起仗來都不會少於幾十萬人。況且楚國地大物博，號令一出，百萬之兵數日就可完成集結。我要 60 萬，還是保守的呢。」

王翦統領 60 萬大軍出發前，還發生了一件讓人津津樂道的小插曲。

當時，秦王政親自送別到灞上。

王翦請求秦王賞賜一大片肥美的田、宅、園、池。秦王政大笑說：「將軍行矣，何憂貧乎？」

王翦正色答道：「為大王將，有功終不得封侯，故及大王之鄉臣，臣亦及時以請園池為子孫業耳。」

秦王政笑而應允。

但是，王翦在出函谷關前，又連續 5 次派人向秦王政索求賞賜美田。

部下覺得他太過分了，說：「將軍之乞貸，亦已甚矣。」

王翦悠悠說出了此舉的深意：「不然。夫秦王怚而不信人。今空秦國甲士而專委於我，我不多請田宅為子孫業以自堅，顧令秦王坐而疑我邪？」

可以說，王翦在軍事上智而不暴、勇而多謀，在政治上，也善於揣度統治者的想法，明哲保身，得到了善終。

不過，也因為王翦在功成後急流勇退，告老歸田，受到了太史公司馬遷的批評。

司馬遷評價他：「不能輔秦建德，固其根本，偷合取容，以至筊身。」

▍王離真在鉅鹿之戰中輸給了項羽？

其實，歷史上的鉅鹿之戰應該與項羽沒多大關係。

司馬遷著史的最大特色，就是在敘史過程中摻入自己的主觀情感。

這一特色是文學家的優點而不是史學家的優點。

讀《史記》明顯可以感受得到，以項羽與劉邦相比，太史公厚項而薄劉；以李廣與衛霍相比，太史公厚李廣而薄衛霍。

為什麼會這樣，估計跟太史公遭受漢廷的不公正待遇有關。

在太史公的潛意識裡，他對劉氏皇族是帶有強烈不滿的。

身為劉氏皇族的「競爭對手」，項羽和李廣都是失敗者。

司馬遷對這些失敗者由同情而著力頌揚，從這個角度來看，項羽和李廣的歷史地位都被人為抬高了，還盛稱項羽「位雖不終，近古以來未嘗有也」。

後世也因之稱「（太史公）敘鉅鹿之戰踴躍振動極羽平生」「項羽最得意之戰太史公最得意之文」。

鉅鹿之戰發生前的大致情況是這樣：章邯率 70 萬驪山刑徒出咸陽，驅周文，誅田臧，屠李歸，遇神殺神，遇佛殺佛，劍直指陳城，鄧說鼠竄，蔡賜橫屍，滅陳勝。其後又圍魏打援，迫死魏王咎，擊殺齊王田儋，幾乎全殲齊楚聯軍，其後又與項梁的楚國大軍展開生死決戰。定陶一戰，項梁死；章邯進取趙國邯鄲，邯鄲陷。趙王歇遁入了河北堅城鉅鹿。這時候，早與蒙恬一起統率邊防大軍的王離回來了。王離為大秦名將王翦之孫、王賁之子，理所當然地接過了圍剿趙王歇的任務。章邯退居二線，在鉅鹿以南的棘原建立工程組，修築甬道，負責運輸糧草。被困鎖在鉅鹿城

第四章　猛將爭鋒：戰神名將征戰天下

內的趙王派使者向楚懷王以及各國諸侯求援。楚懷王於秦二世二年（西元前 208 年）後九月（閏月），分兵兩路，一路以卿子冠軍宋義為上將軍，魯公項羽為次將，亞父范增為末將，率軍 6 萬北上以解鉅鹿之困；另一路以劉邦為主帥，進突破瓶頸中。宋義率軍進至安陽（現在山東曹縣東南），想坐等秦趙兩敗俱傷後再收漁翁之利，逗留 46 天不進。秦二世三年（西元前 208 年）十一月，項羽按捺不住，殺宋義取兵權，挺進鉅鹿。

按照《史記・項羽本紀》的說法，項羽軍「皆沉船，破釜甑，燒廬舍」每人只帶 3 天的乾糧，從安陽出發，渡洹水，再渡漳水，沒交代怎麼突破章邯設定在漳水北岸的防線，沒多久就到了鉅鹿，「圍王離，與秦軍遇，九戰，絕其甬道，大破之，殺蘇角，虜王離」最神奇的是，俘虜了王離，項羽又匆匆離開了鉅鹿，回到了漳水南岸。但當時的策略態勢仍是「章邯軍棘原，項羽軍漳南」，章邯的大軍仍然完好無損地占據在棘原！

先不說項羽軍是怎麼憑著 3 天口糧，從安陽長驅數百公里抵達鉅鹿的，也不說其中是怎麼來回擺渡通過這兩條河的，甚至也不說他們運用了什麼隱身術穿越過章邯的防線，就說他們是怎麼「圍」王離的，王離 30 萬大軍，圍在鉅鹿城外，項羽 6 萬人，怎麼圍 30 萬人？

事實上，據《史記・秦楚之際月表》記載項羽「破釜沉舟」是在秦二世三年十一月，而俘虜了王離的時間卻是在兩個月之後的秦二世三年端月。這說明了王離被俘跟項羽無關。這時的項羽其實還停留在漳水南岸他「破釜沉舟」，沒能衝破章邯設定在漳水北岸的防線，又退了回來。有人會問：舟都沉了怎麼回來的？這得問太史公了，反正他寫的就是「章邯軍棘原，項羽軍漳南」。

從這些記載可知，歷史上的鉅鹿之戰，項羽和章邯都不是主角，而且

在項羽和章邯直接交戰中，項羽敗，章邯勝。

既然是這樣，王離就不可能在鉅鹿之戰中被項羽所俘，他應該是解散軍隊、歸隱林下了。

為什麼會這樣呢？

這跟王離的心路歷程有關。

王離和秦始皇的另一名老臣蒙恬曾經一起參與平定六國，一起北逐匈奴，修築長城，勞苦功高。

可是，秦二世胡亥聽信了趙高的讒言，殘忍地處死了蒙恬。

蒙恬死得極其悲慘。

蒙恬身為一代名將，叱吒風雲，威震匈奴，手握重兵，完全有能力舉兵造反，因為忠於秦室，竟然悄無聲息地死在一個小吏的刀下。

所謂兔死狐悲。

蒙驁、蒙武、蒙恬一家三代為將，勞苦功高。

王翦、王賁、王離同樣一家三代為將，功高蓋世。

蒙恬橫遭慘死，王離不可能一點想法都沒有。

他在卻匈奴、出上郡、渡黃河、過井陘、取信都、圍鉅鹿這一系列軍事行動中，一直密切關注著大秦王朝的動靜。

秦始皇時代的老臣已經被秦二世胡亥清除得差不多了，朝廷上下，充斥了新貴趙高的黨羽。

王離突然有了兔死狗烹的悲涼感，於是他在鉅鹿城下放緩了進攻的腳步，圍而不打，與眾諸侯先對峙著，以觀時變。

這也是趙王歇苦守孤城數月不失的原因。

第四章　猛將爭鋒：戰神名將征戰天下

　　王離在圍鉅鹿城期間，秦帝國三個最高級別的官吏，右丞相馮去疾、左丞相李斯，和將軍馮劫，在沒有任何過錯的情況下，被同時關進大牢。

　　馮去疾和馮劫自殺身亡。

　　李斯慘遭腰斬，家人被夷滅三族。

　　這三個人，都是大秦帝國的棟梁。

　　王離對大秦帝國完全絕望，他主動解除對鉅鹿城的圍困，按照史書的說法，他投降了。

　　《史記・項羽本紀》為了樹立項羽的高大形象，誇大史實，「項羽乃悉引兵渡河，皆沉船，破釜甑，燒廬舍，持三日糧，以示士卒必死，無一還心。於是至則圍王離，與秦軍遇，九戰，絕其甬道，大破之，殺蘇角，虜王離」。但沒說怎麼處置王離。另外在《史記・白起王翦列傳》中也只是說「項羽救趙，擊秦軍，果虜王離王離軍遂降諸侯」。「王離為項羽所虜，不亦宜乎！」

　　但「王離被俘」一事根本不存在，所以看歷史書，包括《史記》，應該用批判的眼光去看。

▍章邯曾橫掃六國，後來為什麼打不過劉邦？

　　說實在話，提到章邯，我總會想起《說唐》裡面的靠山王楊林。

　　最早對文史產生興趣，就是這些演義小說的薰染。

　　那時候讀《說唐》，最欽佩的並非天下第一等好漢李元霸，而是情有獨鍾於武力指數僅排第八位的楊林。

章邯曾橫掃六國，後來為什麼打不過劉邦？

儘管楊林屬於書中的大反派，但其身上湧現出來的擔當和責任感，別具一種吸引人的魅力。

君不見他獨撐危局，為即將傾覆的國家奔走操勞，追逐殺戮四方，終於戰至最後一刻，血盡而死。

不過，小說家給予楊林的角色定位，也許是參考了《封神演義》裡的聞仲聞太師，聞仲和楊林都既是皇親國戚，也是國家的柱石名將、江山社稷的守護神。

這裡要談論的章邯出身遠不能與楊林、聞仲相比。

曾有語云：「世有大年何必常服補劑？天生名將，不須多讀兵書。」

章邯，屬於一個沒讀過什麼兵書的名將，天生的。

原本，他只是秦國的一個稅務官，打仗根本輪不到他。

但是，陳勝、吳廣在大澤鄉發動起義，一夫作而天下亂。

當周文指揮幾十萬大軍猶如巨浪狂潮湧入函谷關時，胡亥君臣震駭莫名，呆若木雞。

正所謂滄海橫流，方顯英雄本色。

這時候，在朝中擔任少府之職的章邯挺身而出，帶領未經戰陣的 70 萬驪山刑徒在戲地一舉擊潰了周文。

這，僅僅只是開始。

「章邯一出而殺周章（周文，字章）、破陳涉（即陳勝）、降魏咎、斃田儋，兵鋒所至，如獵狐兔，皆不勞而定。」

章邯像一柄倚天利劍，東搖西蕩，所到之處，義軍無不當鋒而斷，秦廷也因此得以苟延殘喘。

第四章　猛將爭鋒：戰神名將征戰天下

但是，天下皆惡暴秦之政，反抗此起彼伏，起義層出不窮，原本已被秦國滅亡的楚、齊、韓、魏、燕等相繼復國。

章邯八方追殺，疲於奔命，終究不是長久之策。

由此，章邯想出了一個絕妙無比的辦法──圍城打援。

中國歷史上圍城打援的典範，當屬唐太宗李世民圍洛陽而打虎牢，一舉擒兩王，光耀千古。

認真比較起來，章邯以圍困魏都臨濟（河南省封丘縣東）、鎖死魏王咎為策略引楚、齊、燕等國來援兵馬進入自己預設的戰場，一路接一路地進行消滅其氣魄之龐大，其用兵之悍勇，其計劃之精密，是堪與唐太宗之圍洛陽相媲美的。

在這裡，我又想起《說唐》裡的楊林。

楊林也是在四面撲火、身心俱疲的情況下，想了一計，開設武科場，吸引天下英雄自投羅網。楊林的計得逞了大半，像李元霸、宇文成都、雄闊海、伍雲召、伍天錫、新文禮、尚師徒等一等一的英雄好漢都直接或間接地喪生其中，但楊林自己也在武科場大亂之際，死於白馬銀槍小羅成的槍下。

與之相比，章邯圍魏都打天下援兵之計卻是完美收官的，不但迫死了魏王咎，還全殲了齊楚救援大軍，擊殺了齊王田儋。

毫無疑問，圍魏打援乃是章邯軍事生涯中的神來之筆。

章邯軍事生涯中的另一大軍事傑作是夜襲定陶，將楚國名將項梁斬於馬下。

章邯的事業和功名因此達到了巔峰。

但是，王離的出現，使章邯不再是大秦帝國一枝獨秀的名將。

王離乃是大秦名將王翦之孫、王賁之子。

王離原先與蒙恬一同戍守北方邊防，為了平定國內叛亂，領著30萬大秦邊防軍回來了。

王離回來後，立刻成了主角，章邯只能靠邊站，成為他的幫手。

後來，王離投降，他的投降不可避免地影響到章邯。

在王離的影響下，章邯俯下身段，與手下敗將項羽結盟（注意是結盟不是投降），希望可以成一方諸侯，在亂世中自保。

會盟的結果還不錯，章邯軍隊建制不改變，章邯本人封雍王，位居項羽之上（項羽這時候的身分只是一個上將軍）。

但是，人算不如天算。

會盟後的諸侯軍殺入秦都咸陽，很快就滅亡了暴秦。

暴秦既亡，項羽隨即製造了中國古代歷史上一大血案。西元前207年11月的某個深夜，他把大軍祕密開至新安（今河南義馬市二十里鋪村下石河一帶），將屯駐於該處的章邯部20餘萬兵卒全部坑殺。

章邯雖然免卻一死，卻已如雄鷹折翼、猛虎斷爪，銳氣全消。

戲亭分封，項羽自稱霸王，「霸」其實是「伯」的通假字，在「伯、仲、叔」中，「伯」排行老大，所謂霸王，即是眾王中的老大。

項羽這位王者中的老大忌憚劉邦，封劉邦為漢王，將之擠對到漢中。回頭，讓雍王章邯據守關中。

項羽的意思是，章邯的軍事能力一流，由他據守關中，劉邦就難以出頭。

第四章　猛將爭鋒：戰神名將征戰天下

可惜的是，自新安坑卒那一夜起，章邯已一蹶不振。

西元前 206 年 8 月，漢大將軍韓信暗度陳倉谷，猶如利劍初出鞘、猛虎初出籠，一下就闖入了三秦大地。

章邯的雄心、意志已經不在，他心死如灰，應付式地打了幾仗，在廢丘匆匆地結束了自己的生命。

或者，章邯的靈魂，早就在新安那一夜和那 20 多萬兄弟一同死去了，西元前 207 年至西元前 205 年這兩年時間裡，活在太陽下的，不過是一具行屍走肉罷了。

這，應該就是章邯當將軍的時候橫掃六國，當秦王（雍王）的時候連劉邦都打不過的真實原因吧。

第五章

一統天下：始皇奮起制六合權

第五章　一統天下：始皇奮起制六合權

▍說說秦始皇的姓和氏

叫秦始皇為「嬴政」，其實是個錯誤的叫法。

在古代，對人的稱謂其實是很複雜的。

一個人的稱謂，大致包含有姓、氏、名、字、號等。

現在，我們已經把姓和氏合成了一個詞 ——「姓氏」指的就是姓；同樣，也把名和字合成了一個詞 ——「名字」指的就是名。

原因很簡單，氏和字的講究已經消失了，至於號，大概也只與外號掛鉤了。

那麼古代的姓、氏、名、字分別指什麼呢？

還是舉例子說明下。

舉誰好呢？

舉幾個大家都知道的人物吧 —— 孔子、屈原、呂不韋。

「孔子」二字是人們對他的尊稱，在古代，「子」是對士大夫的通稱。《雲麓漫鈔》云：「諸侯之上大夫卿、下大夫、上士、中士、下士凡五等亦稱『子』，若宣子、武子之類是也。」

孔子的姓、氏、名、字分別是什麼呢？

他其實是姓子，孔氏，名丘，字仲尼。

姓，是母系社會的產物，主要用來區分血緣，用以制約婚姻，同姓不通婚。

氏是父系社會的產物，用以區分貴賤，透過氏可以了解他的宗族、家庭以及社會地位。

說說秦始皇的姓和氏

通常，平民有姓無氏而貴族既有姓，又有氏。

那麼，為了彰顯自己的尊貴地位，在稱謂上就不能稱姓，只能稱氏。

所以，孔子的正確稱謂是「孔丘」或者「孔仲尼」；稱「子丘」或「子仲尼」就會讓人錯愕不知所以然。

同理，詩人屈原其實是芈姓，屈氏，名平，字原，所以稱「屈平」或「屈原」；而不稱「芈平」或「芈原」。

呂不韋為姜姓，呂氏，名不韋稱「呂不韋」而不稱「姜不韋」。

說完了孔子、屈原及呂不韋，就可以以他們作為參考來說秦始皇了。

秦始皇其實是嬴姓、趙氏，名政。

不難看出，我們不應該叫秦始皇為「嬴政」，而應該叫秦始皇「趙政」。

《通志‧氏族略》中說：三代（夏商周）以前，姓氏分而為二，男子稱氏，婦人（女子）稱姓。氏所以別貴賤，貴者有氏，賤者有名無氏。姓所以別婚姻故有同姓、異姓、庶姓之別。

尊貴的男子是不稱姓的。

不過，同是《通志‧氏族略》又載：「秦滅六國，子孫該為民庶，或以國為姓，或以姓為氏，或以氏為氏，姓氏之失，由此始……茲姓與氏渾為一者也。」

即秦滅六國之後，姓即氏，氏即姓，姓氏或氏姓成了姓或氏的一種書面用語。而漢代以後的人們多已不懂得上古三代時期的姓氏文化，並且對於秦國趙氏的史實也不了解（兩周史書裡不稱呼各國君主的氏而只稱名），簡單地按自己的姓名習慣將秦始皇的古姓當成今姓（氏）一樣，用在名字前面寫成了「嬴政」，謬誤至今天。

第五章　一統天下：始皇奮起制六合權

同樣的事也發生在姜子牙身上。

姜子牙為姜姓，呂氏，名望，號飛熊。他的正確叫法為「呂望」而非「姜望」。

最後補充，姓和氏相比較，姓比較穩定，而氏是可以根據主人的社會地位變化而變化的。

比如商鞅。

商鞅為姬姓，公孫氏，名鞅，先期在衛國，以衛為氏，稱「衛鞅」，後入秦得賜商地，即以商為氏，稱「商鞅」。

秦始皇是嬴姓，趙氏，那麼，他的兒子也應該是嬴姓、趙氏，至於扶蘇和胡亥，只是他們的名而已，沒有稱氏。如果要稱呼全，正確的叫法是「趙扶蘇」和「趙胡亥」。

《荊軻刺秦王》寫的是史實嗎？

《荊軻刺秦王》應該是歷史事實，即歷史上發生過這樣一件事，有過荊軻這麼一個人。但《史記・刺客列傳・荊軻傳》裡所記載的許多細節，實在是經不起推敲。

我來簡單說一下《史記・刺客列傳・荊軻傳》裡面那些不合情理的地方吧。

首先，司馬遷似乎是為了突出荊軻是一位奇人，寫了荊軻與蓋聶論劍、與魯句踐下棋兩件事。

蓋聶一瞪眼睛，荊軻就垂下腦袋，灰溜溜地走了。

魯句踐一聲喝斥荊軻就離開棋盤，默默地離開了。

這麼寫，是別有深意嗎？

這麼寫，只能讓人知道荊軻是個怯懦無爭的人，僅此而已。

或者，作者是想透過這兩個平淡無奇的情節來表現荊軻的深藏不露？

看不出來。

只是感覺荊軻與狗屠喝酒、與高漸離擊筑唱歌那一段，有點意思。

再有，刺秦行動是何等大事，但燕太子丹居然在易水邊送行，搞得轟轟烈烈，唯恐別人不知。

荊軻刺秦的過程，也非常不合理。

荊軻左手執秦王的衣袖，右手持淬了劇毒的匕首直刺，難度接近於零，卻居然撲了個空，功敗垂成。這就有點違背常識了。

秦始皇一真一假的兩枚傳國玉璽

《後漢書·徐趚傳》引衛宏註記載，秦始皇統一六國後，令良工用藍田山美玉製成玉璽，據稱璽鈕雕如龍魚鳳鳥，刻有丞相李斯以大篆書寫的「受命於天既壽永昌」八字，稱為「傳國璽」。

「傳國璽」誕生，從此便成了「皇權神授、正統合法」的信物，無數野心家將之視如一統天下的象徵。

西元前206年10月，劉邦率兵先入咸陽，秦亡國之君子嬰將「天子璽」獻給劉邦。

劉邦建漢登基，將傳國玉璽珍藏於長樂宮，號稱「漢傳國璽」。

第五章　一統天下：始皇奮起制六合權

西漢末，王莽篡權奪位，逼迫王太后交出玉璽。王太后氣惱之下，將玉璽丟到地上，玉璽被摔掉了一角。

王莽登位，命人用黃金將缺角補上了，從此玉璽留下了瑕痕。

王莽敗亡，綠林起義軍從王莽屍身上找到傳國玉璽，獻給了新擁戴起來的更始帝劉玄。

劉玄後來被赤眉軍打敗，傳國玉璽就落到了由赤眉軍擁立的小皇帝劉盆子的手裡。

赤眉軍不過是烏合之眾，劉盆子只是個牧童，後來他投降了建立東漢的劉秀。

傳國玉璽由此重新成了漢朝的玉璽。

東漢末年，天下大亂。何進、袁紹等人誅殺十常侍，漢少帝倉皇出逃，混亂中遺失了傳國玉璽。

10餘年後，十八路諸侯討伐董卓。董卓西逃之前，放火焚燒了洛陽宮廷。

率先入洛陽救火的孫堅部下在洛陽城南甄宮井中打撈出一具宮女屍體，從她頸下錦囊中發現「傳國玉璽」！

孫堅欣喜若狂，欲將之據為己有。

袁紹哪會讓孫堅得逞？扣押孫堅之妻，逼孫堅交出玉璽。

袁紹兄弟雖得玉璽，在曹操眼中不過是「塚中枯骨」，很快被打著漢朝旗號的曹操給打敗。

傳國玉璽回到了漢獻帝的手裡，復歸漢家所有。

西元220年，曹丕逼漢獻帝禪位，收取了傳國玉璽，並命人在玉璽左

肩部刻下隸字「大魏受漢傳國璽」。

三國一統，玉璽歸晉。

西晉國祚不長，此後，八王亂起，中原動盪。

永嘉五年（西元311年），匈奴部、前趙劉聰攻陷洛陽，俘獲晉懷帝收繳了玉璽。

東晉咸和四年（西元329年），後趙石勒滅前趙，得玉璽，也模仿曹丕在玉璽右肩部加刻了「天命石氏」字樣。

不久，後趙大將冉閔殺石鑑自立，國號「魏」，史稱「冉魏」，接管了玉璽。

北方鮮卑慕容氏早有覬覦玉璽之心，於西元352年南下攻魏。

冉閔兵敗雖被擒殺，冉魏大將軍蔣幹等人卻拒絕肯降，輔佐太子冉智堅守冉魏都城鄴城，苦苦支撐，同時向東晉求救。

東晉據江東立國，一直以丟失玉璽為憾，而東晉皇帝也一直被民間譏稱為「白版天子」，接到冉魏的求援，東晉方面回答說，出兵援助可以，但要冉魏交還傳國玉璽作為出兵條件。

經過一番討價還價，傳國玉璽被送入東晉首都建康，成了晉王朝的囊中之物。

而冉魏雖然交出了玉璽，卻沒能改變其被滅亡的命運，兩個月後，鄴城被鮮卑人攻破。

鮮卑人取得了戰鬥的勝利，卻沒繳獲傳國玉璽，大失所望。

鮮卑族的慕容儁為了在政治上壓倒東晉，對外聲稱東晉人得到的是假玉璽，真的玉璽已經到了自己手中。

第五章　一統天下：始皇奮起制六合權

為了證明自己所言不虛慕，容儁宣布改元「元璽」。

慕容儁既然睜著眼睛說瞎話，公開造假，其他豪強梟雄也不用再羞答答了，紛紛私刻玉璽，聲稱自己的才是真璽。

後來西燕慕容永的玉璽、後秦的玉璽等，全是假貨。

而真玉璽在建康，隨著宋代晉、齊代宋、梁代齊，最後傳到了梁武帝蕭衍的手裡。

蕭衍晚年，南梁建康發生了侯景之亂。

侯景攻占了建康，得到了玉璽，但很快被殺。

侯景的手下趙思賢拿了玉璽，趁亂潛逃到了廣陵，卻又被一個叫郭元建的人搶走了。

郭元建將玉璽獻給了北齊的行台辛術，辛術呈給北齊朝廷。

取代了南梁的南陳沒了傳國玉璽，也只好自己私刻了。

當然，南陳的陳武帝是不可能對外承認自己是私刻的。他說，侯景死後，玉璽其被投到棲霞寺井中。自己手裡的璽，就是寺裡僧人從井裡撈出來的。

再說真玉璽的命運。

建德六年（西元 577 年）正月，北周武帝宇文邕滅北齊，擁有了傳國玉璽。

4 年後，外戚楊堅廢北周靜帝，建立隋朝，傳國玉璽即成了隋朝的國寶，改稱為「受命璽」，意為隋命天授。

西元 589 年，南陳滅亡，隋朝統一天下，隨即將眾多私刻的傳國玉璽通通沒收。

等隋失其鹿，天下共逐，傳國玉璽又落入了李唐皇室手中。

唐末朱溫篡位，短暫地掌握了玉璽一段時間。

朱溫的後梁滅亡，玉璽又被後唐統治者所得。

西元936年，後唐河東節度使石敬瑭以割燕雲十六州為條件，得契丹軍援助，猛攻洛陽。後唐末帝李從珂自知末日已到，懷抱著傳國玉璽登上玄武樓自焚。

大火被撲滅後，玉璽卻怎麼也找不到。

也就從這時起，玉璽再也沒有現世。

其後的後晉、後漢、後周、宋、元、明、清皇帝所持玉璽，全是自己私刻的。

其中的宋徽宗曾一口氣連刻了10方皇帝印璽！

在元成宗鐵穆耳時，右丞相張九思曾獻上一枚「傳國玉璽」，自稱就是秦始皇傳下的國璽。

明孝宗時，也有人給明孝宗獻「傳國玉璽」；後金天聰九年（西元1636年），皇太極也從察哈爾部林丹汗的遺孀蘇泰福晉那裡得到過一枚「傳國玉璽」……

不過這些「傳國玉璽」都是假的。

因為，那枚歷經各朝各代君王之手流傳下來的玉璽上所刻，乃是「受命於天，既壽永昌」8字，而且缺了一角，鑲補有黃金，左肩部刻有「大魏受漢傳國璽」、右肩刻有「天命石氏」字樣等特徵，而元成宗鐵穆耳等人所持都不具備。

也就是說，玉璽已在後唐末帝李從珂自焚之後徹底人間蒸發了。

第五章　一統天下：始皇奮起制六合權

但話說回來，後唐末帝李從珂自焚時所抱，其實也不是秦始皇最初刻製的「傳國玉璽」。

因為，早在西元前 219 年秦始皇南巡行至洞庭湖時，由於湖面風浪大起，秦始皇的御舟有被風浪掀翻之險。情急之中，秦始皇把原版傳國玉璽拋入湖中，祀神鎮浪。

洞庭湖深，且泥沙厚積，傳國玉璽入湖已不能再尋。

南巡結束，回到咸陽，秦始皇命人重新刻製了第二枚「傳國玉璽」。但為了維護自己的神授大權，秦始皇編造出一段神話，說 8 年後，車駕出巡到華陰平舒道時，有人拿著玉璽站在道中，對秦始皇的侍從說：「請將此璽還給祖龍（秦始皇代稱）。」言畢不見蹤影。傳國玉璽於是又回到了秦始皇手中。

由此可見，第一枚傳國玉璽自誕生後不久就永沉湖底了，而令 2,000 多年來無數野心家牽腸掛肚、爭奪不休的傳國玉璽，其實都是假貨。

▌秦二世繼位是一個陰謀？

2009 年北京大學接受捐贈，收藏了一批從海外代回來的西漢竹簡。

這批竹簡共有 3,346 枚，寶存情況良好，表面多呈褐色，質地硬實，字跡清晰，墨色鮮亮。其中《日書》（類似「皇曆」的占卜用書）等書簡上保存有硃紅色界欄和圖畫，色澤如新。它是目前所見戰國秦漢古書類竹簡中數量最大、保存品質最好的一批，是繼 20 世紀發現的馬王堆帛書、銀雀山漢簡、郭店楚簡、上博楚簡以及 2008 年入藏清華大學的戰國竹簡之後，問世的又一座出土典籍寶庫。

秦二世繼位是一個陰謀？

　　竹簡先入藏於北京大學博物館，由博物館提供專門的文物庫房以存放。

　　工作人員對竹簡進行了清理、剝離、處理，並進行了排版、拍照、記錄。並且對全部有字簡和無字簡（包括殘斷無字簡）進行編號，編號完成後分別放入容器中，用純淨水浸泡保存。之後正式成立相關研究所。

　　鑒於捐贈方的要求，北京大學無法透露入藏的這批竹簡的任何細節，但研究所所長表示，這批竹簡源於南方漢代墓葬，因為，竹簡上殘留泥土、編繩、絲織品和漆器殘片等都足以說明這一點。

　　事實上，從竹簡上出現的「孝景元年」字樣，可以明確推出竹簡產生於西漢中期。

　　這批漢簡共包含 17 種古書，其中有的古書已亡佚，有的雖未亡佚，卻殘缺不全，或獨具特色。

　　比如說，17 種古書之一的《趙正書》（趙正即為秦始皇嬴政）就是已亡佚的作品。

　　《趙正書》共有竹簡 50 枚，大多保存完好，總共近 1,500 字。大量記錄了秦始皇臨終前與李斯的對話、李斯被害前的陳詞以及子嬰的諫言等。

　　《趙正書》亡而復得，重見於天日，可以解開許多秦末歷史疑案。

　　比如說，太史公《史記》中寫胡亥為秦二世乃是李斯、趙高等竄改詔書所致。

　　但《趙正書》卻記胡亥的繼位是秦始皇聽從了李斯等人建言後明確認可的。其原文為：

　　昔者，秦王趙正出遊天下，還至柏人而病，病篤，喟然流涕長大息……謂斯曰：「吾非疑子也。子，吾忠臣也其議所立。」丞相臣斯、御史臣去疾昧死頓首言曰：「今道遠，而詔期群臣，恐大臣之有謀，請立子胡

第五章　一統天下：始皇奮起制六合權

亥為代後。」王曰：「可。」王死而胡亥立即殺其兄扶蘇、中尉（蒙）恬。

負責本卷整理的教授、研究所副所長說：「書中稱『秦始皇』為『秦王趙正』，說明作者不奉秦朝為正統，很可能為六國貴族後裔所作。」對於《趙正書》所記的胡亥合法繼位，他們則認為：「《趙正書》只是說提供了另外一種可能，值得深入研究。但我們絕不能拿《趙正書》來否定《史記》，畢竟孤證不立。或許將來有更多的史料出土，我們才有可能得到答案。」

■ 趙高是太監？還惹出了「沙丘政變」？

憑藉「指鹿為馬」這一成語，趙高這個名字出現在了諸多專供兒童學習成語的幼兒讀物中。

可以說，不管趙高的名聲有多臭，他都算得上歷史名人。

但是，很多人對趙高的了解，只停留在「沙丘政變」、「指鹿為馬」這兩件事上。

《史記・秦始皇本紀》裡面記載的「沙丘政變」卻一直遭受後世史學家質疑。

一方面，《史記・秦始皇本紀》說：「始皇惡言死，群臣莫敢言死事。」這麼寫的目的，是想告訴讀者，秦始皇不肯面對現實，不談生死之事，還妄想著長生不老，所以不考慮身後的繼位問題。

緊接著，下面卻又寫「上病益甚，乃為璽書賜公子扶蘇曰：『與喪會咸陽而葬』」。也就是說秦始皇的車駕到了平原津（今山東平原南），他似乎想通了，深感自己將不久於人世，於是寫信給長子扶蘇，要他回咸陽參加

趙高是太監？還惹出了「沙丘政變」？

自己的葬禮。在這裡，秦始皇不但想到了死，還想到了自己的葬禮，可謂在思想上有了很大的進步。然而，這個進步又帶來了一個問題：您都已經料到等不到與扶蘇相見了，扶蘇到了咸陽只能參加葬禮，那麼，您如果真的想讓扶蘇繼承皇位，就應該說清楚，不能一句「與喪會咸陽而葬」就了事了。

但《史記・秦始皇本紀》裡沒有交代，下文只是說：「書已封，在中車府令趙高行符璽事所，未授使者。」

《史記・李斯列傳》裡，倒是借趙高之口兩次提到此事。一是趙高去找胡亥商量，說：「上崩，無詔封王諸子而獨賜長子書，長子至，即立為皇帝，而子無尺寸之地，為之奈何？」一是趙高去找李斯商量，說：「上崩賜長子書，與喪會咸陽而立為嗣。書未行，今上崩，未有知者也。所賜長子書及符璽皆在胡亥所，定太子在君侯與高之口耳。事將何如？」

但這只是趙高對「賜書」內容的演繹，原文未必如此。

關於這個「賜書」，《史記・秦始皇本紀》寫「乃為璽書賜公子扶蘇，」似乎是秦始皇親自書寫、落款、蓋印璽；而《史記・李斯列傳》卻又說是「令趙高為書賜公子扶蘇」，即秦始皇命令趙高代為書寫的。

不管怎麼樣，這個「賜書」是落到趙高手裡了。

那麼，秦始皇在書寫或趙高在書寫時，李斯在不在場呢？

應該是不在場的，否則，趙高就用不著跑到他的住處把這些情況一五一十地全盤相告了。

如此一來，問題來了。

既然李斯本來就不知道「賜書」裡面的內容，而趙高又一心要做矯詔大事，那就用不著跟李斯提秦始皇立扶蘇的事，直接說秦始皇立的就是胡

第五章　一統天下：始皇奮起制六合權

亥，不是省事多了？！

要知道，《史記‧李斯列傳》裡面說「斯長男由為三川守，諸男皆尚秦公主，女悉嫁秦諸公子」，李斯和秦始皇是多重兒女親家！

秦始皇共有 20 多個兒子和 10 個女兒，李斯有多少個兒子娶了秦始皇的女兒，又有多少個女兒嫁給了秦始皇的兒子，書中沒有說。

鑒於《史記‧李斯列傳》和《史記‧秦始皇本紀》都沒有講胡亥是李斯的女婿，那麼可以肯定一點：胡亥不是李斯的女婿。

李斯如果要參與矯詔行動，他未必會支持胡亥，倒是應該為他的女婿爭取繼承帝位。

而且，李斯是皇親國戚，官居左丞相身分、地位都比趙高高上許多，在能力方面，更是遠高於趙高，他完全可以不聽從趙高的擺布。

而從趙高的角度來說，他也應該有所顧忌，不可能找李斯密謀矯詔這種大逆不道的事。

退一萬步來說，趙高和李斯的這個「密謀」真的存在，也只能出自趙高之口，入於李斯之耳，旁人根本無從得知。

100 年後的司馬遷寫這樣的「密謀」，只能是杜撰。

所以，後世很多史學家認為，秦始皇的「賜書」裡不提繼承人則已，如果提繼承人，只能是胡亥，不可能是扶蘇。

有人認為，西周建立了嫡長子王位繼承制，扶蘇是嫡長子，秦帝國的繼承人應該是扶蘇。

但是，秦國地處西陲，對周禮並不是嚴格遵從的。

從秦襄公正式建國算起，在秦國 600 多年的歷史中，先後出現過 38 位太子，這 38 位太子中，只有 3 位是長子，所占比例很低。

可以說，秦始皇選擇公子扶蘇做太子的機率很小。

扶蘇「以數直諫上」，因為多次頂撞秦始皇，被秦始皇貶斥到上郡（今陝西榆林東南）充當蒙恬的監軍，早已離開政治中心，明顯是個邊緣人，很難成為帝位繼承人。

有人說，秦始皇這是在培養扶蘇的能力，讓他到北方「歷練」，為以後做太子做準備。

然而《史記・蒙恬列傳》裡有「（扶蘇與將軍蒙恬）暴師於外十餘年，居上郡」的記載，《史記・李斯列傳》更明確指出「今扶蘇與將軍蒙恬將師數十萬屯邊，今十有餘年」。

如果是普通的「歷練」也就一兩年，走走程序就好了。

但這是「十有餘年」，直接就是不待見啊。

前面已經說過北京大學在 2009 年接受捐贈的那批西漢書簡中一共包含 17 種古書，其中《趙正書》就明確指出，秦始皇將皇位傳給了胡亥。

秦始皇是很寵愛胡亥的。

《史記・秦始皇本紀》載：「少子胡亥愛慕請從上許之。」《史記・李斯列傳》載：「少子胡亥愛，請從，上許之。餘子莫從。」

秦始皇出巡，胡亥要求跟隨，馬上得到許可。「餘子莫從」，其他兒子一律不得相從。

可以說，即使秦始皇不是暴病死亡於沙丘臺（今河北邢臺廣宗縣西北的太平臺），胡亥被確立為太子的可能性也遠遠大於其他公子。

一句話，如果胡亥不是秦皇親立，借趙高幾個膽，他也不敢矯詔起政變。

第五章　一統天下：始皇奮起制六合權

前文說過了，扶蘇並不是善類，他是個連秦始皇都敢頂撞的主，他就是因為頂撞了秦始皇才被貶斥到上郡的，而與扶蘇搭檔的蒙恬也是個忠義剛烈之士。

最可怕的是，他們兩人執掌著 30 萬重兵，誰敢矯詔啊。

但從《史記‧李斯列傳》裡扶蘇和蒙恬接旨後的表現來看，秦始皇的詔書不是假的。

從以下分析可知，趙高很有可能沒發動過「沙丘政變」，所謂「沙丘政變」，那是後人栽贓而已。不過，趙高也的確不是什麼好人。

《史記‧秦始皇本紀》記「趙高故嘗教胡亥書及獄律令法事，胡亥私幸之」，即胡亥登上大位後，少不更事，很多政事都仰仗趙高替他決斷，秦朝大權就漸漸旁落到了趙高手裡。

李斯死後，趙高當上了丞相，不但搞出了一個「指鹿為馬」的鬧劇，還把秦王朝搞得烏煙瘴氣，最終把秦王朝搞垮了。

不過，後世對趙高有一個很大的誤會，認為趙高是一個「太監」。

現在所有與趙高有關的影視作品，都把趙高設計成一個下巴無鬚、說話尖聲細氣的閹人。

究其原因，是《史記‧李斯列傳》裡面提到趙高是「宦人」，有「宦籍」；而《史記‧蒙恬列傳》也說「趙高昆弟數人，皆生隱宮」。

後世讀者望文生義，認定了趙高就是一個閹人。

事實上，「宦人」、「宦者」或「宦官」等詞都是漢朝才出現的。

漢代星相家發現，天帝星旁邊時時都拱衛有一個名叫「宦者」的星座。由於這個原因「宦人」、「宦者」或「宦官」等詞就被用來指代侍候皇帝

的人，但並不專門指閹人。

把宦官和閹人畫等號，是東漢以後的事。

原因是東漢統治者規定宦官全部都得是閹人。

在中國，商代甲骨文中有形為「凸刀」的字，意指「閹割」，可見當時已有將人閹割的惡例，但未見有將閹人用作宮廷內侍的記述。

宮廷內侍開始使用閹人，最早的記載出現在《周禮》中，其內赫然有「宮者使守內，以其人道絕也」之語。

於是，閹人就和「宮」字扯上了關係。

不過，在西周時期，閹人只稱為「寺人」、「內豎」、「閽人」等。

新出土的張家山漢簡表明，「宦」，在秦漢時期，只表示在宮中內廷任職的意思。

「宦人」指的就是任職於宮內之人；「宦籍」指的就是用來記錄出入於宮門者的登記冊。

即司馬遷寫趙高是「宦人」、有「宦籍」其意並不是說趙高是個閹人，而旨在交代趙高是個任職於宮中的皇帝近臣。

至於《史記‧蒙恬列傳》說「趙高昆弟數人，皆生隱宮」，秦史專家在對睡虎地秦墓竹簡進行研究後指出，這個「隱宮」根本就是「隱官」的誤植。

睡虎地秦墓竹簡裡面提到的隱官，是官府開設的手工作坊，用來收容赦免後身體有殘疾的受刑者。

張家山漢簡裡也有對「隱官」的解釋，它既是指代刑滿人員工作的地方，也用來指稱刑滿人員，與宮刑和閹人完全沒有關係。

第五章　一統天下：始皇奮起制六合權

對於「趙高昆弟數人，皆生隱宮」的原因，《史記・蒙恬列傳》裡也解釋了，是因為「其母被刑僇」。

也就是說，趙高的母親因罪「被刑僇」。注意，不是閹割，趙高的母親「被刑僇」後，身體有殘疾，刑滿獲赦在「隱官」工作，和人結婚生下了趙高幾個兄弟。

另外，張家山漢簡又有「公士、公卒及士五（伍）、司寇、隱官子，皆為士五（伍）」的記載，意思是說，隱官生的兒子，其身分是無爵的士伍（士卒）。

趙高的母親是受過刑罰的隱官，身分低賤，趙高兄弟的身分是士伍，與普通的庶民相同。

那麼，身為一個普通庶民，趙高是怎麼走上仕途的呢？

《史記・李斯列傳》裡，趙高自己說道：「高固內官之廝役也，幸得以刀筆之文進入秦宮。」

即趙高走的是學史入仕的途徑。

張家山漢簡載：「史之子學史。」即史官是世襲。由此可推知，趙高的父親是個低階史官。

史學家猜測，趙高的父親極有可能是隱官中的下級文牘官吏，因此與在隱官工作的趙母婚配，生育了趙高與其兄弟。

趙高跟隨父親學史，不但通曉法律，而且精於書法。

東漢人許慎在《說文解字序》中寫道：「趙高作《爰歷篇》，取史籀大篆，或頗省改。」

北魏人王愔編纂的《古今文字志目》中開列了秦、漢、三國吳三朝書

趙高是太監？還惹出了「沙丘政變」？

法家共 59 人，其中就有趙高。

南朝宋人羊欣的《採古來能書人名》稱讚趙高「善大篆」。

唐人張懷瓘在《書斷‧卷上‧大篆》中稱：「趙高善篆。教始皇少子胡亥書。」

顯然，趙高並不是閹人，他父親也不是。

隋朝末年，在瓦崗建立了大魏政權的李密唾罵弒殺了隋煬帝的宇文化及，指責宇文化及是趙高、侯景一樣的禍國殃民之輩。

即趙高和侯景一樣，都不是閹人。

但受東漢、唐、宋、明、清諸朝發生的閹人禍國現象的影響，很多人都根據司馬遷留下的「宦人」、「宦籍」、「隱宮」等字眼認定了趙高就是個宦閹。

趙高本來有一個女兒，嫁給了參與「望夷宮之變」的咸陽令閻樂。

明朝學者郎瑛在著作《七修類稿》時，想當然地斷言：這不過是趙高的養女罷了。

當然，也有人曾為趙高翻過案，但沒能推翻趙高的「宦閹」身分。

清朝史學家趙翼根據《史記‧蒙恬列傳》中「趙高者，諸趙疏屬也」這句話，在他所著作的《陔餘叢考》中，把趙高說成了趙國公子，因趙國被秦國所滅，為報國仇家恨，不惜揮刀自宮，混跡入秦宮，目的是推秦滅秦，最後，終於達到了目的，雖為秦三世子嬰所殺，卻也含笑九泉。

早在趙翼之前，《皇明四朝成仁錄》的作者、有志於反清復明的史學家屈大均曾經寫詩讚美過趙高，詩云：

可憐百萬死秦孤，只有趙高能雪恥。

第五章　一統天下：始皇奮起制六合權

趙高生長趙王家，淚灑長平作血死。

報趙盡傾秦縣郡，報韓只得博浪沙。

但是，根據秦始皇對趙高的信任程度來看，趙高應當是秦國王室遠親，前面已經說了，按照先秦貴族禮制，男子用氏，女子用姓，趙高其實和秦始皇一樣，都姓嬴，趙是他的氏而已。

所以「趙高復仇」之說是不成立的。

關於趙高之死，《史記·秦始皇本紀》是這樣記載的：「子嬰遂刺殺高於齋宮，三族高家以徇咸陽。」即趙高死於秦三世子嬰之手。

但《趙正書》卻記載為：「秦王胡亥弗聽，遂行其意，殺丞相斯，立高使行丞相、御史之事。未能終其年，而果殺胡亥。將軍章邯入夷其國，殺高。」即趙高死於秦將章邯之手。

不管怎麼樣，趙高這個禍國殃民的敗類都是罪有應得。

■「秦三世」子嬰是秦始皇的什麼人？

雖說秦「二世而亡」但趙高等人又立了子嬰為傀儡皇帝。

子嬰這個傀儡皇帝僅僅當了 46 天，當劉邦兵入咸陽後，就匆匆終結了。

但，子嬰這個名字卻在史冊上記載了下來。

西漢的滅亡，也是滅於一個名叫「嬰」的傀儡皇帝的身上。

與「秦三世」子嬰相比，西漢的亡國之君劉嬰的身分是非常明確的。

劉嬰是漢宣帝的玄孫、楚孝王劉囂的曾孫、廣戚侯劉顯的兒子。

元始五年十二月（西元 6 年），漢平帝劉衎病死。一意篡位奪權的外

「秦三世」子嬰是秦始皇的什麼人？

戚權臣王莽作為政權更替的過渡，藉口宣帝的年長後人與平帝都是兄弟輩分，不好做繼承人，開心地從宣帝玄孫中精心挑選了最年幼的劉嬰為繼承人。劉嬰當時才兩歲，尚在蹣跚學步、牙牙學語，王莽因此呼之為「孺子」，世稱「孺子嬰」。

僅僅過了兩年，王莽就大大方方地篡奪了政權，改號為「新」，把可憐的孺子嬰囚禁了起來。

孺子嬰被囚禁了15年，六畜不識，話也說不清楚。

更始二年（西元24年），更始帝劉玄兵入長安，斬殺王莽。

平陵人方望聚眾數千人起兵，擁立孺子嬰為天子。

孺子嬰茫然無知地在臨沂做了幾天皇帝，不久便被更始帝劉玄攻入臨沂的亂兵斬殺。

大略看下來，漢孺子嬰的命運和「秦三世」子嬰的命運是一樣的，而且名字也相同。

所以，有些人在談論起漢孺子嬰和「秦三世」子嬰時，總覺得他們的形象是一樣的：幼小、懦弱、任人擺布。

但「秦三世」子嬰其實是個很有見地的人。

史書對「秦三世」子嬰著墨不，多但有一事，令人印象深刻。

此事在《史記》中的〈秦始皇本紀〉和〈李斯列傳〉中均有記載。

《史記・秦始皇本紀》是這樣寫的：「（趙高）立二世之兄子公子嬰為秦王⋯⋯齋五日，子嬰與其子二人謀曰：『丞相高殺二世望夷宮，恐群臣誅之，乃詳以義立我。我聞趙高乃與楚約，滅秦宗室而王關中。今使我齋見廟，此欲因廟中殺我。我稱病不行，丞相必自來，來則殺之。』」

這件事說的是，趙高立子嬰為秦王。子嬰齋戒了5日，和他的兩個兒

第五章　一統天下：始皇奮起制六合權

子密謀說，趙高已經和楚人有約稱王漢中，而想拿他當作傀儡，子嬰裝病不去，趙高一定會親自前來查看，到時將他擊殺。

〈李斯列傳〉則記：「高（趙高）自知天弗與，群臣弗許，乃召始皇弟，授之璽。子嬰即位，患之，乃稱疾不聽事，與宦者韓談及其子謀殺高。高上謁，請病，因召入，令韓談刺殺之，夷其三族。」

不難看出，兩傳敘述語句雖然不同，但說的是同一件事。另外，前者比後者詳細，也更能看出子嬰看人看事準確，且多謀善斷，果決敢幹，一舉夷滅趙高三族。

但是，問題來了。

按照《史記‧秦始皇本紀》的說法，是「立二世之兄子公子嬰為秦王」而《史記‧李斯列傳》說的是「乃召始皇弟，授之璽」即子嬰的身分並不一致。

由此可知，司馬遷也無法確定子嬰的身分。

而「立二世之兄子公子嬰為秦王」這一句，不同的人會有不同的斷句。

有人會斷成：「立二世之兄，子公子嬰為秦王」，意思是立秦二世的兄長公子子嬰為秦王。

也有人會斷成：「立二世之兄子，公子嬰為秦王」，意思是立秦二世兄長之子，公子子嬰為秦王。

再加上《史記‧李斯列傳》說的「始皇弟」，那麼，子嬰可能是秦始皇的弟弟或者秦始皇的兒子，又或者秦始皇的孫子。

到底是兄弟，還是兒子，抑或是孫子呢？

根據以上資訊，我覺得是兄弟比較可靠。

原因如下：

1.《史記》明確交代胡亥是秦始皇最小的兒子，而胡亥繼位後，為清除兄長對自己皇位的威脅，已將之悉數除盡，所以，子嬰不可能是「二世之兄」，即不可能為秦始皇之子。

2. 如果說子嬰是秦始皇之孫的話，那麼，子嬰和他的兩個兒子密謀要殺趙高，意味著他的兩個兒子應當已經成年。而秦始皇死時僅50歲，試想想50歲的秦始皇可以四世同堂，並且重孫子已經成年，可能嗎？那不都快要五世同堂了？50歲的人要有五世同堂的場面出現，必須是10歲就要生育下一代才能達到，不合理啊。所以子嬰不可能是「二世之兄子」，即不可能是秦始皇之孫。

3. 說子嬰是「始皇弟」可靠，還可以參見《史記‧蒙恬列傳》。文中說秦二世上位後準備殺蒙恬、蒙毅兄弟二人。子嬰以趙王、燕王、齊王三個亡國之君來勸諫秦二世收手。雖然秦二世沒聽進去，但看得出，這比較像是長輩對晚輩說的話，而且，秦二世後來也沒對子嬰怎麼樣。

所以，子嬰應該就是秦始皇的弟弟。

■ 公子扶蘇的骨骸在秦始皇陵東部出現了？

2016年，英國廣播公司與國家地理聯合製作的紀錄片《秦始皇陵的驚天祕密》上線。影片中提到考古工作者在秦始皇陵東部發現了一個貴族男子的頭顱遺骨，該顱骨後嵌有一支弩箭。這支弩箭射入的位置非常奇怪，而從弩箭嵌入骨頭的深度來看，似乎是從很近的距離發射的，疑似是一種死刑的執行方式，和現代用手槍頂著罪犯的後腦勺執行槍決的手法相類似。

第五章　一統天下：始皇奮起制六合權

　　對於這個奇怪的顱骨，中國秦文化考古學家們得出了一個結論：頭顱的主人很可能屬於秦長子公子扶蘇。

　　為什麼這麼說呢？

　　專家們說，埋葬在頭顱旁邊的，全是皇家隨葬品。

　　而且，除了這個可能屬於秦長子公子扶蘇的頭顱外，墓穴中還有 6 顆頭顱，全部都是被處死的。這與傳說中秦始皇死後，諸皇子奪位，秦始皇的小兒子胡亥陰謀賜死扶蘇及其他兄弟的情況相吻合。

　　中國秦始皇陵墓遺址高級考古學家也認同這一推測。

　　可是，再怎麼說長公子扶蘇也算得上是一個歷史名人，關於他的生平以及死亡，史書上都是有明確記載的。

　　《史記‧李斯列傳》記：秦始皇有 20 餘子，扶蘇是秦始皇的長子，為人機智聰穎、有政治遠見，勇於直諫，忤逆到秦始皇，被貶到上郡監蒙恬軍。

　　為什麼會忤逆到秦始皇呢？

　　《史記‧秦始皇本紀》記：扶蘇為天下蒼生請命，反對實行「重法繩之臣」等政策，犯顏數直諫，被貶出秦國都。

　　那麼，扶蘇又是怎麼被處死的呢？

　　《史記‧秦始皇本紀》記：秦始皇巡行天下，行至沙丘時病重，特發璽書召令扶蘇至咸陽主持喪事並繼承帝位。但中車府令趙高和丞相李斯等人與秦始皇的小兒子胡亥暗自竄改始皇帝的遺詔，立胡亥為太子，即皇帝位。同時另書賜蒙恬和扶蘇死。

　　《史記‧李斯列傳》又記：趙高在偽造的始皇帝的詔書中指責扶蘇，說扶蘇多次上書直言誹謗皇帝，受到責備後日夜怨望，不忠不孝，特賜寶劍

以自裁。扶蘇熟讀儒家經典及百家言，深受儒家思想的影響，養成了仁懦的習性，奉旨自裁。動手前，他對蒙恬說：「父而賜子死，尚安復請！」

從史書的記載來看，扶蘇自殺，是用趙高偽託秦始皇的賜劍自裁，並不是被弓弩從腦後射死的。

而且扶蘇死後被葬於上郡。墓在陝西省綏德縣城內疏屬山巔。墓長30公尺，寬6公尺，高8公尺，立有石碑一座，上刻「扶蘇墓」大字，被譽為「天下第一太子墓」。現為受保護文物。

真搞不清楚為什麼會有人把秦始皇陵東發現的這顆顱骨指認為扶蘇顱骨，僅僅是因為有皇家隨葬品？

新出土的文字，將改寫秦朝歷史

2016年6月，湖南出現了連日強降雨，堤防潰堤。其中引起高度關注的是，收藏在當地岸邊一個小鎮博物館裡的文物。

這批文物，就是被譽為21世紀以來中國考古學上的「最偉大發現之一」的秦代簡牘。

秦王朝在中國的歷史中僅僅存在了15年，但它卻是中國政治與經濟體制發生重大轉變的關鍵時期，其所建立起的封建制度一直延續到辛亥革命以前。可是由於年代久遠，歷代戰亂不息，秦王朝的文獻資料和文物少之又少，正史史書關於秦朝的記錄不足千字，史學家要觸摸那段歷史，無疑是一種奢望。

號稱「世界八大奇蹟之一」的西安秦始皇兵馬俑規模宏大，遺憾的是，其中並沒有太多文字資料可供研究。

第五章　一統天下：始皇奮起制六合權

　　1975 年，在雲夢縣出土的一千餘枚秦簡，曾令全世界為之矚目。

　　人們也得以從中窺探到秦朝律法的真實面目，但對於政治、經濟、軍事、文化等諸多領域仍是望其門牆而不得入其宮，諱莫如深。

　　2002 年，在小鎮一口古井裡一口氣出土了 36,000 餘枚秦簡，含 20 餘萬字，轟動世界，為史學家研究秦史開啟了一扇全新的大門。

　　秦簡的整理結果表明，這批埋藏了 2,200 多年的簡牘，內容多為官署文件，紀年從秦王政二十五年至秦二世元年，記事詳細到月、日，十幾年連續不斷，是極為重要的百科全書般的日誌式實錄，也可以說是一部大秦帝國的編年史。它將改寫和填補《史記》、《漢書》中秦史記載的空白，為研究秦史的史學家提供一個百科全書式的實錄。

　　考古界和史學界宣稱，這些秦簡的出土，是繼兵馬俑以後秦代考古的又一驚世發現，價值可與殷墟甲骨文和敦煌文書等媲美！

　　一時間，「北有兵馬俑，南有秦簡牘」這句話流傳開來。

　　臺灣學者遊逸飛激動萬分地撰文寫著：「我們看到《史記・秦始皇本紀》輕飄飄的『書同文』三字，化為具體執行的政策時是多麼具有分量。過去我們只知道異形的六國文字是秦始皇統一文字的目標，現在我們了解異體字、方言乃至不一致的名號稱謂，都是秦始皇統一的目標。有誰想得到秦始皇連皇帝的『皇』字上半部是『白』還是『自』都要管？又有誰想得到秦始皇竟然不准楚人繼續把家裡圈養的牲畜喊作『豬』，從此以後必須改喊秦人慣用的『彘』？秦始皇想要統一的不只文字，還有語言。36,000 枚秦簡確實反映了高度一致的官方文書語言，反映秦始皇書同文、語同言的政策確實在廣闊的中國大地上推動，甚至曾在南荒深山小縣遷陵裡確切執行……古城交通極為不便，遷陵只是個位於楚國舊地的南荒深山小縣，

新出土的文字，將改寫秦朝歷史

但就在這樣一個鳥不生蛋的蠻荒山地，秦始皇卻寧願派遣大量的外地戍卒去駐守、大量的外地官吏去統治、大量的外地百姓移民入居，把當地土著全部趕出遷陵縣城之外，藉以保證統治的穩定，也不願意採取成本低廉卻富有實效的羈縻政策。若是對照湘西山地於東漢以後被武陵蠻盤踞宋、元、明、清都是當地土司固守的地盤，20世紀以前的中央王朝幾未有效統治過湘西山地，秦朝洞庭郡遷陵縣在湘西山地的強勢統治便益發令人驚異。南荒深山既已如此，秦朝對東方六國的遼闊平原又怎能不嚴加控管？秦始皇對廣土眾民的控制與壓抑，可能超乎過去學者的想像。古城雖小，卻帶給我們見微知著的可能性。」

的確，這36,000餘枚秦代簡牘的出現，令無數學者感到震驚和興奮。

出土秦簡所承載的文字，很有可能將改寫秦王朝的那段歷史。

比如說，簡牘中記有「遷陵以郵發洞庭」，意思是遷陵縣的郵件是發往洞庭郡的。司馬遷在《史記．秦始皇本紀》中寫道秦始皇統一中國後分天下為36郡，而其中卻並無洞庭郡。這短短的7個簡文，就推翻了流傳了2,000多年的權威說法。

又比如，秦簡中有一張遷陵縣衙罰款的單據，其中的「一盾」、「一甲」是指金額，意思是讓犯錯的人繳納一副盾牌或是一副鎧甲。「數耐」就是刮去鬍子和鬢角，在2,200年以前這是一種近似毀容的刑罰。受司馬遷《史記》的影響，世人都以為秦朝法律嚴苛，稱之為暴政。但是，犯罪後只要繳納一副盾牌或是一副鎧甲，或接受刮去鬍子和鬢角的懲罰就可以開脫，這與漢武帝要罰司馬遷高額款項以贖罪、當交不起罰款就要遭受宮刑相比，可以說是輕之又輕了。

最後提一筆，出土秦簡中還出現了中國最早、最完整的乘法口訣表。

第五章　一統天下：始皇奮起制六合權

該乘法口訣表竟與現今生活中使用的乘法口訣表驚人的一致，它為世界算術史的研究提供了一份珍貴的實物資料。另外，該乘法口訣表還涵蓋了不同於現代教科書的二半而一這樣的分數運算，可以說，秦簡改寫了世界的數學發展史。

2002 年，古城遺址被中國增列為保護文物，之後被授予「歷史文化名鎮」稱號。

然而，2016 年大雨導致潰堤，秦簡博物館被淹，出土秦簡的遺址也沒入水下。

不過在之後秦簡博物館釋出消息，稱館內保存的簡牘、青銅器、陶器、木器等相關文物已被提前轉移至安全地帶，所幸館藏文物未受到損傷。

■ 秦始皇陵為何不能挖掘？

秦始皇是千古一帝、中國歷史上第一位皇帝，氣吞河山，環抱六合，號為「祖龍」。

秦始皇陵規模宏大，氣勢雄偉，陵園總面積為 56.25 平方公里，陵上封土原高約 115 公尺，現仍高達 76 公尺，陵下封土下的地宮距現地表深約 30 公尺。地宮的周圍有近似方形的地下城垣。司馬遷在《史記‧秦始皇本紀》裡是這樣描述地宮裡的情形的：地宮建築猶如秦咸陽宮殿，內有百官位次，地宮屋頂砌築了紋石和明珠象徵日月星辰，地面還以水銀象徵百川江河。而且，這座埋藏著無數珍奇動物及物品的地宮中，據說還用東海中的一種形狀似人的四腳魚先煉成人魚膏，再做成蠟燭，永不熄滅地燃燒著，使地宮常年明亮同晝。為了防止盜墓賊進入，工匠在地宮內製作了神

秦始皇陵為何不能挖掘？

奇的機關暗弩，盜墓賊一旦接近墓門，便暗箭齊發，將之射殺於墓外。

高大宏偉、內設機關，2,000多年來使盜墓賊無從下手，也不敢下手。

因此，秦始皇陵保存得完整無缺，陵內數目巨大的寶藏對所有人都有無窮的吸引力。

經濟價值之外，考古、文化上的價值更是無法估計。

秦始皇陵內既然保存有完整的典籍文物，那挖掘秦始皇陵就成了縈繞在許多考古學家腦海裡的夢想。

但直到現在，都沒有人敢正式提出要發掘秦始皇陵，這是為什麼呢？

因為技術上做不到！

比如說，考古學家石興邦先生是極力主張挖掘乾陵的，但對於挖掘秦始皇陵，他萬萬不敢提。

曾有華僑放出豪語，稱如果挖掘秦始皇陵的話，他個人提供上億資金。

但石興邦告誡人們，現在誰都不能打秦始皇陵的主意，挖掘秦始皇陵只能造成千古遺恨。

石興邦先生力主挖掘乾陵的原因是：一、考古界已挖掘了很多大型唐墓，累積了不少的技術和經驗。二、乾陵裡面隨葬有眾多字畫、典籍，在條件足夠的情況下不主動挖掘，那隨著時間的推移，這些珍貴的文物就會在裡面慢慢損毀，從而完全消失。

也就是說，挖掘乾陵，是搶救，是保護；挖掘秦始皇陵，是破壞，是摧毀。

墓室內環境和外界差距極大，貿然挖掘，在文物保護技術不足的情況下，會大批次摧毀文物。

第五章　一統天下：始皇奮起制六合權

1950 年代，有歷史學家建議發掘明定陵。結果墓室開啟的一剎那，五彩斑斕的絲織品瞬間失色。

1970 年代，在挖掘聞名於世的長沙馬王堆漢墓時，數量巨大、種類眾多的紡織品和竹簡帛書，出土時光亮新鮮，出土後迅速氧化變色、變質、變形，不久就灰飛煙滅，化為了灰燼。

所以說在現階段的文物保護技術下，如果要挖掘秦始皇陵，只能搭一個全包圍的屏障，24 小時確保固定的溼度溫度以及各種條件，把自然環境和墓室完全隔開。這裡先不談各種先進的控制溫度、溼度的昂貴設備，就說這個全包圍的屏障，要籠罩總面積為 56.25 平方公里的陵園，有辦法嗎？

還有，司馬遷說秦始皇陵地下布置了用水銀做的江河湖海，而考古工作者用先進的儀器探測顯示，地下確有大量的水銀和金屬存在。想想看，在不能確保隔離水銀汙染的情況下挖掘秦始皇陵，鄰近區域老百姓的生命安全就會受到威脅。

所以，秦始皇陵還是安安靜靜地保持原狀好了。

▍秦始皇陵地宮裡有金雁一直在飛？

話說，楚霸王項羽兵入咸陽後，殺子嬰，燒秦宮，以天下共主的姿態，分裂天下而封王侯。

項羽認為，西周之尊莫若王，東周之尊莫若霸，於是各取「王」、「霸」一字自稱霸王，轄梁、楚九郡，占天下三十六郡的四分之一，囊括了整個黃淮平原，占據策略上和經濟上的優勢地位，又以居九郡之中央，

秦始皇陵地宮裡有金雁一直在飛？

舉天下南北之脊的彭城為都，坐制全國。

瓜分完秦地，項羽意猶未酣，還命人發掘秦始皇陵。目的有二：一、掠取墓中財寶；二、鞭秦始皇屍體以洩自己國滅家破之憤。

《三輔故事》記，項羽發動了 30 萬人挖掘秦陵。

可是，在挖掘過程中，突有一金雁從墓中飛出，衝上雲霄，一直向南。

奇怪的是，事過境遷，幾百年後，三國太守張善竟然在天空中見到了這隻飛翔不息的金雁。

《三輔故事》外《史記》和《漢書》都留下有「黃金為鳧雁」之說。

有人認為，先將黃金打造成薄片，然後製作成能飛的金雁，是非常有可能的。

因為，在春秋時期，著名的能工巧匠魯班就已經用木片製造出了木雁，能飛，一直飛到宋國城牆上。

由此可見，秦代是有能力製作會飛的金雁的。

於是，民間傳聞，金雁被埋入地宮之後，一直在不停地自動飛翔，並且一飛就是 2,000 多年。

不過，要一個金屬物體像風箏和氫氣球那樣在空中飛翔，如果沒有機械動力單靠自然界風力，不要說空中飛行，恐怕連起飛都成問題。而要依靠機械動力，從現代物理學的角度來看，世界上並不存在永動機，在沒有消耗能量的前提下，金雁是絕對不可能永不休止地飛翔的。

所以，民間傳聞，聽聽就好，不可當真。

第五章　一統天下：始皇奮起制六合權

第六章

宮闈祕辛：妃嬪宦官翻動風雲

第六章　宮闈祕辛：妃嬪宦官翻動風雲

■ 秦昭襄王的先祖母是怎麼演變成黎山老母的呢？

　　黎山老母又稱「驪山老母」或「梨山老母」。但正確的稱呼應該是「驪山老母」。

　　原因很簡單，世間沒有黎山和梨山，但有一座驪山。

　　驪山位於陝西省，是秦嶺山脈的一個支脈，景色翠秀，美如錦繡，是西周時驪戎故地，故有此稱。

　　秦國的歷代王陵，自秦昭襄王開始，至秦始皇止，皆建立在驪山之上。

　　秦昭襄王之所以選擇驪山為家族陵園，除了秦都咸陽離驪山近，還與一個傳說有關。

　　《史記‧秦本紀》記，秦昭襄王的先祖戎胥軒和驪山女結合，生下了後代，歸周保西垂。

　　《漢書‧律曆志》又記這個戎胥軒的妻子驪山女「亦為天子」，後世以之為女仙，尊為「老母」。這就出現了「驪山老母」的名字。

　　五代人杜光庭作《墉城集仙錄》貶損秦始皇，說：「驪山老母天姿綽約，風華絕代，嘗作閣道於驪山。秦時始皇帝遊玩時遇見，垂涎其美色，欲侮之！老母大怒，施法以懲。自此之後，不再以年輕容顏現世，而時時以老嫗面目示人，所以，人們均以『老母』相稱。」

　　這個傳說是違背倫理綱常的，因為秦始皇根本就是驪山老母與戎胥軒的後代嘛。

　　但杜光庭不管。

　　杜光庭既然可以亂來，那麼其他文人也跟著亂來了，不斷把各種傳說附會到驪山老母身上，使驪山老母的身分越來越複雜，關於她的事蹟也越

秦昭襄王的先祖母是怎麼演變成黎山老母的呢？

來越豐富。

在神怪小說《六部春秋》裡，驪山老母是齊宣王田闢疆正宮無鹽娘娘鍾無豔的師父；在《說唐》系列〈薛丁山徵西〉裡，驪山老母又成了西涼女將樊梨花的師父；在《趙匡胤三下南唐》裡，驪山老母則是高君保的妻子劉金定的師父；到了《北宋楊家將》裡，驪山老母又成了楊門女將穆桂英的師父……

最離奇的是，在「鐵杵磨成繡花針」的故事裡，驪山老母又成了那個用鐵杵磨針來激勵李白努力學習的仙人。

還有，在《雷峰塔傳奇》、《雷峰寶卷》中，白娘子都自稱師從驪山老母。

甚至還有刻本小說寫：祝英臺殉情之後，被驪山老母救活，教了她一身法術，成了長生不老的女劍仙。

當然，影響力最大的還是《西遊記》。

在該書中，驪山老母曾邀請觀音、文殊、普賢三仙變化成母女，以考驗豬八戒是否真有取經之心。

這麼一來驪山老母的身分變得尊貴起來，身為能驅使觀音、文殊、普賢三仙的人，難道不是身分至尊？

《封神演義》把驪山老母說成是興周伐紂的眾仙之一。由此，驪山老母的出現時間大大超前於《史記‧秦本紀》所記的了。

《紅樓夢》的作者說賈寶玉是女媧在驪山補天之「無材石」轉化，歷盡感情磨難，最終回歸仙界。

至此，「驪山老母」就成了後人對女媧氏的異名尊稱。

1972 年至 1979 年考古界在陝西挖掘了仰韶文化早期原始村落遺址——姜寨遺址，這前後十多次的挖掘，解開了女媧風俗淵源之謎，解開了女媧氏「繼興於驪」遺址是否存在的疑問，成了 20 世紀考古界的重大成就。

第六章　宮闈祕辛：妃嬪宦官翻動風雲

■ 秦晉聯姻中的懷嬴、文嬴是什麼來頭？

成語「秦晉之好」最先出自元人喬夢符的雜劇《玉簫女兩世姻緣》，意指兩家聯姻。

自古以來，兩家聯姻者數不勝數，為何單單以秦、晉兩國的聯姻組成詞語來使用呢？

那是因為秦、晉兩國的聯姻不只一次，且太出名了。

原本，在很長時間內，秦國是遭到其他諸侯國鄙視的。

要知道，其他諸侯國都是由周武王和周公分封得來的，得封為諸侯者要麼是周王室的同姓宗室子弟，要麼是異姓功臣宿將，要麼就是含神農、堯、舜、禹及商湯的後代在內的貴族。

秦國是其先人非子在周孝王朝養馬有功，得封地，從一個「附庸」小國慢慢發展壯大的。

也就是說，和其他諸侯國相比，秦國建國時間遲，而且地位低。

最慘的是，周孝王封非子的目的，就是讓秦人守邊，防衛犬戎人入侵。

秦人長期與犬戎人打交道，不自覺地沾染上了犬戎人的作風，而被中原人看不起。

秦國一代雄主秦穆公繼位後，為了提升自己國家的政治聲望，向中原的華夏族靠攏，他大起膽子，向晉國求親。

為什麼是向晉國求親而不是其他國？

原因有三：

一、晉國與秦國毗鄰；

二、晉國國力強大；

三、晉國的身分尊貴。

晉國的第一任國君是周武王的幼子、周成王之弟叔虞。

話說，西周初年，周武王崩，位於現在山西境內的唐國發生了叛亂。成王和弟弟叔虞一起在宮中玩耍，他隨手撿起了一片落在地上的桐葉，用剪刀剪成玉圭形，遞給叔虞，半開玩笑半認真地說：「拿好這個玉圭，我要封你到唐國去做諸侯。」陪伴在一旁的史官把這件事告訴了周公。周公問成王：「你要分封叔虞？」成王說：「玩笑而已。」周公板起臉說：「天子無戲言！」沒辦法，成王只好選擇吉日，把叔虞正式封為唐國的諸侯，史稱「唐叔虞」。

叔虞死，其子燮父繼位，遷都於晉水之旁，唐國改名成了晉國。

特別值得一提的是，西周末年，周幽王死後出現了周攜王與周平王「二王並立」的局面。當時，晉國的晉文侯和秦國的秦襄公都不約而同地選擇了支持僭越的周平王。

周平王替晉文侯作了一篇《文侯之命》，通篇都是溢美之詞，准許他在汾水流域擴張；而封給了秦襄公爵位，許以岐、豐之地。

這樣，在周平王東遷之後，秦、晉兩國都有了極大的發展。

不過，晉文侯死後，他的兒子晉昭侯有點傻，封自己的叔叔成師於曲沃。這個曲沃是一個比國都翼還要大的城，為後來的「曲沃代翼」埋下了伏筆。

「曲沃代翼」耗時 67 年，經過了三代人的生死血拚，最終在晉武公手裡完成。

晉武公在位僅兩年就薨逝了。

第六章　宮闈祕辛：妃嬪宦官翻動風雲

　　繼位的晉獻公是一位十分有作為的國君。他把都城定於絳邑，大肆擴張，西伐驪戎，北征皋落狄，滅霍、魏（此魏並非戰國之魏國）、耿、虞、虢，兼併了今山西中、南部多數國家，橫掃太行山以西。史稱其「西有河西，與秦接境，北邊翟，東至河內」。

　　秦穆公看中的就是晉獻公的長女伯姬，想聘為夫人，派大夫公子縶前往晉國求婚。

　　晉獻公讓太史占卜，得出的結論是：與秦國利於姻好，不利於戰爭。

　　於是，晉獻公同意了這門親事。

　　這是秦晉的第一樁婚姻。

　　再說回晉獻公。

　　晉獻公是個好色之徒。

　　晉獻公原先娶了山西姬姓小邦賈國的宗女，因賈姬沒有生子，後又娶了翟國大臣狐突的女兒。

　　在這裡特別說明一下，在周代婚姻制度中有一種「媵」、「妾」制，即貴族男子在娶嫡妻時，可以同時獲得若干個陪嫁的女子為妾，稱為「媵妾」。

　　晉獻公在迎娶狐突的女兒時，「靈活」依據這個制度，一次娶兩個，即娶了大戎狐姬和小戎子。

　　晉獻公一人娶狐突兩女的事情是引起過非議的。

　　第一，從狐姬的名字就可以知道，狐氏其實也跟晉獻公一樣，同為姬姓。為此《國語‧晉語四》批評說：「同姓不婚，惡不殖也。狐氏出自唐叔。」

　　第二，上面說了，「媵」、「妾」制是貴族男子在娶嫡妻時才適用的，

而晉獻公娶狐姬時，家裡已有嫡妻賈姬，這說明，他在娶狐姬姐妹時，可能是另立狐姬為正妻了。

大戎狐姬後來生下了兒子重耳，小戎子生下了兒子夷吾。

如果說晉獻公娶同姓女、「靈活」依據「媵」、「妾」制一人娶兩姐妹還不算好色。那麼晉武公死後，他「烝於齊姜」，與父親的寵妾齊姜亂倫，就非常過分了。

齊姜後來生下了兒子申生和女兒伯姬。

西元前672年，晉獻公攻打驪戎，俘獲了驪戎之女驪姬、少姬。

晉獻公又一次娶了這兩姐妹，讓驪姬為自己誕下了兒子奚齊，讓少姬為自己誕下了兒子卓子。

晉獻公又把驪姬立為正妻了。

按照周代的繼承制度，「有嫡立嫡，無嫡立長」，晉獻公之前立了齊姜的兒子申生為太子，但他喜歡上了驪姬後，又想改立驪姬的兒子奚齊。

那麼，為了成功立奚齊為太子，他有必要立驪姬為正妻。

如此一來，晉獻公把後宮私生活的混亂延伸到了政治上，導致申生被殺，重耳和夷吾分別奔入了翟國和梁國。

西元前651年9月，晉獻公薨。

晉獻公的心腹大臣荀息奉奚齊為晉侯，自己當相國，加封幫助驪姬奪嫡的外臣梁五、東關五為左右司馬。

原執掌軍事大權的里克是申生的堅定支持者，看見申生被害，早已憤憤不平，這下眼看自己的軍權被剝奪，更加憤怒。他聯合起丕鄭等人，暗殺了奚齊，準備迎重耳回國為國君。

荀息卻又搶先立了少姬的兒子卓子。

第六章　宮闈祕辛：妃嬪宦官翻動風雲

里克於是再殺卓子。

從而，晉國局勢大亂。

裡克連弒兩個幼主，掌握了國家大權，然後派人去翟國迎接重耳。

重耳弄不清國內形勢，害怕回國被害，婉言謝絕。

國不可一日無君呀！

里克憂心如焚，只好派人去梁國迎夷吾。

夷吾比重耳聰明，他也擔心回國會有危險，但不肯錯失良機，他苦思冥想想出了一條萬全之策：去與自己的姐夫秦穆公做交易，由秦國出兵助自己回國，事成之後，割讓晉國在黃河以西的 5 座城池給秦國。

秦穆公之前與晉國結親就想著與晉國共霸中原，現在夷吾想讓秦國幫他，秦穆公覺得如果這筆交易成功，秦晉兩國的關係就更堅固了，何況，還有 5 座城池的報酬呢。

他爽快地答應了下來，派兵協助夷吾回國繼位。

這樣，夷吾順利繼位，是為晉惠公。

晉惠公是個忘恩負義的人，他坐穩了位子後，誅殺了里克、丕鄭、七輿大夫，違背當初對秦穆公的許諾，拒絕交出 5 座城池。

但這還不是最糟糕的。

晉國遭遇了荒年，秦國慷慨贈米，助其度過難關。

而當秦國遭遇上了荒年，晉惠公不但拒絕向秦國賣一粒米，還乘人之危發兵攻打秦國。

晉惠公在韓原大戰中被秦軍俘獲。

不過，看在夫人伯姬的分上，秦穆公還是放了晉惠公。

秦晉聯姻中的懷嬴、文嬴是什麼來頭？

至此，晉惠公不得不表示自己的誠意：讓自己的兒子太子圉到秦國當人質，並將黃河以西的地方獻給秦國。

按照《左傳・僖公・僖公十七年》裡面的說法，在「晉太子圉為質於秦」時，秦穆公為了籠絡公子圉，「歸河東而妻之」，不但歸還了黃河以東的地方給晉國，還許配了一個妻子給他。

不久，晉惠公病重，太子圉擔心國君的位置會落入別人的手中，趕緊偷跑逃回了晉國。

第二年，晉惠公薨，太子圉立，是為晉懷公。

晉懷公與秦國不相往來。

為了剪除後患，他加緊迫害逃亡在外的伯伯重耳，勒令當初隨同重耳逃亡的晉人必須在限期內回到晉國，否則抄其家、滅其族。

在這種情況下，秦穆公決定幫助重耳當上晉國國君。

他把逃到楚國的重耳接過來，以極為隆重的禮節接待，《史記・秦本紀》裡寫「秦怨圉亡去，乃迎晉公子重耳於楚，而妻以故子圉妻」，即把晉懷公的妻子改嫁給了重耳。

西元前636年，秦穆公發兵護送重耳入晉，殺了晉懷公。

重耳當上了晉國的國君，是為晉文公。

晉文公後來在秦國的協助下，尊王攘夷，敗楚於城濮，成了繼齊桓公之後的又一位春秋霸主。

總結以上：在秦穆公在世時，秦、晉兩國間一共聯姻了三次。

第一次是秦穆公娶晉獻公之女伯姬。

第二次是秦穆公為了籠絡公子圉，「歸河東而妻之」，許配了一個妻子

第六章　宮闈祕辛：妃嬪宦官翻動風雲

給太子圉。

第三次是秦穆公為了籠絡重耳,「妻以故子圉妻」,把太子圉的妻子改嫁給了重耳。

公子圉就是後來的晉懷公,史書把他的妻子稱為「懷嬴」。「懷」是晉懷公的諡號,「嬴」是她的姓。

重耳就是後來的晉文公,史書把晉文公的妻子稱為「文嬴」。「文」是晉文公的諡號,「嬴」是她的姓。

因為《史記‧秦本紀》寫有「妻以故子圉妻」,很多人由此認為懷嬴和文嬴根本就是同一個人。

懷嬴和文嬴絕不可能是同一個人!

我們要知道,西元前 628 年冬,晉文公死。秦穆公急於進入中原以成霸業,他趁晉、鄭兩國舉行國喪,發兵穿越晉境,襲擊鄭國但未能得逞。秦軍在班師經過崤山時,遭到了晉軍阻擊孟明視、西乞術和白乞丙等三位秦軍主帥被俘。當時,文嬴用嫡母的身分說服了晉襄公,釋放了孟明視三人歸國。

《史記‧秦本紀》是這樣記載的:「文公夫人,秦女也,為秦三囚將請曰:『繆(穆)公之怨此三人入於骨髓,願令此三人歸,令我君得自快烹之。』晉君許之,歸秦三將。」劉宋裴駰在《史記集解》中特別強調,說這位「秦女」就是「繆(穆)公女」。

《左傳‧僖公‧僖公三十三年》在記載這件事的時候,寫「文嬴請三帥曰:『彼實構吾二君,寡君若得而食之,不,厭君何辱討焉!使歸就戮於秦,以逞寡君之志,若何?』公(晉襄公)許之,先軫朝。問秦囚。公曰:『夫人請之,吾舍之矣。』」杜注云:「文嬴,晉文公始適秦,秦穆公所妻夫

秦晉聯姻中的懷嬴、文嬴是什麼來頭？

人，襄公嫡母。」

從這兩則史料可知，秦穆公之女在晉文公死後，依從晉文公的諡號，被稱為「文嬴」；而又被晉襄公稱為「夫人」，可知她不是晉襄公生母，卻是晉文公的嫡夫人。因為，按周朝宗法禮制，凡庶出子女，都必須以其父之正妻為嫡母。

可見文嬴身分尊貴。

晉襄公死後，趙盾與狐射姑討論擁立誰為國君，《左傳・文公・文公六年》記載：「賈季（狐射姑）曰：不如立公子樂。辰嬴嬖於二君，立其子民必安之。」杜注云：「辰嬴，懷嬴也。二君，懷公、文公也。」

狐射姑所說的辰嬴就是懷嬴。

為什麼把懷嬴改稱辰嬴呢？

楊伯峻在《春秋左傳注》中做了解釋：「謂之懷嬴者，當時猶晉懷公之妻也。後又嫁文公，故今改謂為辰嬴，辰或其諡也。」

對於這位辰嬴，趙盾的看法是：「辰嬴賤，班在九人，其子何震之有？且為二嬖，淫也。」即她是晉文公九位妻妾中地位最低的，名列在第九位，卑賤不足道，不應該立她的兒子公子樂為晉國國君。

由此可見，文嬴和懷嬴（辰嬴）不是同一個人。

不過從「辰嬴嬖於二君」一語，我們也知道，懷嬴的確是先嫁給了晉懷公，後來再嫁晉文公的。

關於懷嬴的再嫁，《左傳・僖公・僖公二十三年》裡面是這樣描述的：「秦伯納女五人，懷嬴與焉，奉匜沃盥。」意思是說，秦穆公把5個女子許配給了晉文公，懷嬴也在其中，負責替晉文公端洗臉水。

第六章　宮闈祕辛：妃嬪宦官翻動風雲

前面說了，周代婚姻制度中有一種「媵」、「妾」制，即貴族男子在娶嫡妻時可以得到若干個陪嫁的女子，即媵妾。秦穆公一次許配了5個女子給晉文公，其中有文嬴，也有懷嬴。

也正是這個原因，《史記・秦本紀》裡面出現了「妻以故子圉妻」的描述。

按照「媵」、「妾」制度晉文公在所娶5女中，正妻只能有一人，其餘皆為媵妾。而《國語・卷十・晉語四》在表述「秦伯歸女五人，懷嬴與焉。公子使奉匜沃盥，既而揮之」一語時，韋昭注曰：「婚禮，嫡入於室，媵御奉盥。」即正妻可以登堂入室，而媵妾只能端洗臉水。

事情很明顯了，文嬴、懷嬴等5人同嫁晉文公，文嬴成了晉文公夫人，懷嬴只是一個媵妾。

另外，懷嬴、文嬴的婚事都是由秦穆公處理的，懷嬴出嫁在先，文嬴出嫁在後。從這一點上說，論年歲，應該是懷嬴長於文嬴。

那麼，為什麼會出現年幼的文嬴成了正妻，而年長的懷嬴只是一個媵妾呢？

唯一的解釋就是：文嬴是秦穆公的親生女兒，懷嬴只是秦國宗室女。

其實，關於懷嬴只是秦國宗室女，《史記・秦本紀》也有交代：「夷吾獻其河西地，使太子圉為質於秦。秦妻子圉以宗女。」即懷嬴就是秦國的宗室女。

另外，《史記・晉世家》記載，晉惠公病重，太子圉想攜帶懷嬴一起偷溜回晉國，懷嬴拒絕說：「子一國太子，辱在此。秦使婢子侍，以固子之心。子亡矣，我不從子，亦不敢言。」即從懷嬴說話的口氣來看，她的確不像是秦穆公的親生女兒。

在《左傳‧僖公‧僖公二十二年》的記載中，懷嬴的回答更加卑微。太子圉問她：「與子歸乎？」她答：「子，晉太子，而辱於秦，子之欲歸，不亦宜乎？寡君之使婢子侍執巾櫛，以固子也。從子而歸，棄君命也。不敢從，亦不敢言。」

一句話可看出來，文嬴和懷嬴不但不是同一個人，而且還不是同父姐妹，她們的身分差了一大截。

重耳與齊姜的愛情感動到您了嗎？

晉惠公（重耳弟弟夷吾，前面已經提到過）即位後要面對的第一件大事，就是派宦官履鞮帶領一批殺手到翟國追殺哥哥重耳。因為哥哥的存在，對他的君位形成了巨大的威脅。

在這種情況下，翟國不能再待下去了。

重耳對舅舅狐偃及謀士趙衰等人說：「此地不可久留，齊桓公好善，志在霸王收恤諸侯。如今他的得力謀臣管仲、隰朋已死，急需賢佐，正是我等投奔之所，我們到齊國去！」

眾人都點頭贊同。

重耳匆匆丟下了季隗和兩個幼小的兒子，再次踏上逃亡之路。

季隗覺察，發狂追出了很長一段距離。

重耳從馬車上跳下，嚴肅地吩咐說：「待我二十五年不來，乃嫁。」

季隗悲憤莫名，慘笑一聲，回答說：「犁二十五年，吾塚上柏大矣。」

重耳一時語塞，沉著臉，爬上馬車，絕塵而去。

第六章　宮闈祕辛：妃嬪宦官翻動風雲

經過一番輾轉流離，重耳終於來到了齊國。

故事的重點來了。

在講述重爾故事的連續劇裡，齊桓公的小女兒齊姜，聰明活潑，機靈搗蛋，是齊桓公的掌上明珠。她經常女扮男裝到處遊蕩，結識了重耳。齊姜被重耳的善良和才華吸引，對其產生了愛慕之情。但齊姜公主深明大義，在晉國內亂時，力勸重耳回到晉國主持大局。為了幫助重耳達成大願，她甚至不惜和家人作對，利用齊國的力量盡力幫助重耳……

必須承認，連續劇裡的這些情節是有些歷史影子的。

但齊姜並不是齊桓公的女兒，更不是齊桓公的掌上明珠。

西漢人劉向《列女傳・晉文齊姜》中說得非常清楚：「公子重耳與舅犯奔狄。適齊，齊桓公以宗女妻之。」即重耳與舅舅子犯（狐偃）等人先是逃亡到了狄國（亦作翟國），後來出奔齊國，齊桓公將一個齊國的宗室女子許配給他。

也就是說，重耳在齊國娶的女子，和申生的母親一樣，都是齊國的宗室女子，史書統一稱之為「齊姜」。

重耳娶的齊姜，是一個不簡單的女子。

重耳到齊國這年，已經 55 歲了。

按照《列女傳・晉文齊姜》所寫，重耳到了齊國，立刻忘了與季隗分別時的悲痛，一頭栽進了新的溫柔鄉中。

他每日與齊姜耳鬢廝磨，說不盡的幸福快樂，不知今夕何夕。

在快樂之餘，重耳愜意無限地說：「人生安樂而已，誰知其他。」

狐偃等人聽了這話，認為重耳這是喪失了大志，不忍看他就此沉淪，

大家聚集在桑林裡，商議著怎麼勸他離開齊國。

隔牆猶有耳，何況是在桑林中呢？

狐偃等人在桑樹下熱烈討論，沒料到有一個養蠶女在桑樹上採桑葉，將他們的討論內容一字不落地聽入了耳中。

這個養蠶女心地善良，生怕重耳這一偷溜，齊姜就要守一輩子活寡。

等狐偃等人散去，她從樹上下來，趕緊向齊姜報告，一股腦地把聽來的全部告訴了齊姜。

誰知齊姜竟然拿刀將這個好心的養蠶女砍死了。

接著，齊姜非常賣力地勸重耳離開齊國。

但和連續劇裡演的有些不同。電視劇裡的齊姜勸重耳，表現出更多的是愛；而《列女傳·晉文齊姜》中的齊姜勸重耳，表現出的更多是嫌棄，好像巴不得重耳這個糟老頭快點離開似的。她講了很多大道理，在勸說無效的情況下，乾脆把重耳灌醉，再與狐偃等人一起合力抬重耳上馬車，送他離開。

不過，《列女傳·晉文齊姜》的結局寫得很美好，彷彿童話裡王子與公主的結局一樣。原文是這樣的：「秦穆公乃以兵內之於晉，晉人殺懷公而立公子重耳，是為文公。迎齊姜以為夫人。遂霸天下，為諸侯盟主。」

意思是說，重耳離開齊國後，得到了秦國穆公的支持，除掉了晉懷公（重耳弟弟夷吾的兒子），成了晉文公。晉文公後來迎齊姜回晉國，讓齊姜做了自己的正夫人。晉文公後來還稱霸天下，成了諸侯盟主。

重耳與齊姜的故事，還見於《國語·晉語·齊姜勸重耳勿懷安》。前面的敘述，與《列女傳·晉文齊姜》基本上是相同的，但沒有齊姜灌醉重耳，與狐偃等人抬重耳上車的情節，更沒有「迎齊姜以為夫人」這樣的話。

第六章　宮闈祕辛：妃嬪宦官翻動風雲

重耳後來有沒有「迎齊姜以為夫人」呢？

讀過《殽之戰》的人都知道，西元前 628 年冬，重耳（晉文公）死。秦穆公急於進入中原以成霸業，他趁晉、鄭兩國舉行國喪，發兵穿越晉境，襲擊鄭國，但未能得逞。秦軍在班師經過殽山時，遭到了晉軍阻擊，孟明視、西乞術和白乙丙等三位秦軍主帥被俘。當時，秦穆公的女兒文嬴用嫡母的身分說服了晉襄公，孟明視三人才得以被放回國。

《殽之戰》摘自《左傳・僖公・僖公三十三年》，原文寫道：「文嬴請三帥，曰：彼實構吾二君，寡君若得而食之，不厭，君何辱討焉！使歸就戮於秦以逞寡君之志，若何？公（晉襄公）許之，先軫朝。問秦囚。公曰：夫人請之，吾舍之矣。」

晉人杜預所作註解是：「文嬴，晉文公始適秦，秦穆公所妻夫人，襄公嫡母。」

另外，《史記・秦本紀》也這樣記載：「文公夫人，秦女也，為秦三囚將請曰：『繆（穆）公之怨此三人入於骨髓，願令此三人歸，令我君得自快烹之。』晉君許，之歸秦三將。」

劉宋裴駰在《史記集解》中特別強調，說這位「秦女」就是「繆（穆）公女」。

從這兩則史料可知，秦穆公之女在晉文公死後，依從晉文公的諡號，被稱為文嬴；而又被晉襄公稱為「夫人」，可知她不是晉襄公生母，卻是晉文公的嫡夫人。

不難看出，重耳的正夫人就是秦穆公之女文嬴，絕非什麼齊姜。

而從「辰嬴賤班在九人」的說法中，我們知道，晉文公重耳一共有九個妻妾。

清人俞正燮所著的《癸巳存稿》裡詳細考證了這九個妻妾的身分，並沒有齊姜！

再一次強調，古人妻妾中正妻只有一個，其餘都是妾。

依據晉文公妻妾的家世背景及其本人為晉文公所做貢獻，她們在晉文公後宮地位依次如下。

重耳能繼位為君，全賴文嬴的父親秦穆公，正妻就是文嬴，這沒什麼好說的。

排第二的是偪姞。偪姞是周王室之女，她嫁給重耳時，重耳還沒流亡，她為重耳生下了長子歡，即以後的太子歡，也是後來的晉襄公。

排第三的是季隗。季隗在翟國與重耳度過了浪漫而快樂的十二年時光，還替重耳生下了伯鯈和叔劉兩個兒子。

排第四的是杜祁。杜祁嫁得比季隗早，她與偪姞都是在重耳尚未流亡時就嫁過來的。有可能，她嫁得比偪姞還要早，只不過，她的兒子公子庸比太子歡出生晚罷了。

排第五的是一個周王室之女，該女生子黑臀，就是後來的晉成公。

排在六、七、八、九位的是秦國的四個媵女。

同為媵女，懷嬴為什麼排在了第九位呢？

有人認為，辰嬴是秦穆公之女，只不過她是先嫁給了太子圉（晉懷公），再嫁給晉文公的，所以排在第九。

但是，《史記・秦本紀》在寫秦穆公將她許配給太子圉（晉懷公）時，有交代：「夷吾獻其河西地，使太子圉為質於秦。秦妻子圉以宗女。」即懷嬴也是秦國的宗室女，並不是秦穆公的女兒，否則也不會淪落到第九位了。

第六章　宮闈祕辛：妃嬪宦官翻動風雲

顯而易見，晉文公的九個妻妾中，沒有齊姜。

那麼，冷酷而真實的史實就是：晉文公回國繼位後，已經忘了齊姜了，壓根就沒有接她到晉國。

▋中國首位太后，史書著墨不多

前幾年，長達 81 集的電視劇《芈月傳》在各大電視臺熱播，讓觀眾全面地了解了秦國從秦惠文王到秦昭襄王的那一段歷史。

劇中的主要人物「芈月」也成了人們熱議的話題。

「芈月」之名，史不見載。

但按照《芈月傳》的人物設定，這個「芈月」，就是秦宣太后。

秦宣太后的事蹟，散見於《史記》和《戰國策》兩書中的某些章節，著墨不多。

根據這些章節，大致可以勾勒出秦宣太后的人生軌跡。

且讓我們逐一翻出來看看。

《史記・秦本紀》記：「秦武王取魏女為後，無子，其死後群臣立其異母弟繼位，是為昭襄王。秦昭襄王的母親為楚國人，姓琇氏，號宣太后。」

另在《史記・穰侯列傳》中，由於穰侯魏冉是宣太后的弟弟，這裡透過對穰侯的介紹，我們也知道宣太后「其先楚人，姓芈氏」。

即《史記》作者司馬遷對宣太后的姓氏提供了兩種說法：一、姓琇氏；二、姓芈氏。

二者孰是？

司馬遷在《史記・楚世家》中寫道，楚之先祖出自帝顓頊高陽，高陽是黃帝之孫，他的後代陸終生有6個兒子，其中的老六名叫季連。關於這個季連，司馬遷說：「季連，羋姓，楚其後也。」即季連是羋姓的始祖，楚國貴族都是他的後人。季連的後代熊繹被封於荊蠻時，司馬遷也說：「封熊繹於楚蠻，封以子男之田，姓羋氏居，丹旭。」

所以，宣太后應該姓羋。

實際上，《史記・穰侯列傳》也有進一步的交代：「秦武王卒，無子，立其弟為昭王。昭王母故號為羋八子，及昭王即位，羋八子號為宣太后。」

世人因此一致認定宣太后為羋姓。

宣太后前期被稱為羋八子，是因為秦惠文王的後宮分八級：皇后、夫人、美人、良人、八子、七子、長使、少使。宣太后號為「羋八子」，可知其在秦惠文王後宮地位不高。

從「羋八子」華麗蛻變成了「宣太后」，宋代人高承在《事物紀原・卷一》中指出：「《史記・秦本紀》曰：『昭王母羋氏，號宣太后。』王母於是始以為稱。」即他認為宣太后是中國歷史上第一個太后。

由於《史記・穰侯列傳》的文末有「范雎言宣太后專制，穰侯擅權於諸侯」之語，宋代人陳師道在《後山集・卷二二》斷言：「母后臨政，自秦宣太后始也。」他認為，宣太后不僅是中國歷史上的第一個太后，也是中國歷史上第一個臨朝主政的太后。

而《史記・秦本紀》又記：「四十二年，安國君為太子。十月，宣太后薨葬芷陽酈山。」這裡說的「四十二年」，是指宣太后的兒子秦昭襄王在位42年。有人因此在秦宣太后臨朝主政的時間上，加了一個期限──41年。

第六章　宮闈祕辛：妃嬪宦官翻動風雲

《史記》除了在《史記・秦本紀》和《史記・穰侯列傳》這兩個地方提到宣太后，還在《史記・匈奴列傳》記載了宣太后做下的一件驚世駭俗的大事稱：「秦昭王時，義渠戎王與宣太后亂，有二子。宣太后詐而殺義渠戎王於甘泉，遂起兵伐殘義渠。於是秦有隴西、北地、上郡，築長城以拒胡。」

義渠是東周時期活躍於涇水北部至河套地區的一支游牧民族，長期與秦國發生戰爭。經過秦惠文王和秦武王兩代人的打擊，最終歸順了秦國。但秦武王死，秦昭襄王新即位，主幼國危，義渠又出現了不肯受馴服的苗頭。宣太后於是利用義渠國王入秦朝拜之機，與其私通，跟他生了兩個孩子。後來將之誘至甘泉宮斬殺。秦國隨後發兵吞併了義渠國。

以上，就是《史記》中關於宣太后的全部記載了。

對於宣太后這一舉止，有人譽，有人毀。

馬非百先生站在譽的角度上，在他所著作的《秦集史》中大加讚嘆，宣太后這一舉止的功勞不遜於張儀、司馬錯攻取巴蜀。

接下來再看看《戰國策》對宣太后的記載。

《戰國策・秦策三・五國罷成皋》記載：西元前 287 年，齊、趙、韓、魏、楚五國合縱攻秦未能成功，在成皋（今河南省滎陽市西）停戰。秦昭襄王想讓韓國公子成陽君兼任韓、魏兩國的國相。後方的宣太后透過穰侯魏冉向秦昭襄王提出了自己的建議，勸他不要任用成陽君。

《戰國策・韓策二・楚圍雍氏五月》記：西元前 307 年，楚軍包圍韓國的雍氏長達 5 個月。韓襄王憂心如焚，派使者尚靳到秦國求援。秦宣太后說什麼「妾事先王也，先王以其髀加妾之身，妾困不疲也；盡置其身妾之上，而妾弗重也」。

此兩處記載，充分展現了宣太后握有實權。

《戰國策・魏策一・秦敗東周》記載：西元前 293 年，戰神白起率秦軍打敗了東周，殺了魏國將領犀武。魏昭王準備派人到秦國議和。有人請纓前往，在為魏昭王分析秦國國情時提到了宣太后，他告訴魏昭王，秦國的事都是宣太后說了算。

這也從側面反映出，宣太后在秦國有一言九鼎的地位。

在《戰國策・秦策三・范雎至秦王庭迎》裡，范雎批評秦昭襄王，說：「足下上畏太后之嚴，下惑奸臣之態。」在《戰國策・秦策三・應侯謂昭王》中，范雎再次批評秦昭襄王：「今太后使者分裂諸侯，而符布天下操大國之勢強徵兵，伐諸侯。戰勝攻取，利盡歸於陶；國之幣帛，竭入太后之家。」

對於范雎的這兩次批評，秦昭襄王都連連稱是，不斷檢討自己。由此說明宣太后的確是執掌了秦國的大權。

《戰國策・秦策二・秦宣太后愛魏醜夫》裡講述了宣太后晚年的私生活。她十分寵愛情夫魏醜夫，在生病即將去世時，傳令讓魏醜夫為自己殉葬。年輕力壯的魏醜夫不甘心，請庸芮出面說情才得免。

《戰國策・魏策四・芮宋欲絕秦趙之交》提到，魏臣芮宋極力要與趙國建立邦交，向秦王提出收回魏國過去贈給秦太后的土地，秦因此與趙國絕交。

《戰國策・魏策三・魏將與秦攻韓》裡面說的是，魏國有意聯合秦國攻打韓國，韓臣朱已告誡魏王說：「秦國與戎人、狄人的習俗相同，有虎狼之心，貪暴好利，不講信義，不懂得禮義德行。如果有利可圖，就不顧父母手足親情，噬人如同禽獸。」然後朱已以宣太后和穰侯被秦昭襄王廢黜

第六章　宮闈祕辛：妃嬪宦官翻動風雲

為例說：「太后母也，而以憂死；穰侯舅也，功莫大焉，而竟逐之。」

與之相類似的是，《戰國策・燕策二・秦召燕王》記：秦王邀請燕王結盟，蘇代趕緊勸阻燕王，大講秦國不守信義，又列舉了宣太后和穰侯失勢之事。

綜合上述記載，我們得知，秦宣太后是楚國人，姓芈，屬於楚國貴族，參與了楚、秦聯姻，成了秦惠文王的妾姬，但在後宮中的地位不高。秦惠文王死，秦惠文王與惠文後所生之子秦武王繼位。秦武王在位僅3年，因舉鼎被砸死。其膝下無子，王位傳給了宣太后的兒子秦昭襄王。宣太后因此得以太后的身分主政41年，死後葬於芷陽驪山（今陝西西安臨潼區驪山）。

可以說，關於宣太后的故事，實在少得可憐。

馮夢龍著作長篇歷史小說《東周列國志》，只在第九十七回〈死范雎計逃秦國，假張祿廷辱魏使〉中安排宣太后短暫登場，戲份不多。

然而，《芈月傳》的作者卻放飛想像的翅膀，杜撰了許多曲折離奇的情節，並鋪陳敷染成如此氣勢恢宏的歷史大劇，實在讓人佩服。

《芈月傳》的作者為什麼會替宣太后取了個「芈月」這麼富有詩意的名字呢？

該作者稱，學者陳景元曾根據秦始皇兵馬俑上的殘字「芈月」和出土於阿房宮的筒瓦上有秦惠文王妃子「芈月」的合體陶文，推測出了芈八子的名字叫芈月，於是《芈月傳》裡就用了「芈月」這個名字。

但是，陳景元說秦始皇兵馬俑上的殘字為「芈月」二字，那只是他的一家之言。其他考古學家都一致認為那不是「芈」、「月」兩個字，而是一個字「脾」。

秦史專家徐衛民指出：兵俑上所刻的字，通常都是工匠的名字，沒有誰會想到刻一個太后的名字上去。

另外，陳景元說的出土於阿房宮筒瓦上秦惠文王妃子「芈月」的合體陶文，並沒有什麼人見過，僅僅出自他本人的描述，非常可疑。

主持考古挖掘阿房宮遺址的副研究員曾極其肯定地說：「目前尚未在阿房宮遺址內發現寫有『芈月』的合體陶文。」

劉瑞還說，《史記‧秦始皇本紀》中說得已經很清楚：阿房宮是秦始皇於西元前212年下令建造的，說阿房宮遺址內會出現秦惠文王妃子「芈月」的合體陶文，根本不合理。

其實靜下心想一想，就知道像「芈月」、「芈姝」、「魏紓」這種名字，多半出自現代人的編造，先秦時期是不大可能出現這種名字的。

另外，在《芈月傳》裡面，宣太后被寫成是楚國國君楚威王的女兒，充當了嫡公主芈姝的陪嫁媵侍，一起嫁給了秦惠文王。

但並沒有任何史料可以證明宣太后和惠文後是同父異母的姐妹。

▌秦始皇有立皇后嗎？說說那些與秦始皇有關的女人

秦始皇號稱「祖龍」、「千古一帝」，民間關於他的故事很多，但緋聞很少。

當然，這並不意味著秦始皇不好色。

杜牧寫《阿房宮賦》，極力渲染秦始皇後宮女子之繁，稱：「雷霆乍驚，宮車過也，轆轆遠聽，杳不知其所之也。一肌一容，盡態極妍，縵立

第六章　宮闈祕辛：妃嬪宦官翻動風雲

遠視，而望幸焉，有不得見者三十六年。」

但無論杜牧怎麼渲染，沒有誰能從相關史料中指得出這眾多中任何一個人的名字，更沒有誰說得出最受秦始皇寵愛的女子是誰。

受司馬遷《史記・秦始皇本紀》和《史記・李斯列傳》的影響，一直以來人們都認為是趙高、胡亥、李斯合謀矯詔，透過進行「沙丘政變」，篡奪了扶蘇的繼位權。大家的依據無非是，按照西周傳下來的嫡長子繼承制，帝位應該要傳給嫡長子的，胡亥是幼子，帝位不應該落在胡亥身上。

但是，扶蘇與胡亥，到底哪一個才是秦始皇的嫡子？沒有誰說得清楚。大家只知道，《史記・秦始皇本紀》有提到「少子胡亥愛慕請從」即胡亥是秦始皇幼子；而《史記・李斯列傳》裡趙高提到的「無詔封王諸子而獨賜長子書」，即扶蘇是秦始皇長子，僅此而已。

另外，所有史書都沒有記載秦始皇正妻的名字，可能他與這位正妻的感情不好。

《初學記・卷十・中宮部・皇后第一》載：「秦稱皇帝，正嫡曰皇后，漢因之。」

帝王稱皇帝，帝后稱皇后，屬於秦始皇首創。這說明秦始皇是有立皇后的。再來說說與秦始皇有關的女人。

秦二世胡亥登基之後，為了消除禍患，向自己的兄弟揮起了屠刀，其中有 6 位公子戮死於杜，3 位公子先囚後殺。《史記・李斯列傳》又說秦二世即位後，有公子 12 人戮死咸陽市，有 10 位公主死於杜。另有一位公子高求為先帝殉，葬於驪山腳下。

史學家推斷，秦始皇的子女有三十幾人，比漢高祖劉邦多多了。

那麼，秦始皇寵幸過的女子定然不在少數。

可是和秦始皇有關的女人，正史上可以查得到的，共有 3 個。

一個是生於巴地名叫清的寡婦。

《史記‧貨殖列傳》中記載：「巴寡婦清，其先得丹穴，而擅其利數世，家亦不訾。清，寡婦也，能守其業，用財自衛，不見侵犯。秦皇帝以為貞婦而客之，為築女懷清臺。」

巴寡婦清的夫家經營丹砂礦業，家資雄厚，她在丈夫死後，以弱質女流之身，操持起偌大的家業，「用財自衛，不見侵犯」，很了不起。

秦始皇一方面欣賞她的能力，一方面為了嘉獎她的堅貞，在咸陽召見了她，並在送她回巴地後，命人為她築起一座「懷清臺」。

司馬遷因此情不自禁地讚嘆道：「清，窮鄉寡婦，禮抗萬乘，名顯天下，豈非以富邪？」

秦始皇之所以如此敬佩與讚賞巴寡婦清這位「貞婦」，有人推測，跟他的母親趙姬的「不貞」有關。

趙姬是第二個與秦始皇有密切關係，且《史記》上有記載的女人。她原本是「趙豪家女也」，即趙國富豪人家的女兒，被衛國大商人呂不韋納為家姬，被在趙國充當人質的秦始皇之父異人看中並從呂不韋手中索去。嬴異人壯年早逝，趙姬成了太后，私生活混亂，與假太監繆毒私通，生有兩子。讓人生氣的是，這個繆毒無法無天，竟敢自稱是秦始皇的「假父」，還發動了叛亂。秦始皇悲憤交加，平定了變亂後，將繆毒五馬分屍，並將繆毒的兩個兒子摔死。

這裡要說的第三個與秦始皇有關的女人是孟姜女。這個人，原本與秦始皇毫無關係，但民間訛傳太廣，沒關係也變成有關係了。

孟姜女的原型是「杞梁妻」，即杞梁的妻子。

第六章　宮闈祕辛：妃嬪宦官翻動風雲

杞梁是春秋時齊國的大夫，其生活年代比秦始皇早了300多年。

《左傳》中記載：齊莊公四年（西元前550年），齊師伐衛、晉，回師襲莒，杞梁在激戰中被俘而死。「杞梁妻拒齊莊公郊外弔唁。」

後來《禮記》把「弔唁」的情形具體化，說杞梁妻「哭之哀」。

戰國時期，《孟子》加強了杞梁妻「哭之哀」的效果，說「杞梁之妻哭其夫而變了國俗」。

「杞梁妻拒齊莊公郊外弔唁」的情節由此變成了「杞梁妻哭夫」。

西漢人劉向編著《列女傳》，在「杞梁妻哭夫」之後，別出心裁地增加了「城牆為之崩塌」、「壯烈投淄水」的結局，感人心懷。

東漢人王充的《論衡》補充了「城牆為之崩塌」的「細節」，說杞梁妻的哭聲震崩了杞城的城牆，一共有5丈之多。

西晉人崔豹作《古今注》，把杞城寫成了一座富有感知能力的神城，說它受不了杞梁妻撕心裂肺的哭聲，「感之而頹」。

北魏人酈道元編《水經注》引《琴操》文把王充、崔豹等人說的杞城改成是莒城，理由是杞梁是死在莒城爭奪戰中的。

唐代詩僧貫休覺得杞城、莒城都是小城，氣勢不夠宏大，杞梁妻要哭就必須哭倒長城！

所以他在《杞梁妻》中把杞城、莒城改成了長城。

那麼，原本發生在春秋時期的事就被他來了個乾坤大挪移，挪到了秦代。

貫休詩《杞梁妻》開頭的第一句，就是「秦之無道兮四海枯，築長城兮遮北胡」。

從此，秦始皇就和杞梁妻扯上關係了。

不過，在貫休的詩裡，杞梁妻還是杞梁妻，被寫成是「杞梁貞婦」。

把「杞梁妻」改成了「孟姜女」應該發生在明代。

因為明代徵發民夫修築長城，民間怨苦，有人要借古諷今。

不過，可能有人知道杞梁是春秋時期的人，與被秦始皇徵發去修築長城的背景嚴重不符，就偷偷地把「杞梁」改為了「萬喜梁」或「范喜良」。

這麼一來，「萬喜梁」或「范喜良」修築長城，孟姜女千里送寒衣，然後哭夫十日，萬里長城轟然倒塌，這一系列情節就串聯成一個完整的故事了。

秦始皇和杞梁妻的生活年代相隔了300多年，卻被人們硬生生地拼湊在了一起。只能說，秦始皇的感情生活隱藏得太深了，要編造一則故事，都這麼困難。

秦始皇嬪妃與皇子面容復原了？

話說，2012年有99座古墓在秦始皇陵的西北部被發現。

專家們根據墓地的方位和排列情況斷定，這99座古墓都屬於秦始皇陵的陪葬墓。

挖開一看，每座古墓中埋著的果然幾乎都是女性屍骸。

結合《史記》中的秦二世胡亥把後宮中沒有生孩子的嬪妃全部處死，為秦始皇陪葬的文字來看，這些女性屍骸就是那些陪葬的嬪妃遺骸了。

專家對這些屍骸的面容一一進行了復原。

讓人詫異的是，一座規模較大的古墓裡的一具屍骸，被復原之後，竟

第六章　宮闈祕辛：妃嬪宦官翻動風雲

然擁有深邃的眼眶，以及高挺的鼻梁，這赫然是中亞人或者是歐洲人的面孔！

這是怎麼回事？

專家介紹說，顱面復原用電腦生成肖像，運用深度學習算法和大型解剖資料庫重建了人的主要面部特徵，他本人對研究結果充滿信心。即這位有著中亞人面容的秦始皇后妃可能是波斯人，甚至歐洲人。

但秦始皇帝陵博物院考古工作部主任卻認為這位女性看起來不像西方人，而且亞歷山大大帝在秦始皇大一統的100年前，已經征服了波斯和印度部分地區，即秦始皇時代的中國與西方不太可能有廣泛頻繁的接觸，歷史文獻和考古證據並不支持秦始皇后妃有波斯人甚至歐洲人的假設。下一步，秦始皇帝陵博物院預計對這具遺骸進行DNA檢測，希望能提供更多她身世的線索。

另外，在秦始皇陵外城牆東側有10多座墓地。考古專家經過挖掘研究，認為這些古墓的主人應該就是當年被胡亥斬殺的兄弟姐妹，也就是秦始皇的子女。

按照司馬遷在《史記》中的說法，以及其他史料的記載，秦始皇共有33位子女，除胡亥在趙高、李斯合謀下篡得皇位，其餘32人皆死於非命。

考古專家專門復原了一位「秦始皇之子」的容貌，推斷他是位30歲左右的男子，有橄欖形的眼睛和一個大鼻子。

但是秦始皇出生於西元前259年（比出生於西元前256年的劉邦僅僅大3歲），暴斃於西元前210年，享年49歲，其被毒死的長子扶蘇死時也沒超過30歲，這位30歲的男子是怎麼回事？是專家弄錯了，還是司馬遷的記載有誤呢？這些謎需等後人去揭開。

▍虞姬為什麼要自殺呢？

　　傳說西楚霸王項羽被韓信十面埋伏、兵圍垓下，一籌莫展，計無所出只能在營帳中喝悶酒，靜聽四面楚歌，心慌意亂之際，拔劍悲歌一曲：「力拔山兮氣蓋世，時不利兮騅不逝，騅不逝兮可奈何，虞兮虞兮奈若何！」他心愛的姬妾虞姬悲從中來，穿戴起華貴漂亮的衣飾，拿過項羽手中寶劍邊舞邊歌：「漢兵已略地，四方楚歌聲；大王意氣盡，賤妾何聊生。」歌畢，自刎身死。

　　這一段傳說，自古以來，深入人心。

　　就連歷史學家李敖也為此讚不絕口，揮筆寫了一篇極其煽情的文章，名曰：美人的死和英雄的死。

　　文中寫道：「虞美人是偉大的中華兒女，她是美人，有一個英雄的死；相對的，楚霸王，另一個偉大的中華兒女，他是英雄，卻有一個美人的死。」

　　又說：「如今，虞美人長眠定遠荒塚，楚霸王飲恨烏江古渡一切的楚河、一切的漢界，都在世棋起落之中，雲散煙消，只留下這兩場美人的死和英雄的死，給後人憑弔。『力拔山兮氣蓋世……虞兮，虞兮，奈若何！』為英雄美人，我流淚。」

　　殊不知所謂的「虞姬殉情」原本就是一個傳說！

　　《史記・項羽本紀》未曾提到這個美人殉情的事。

　　且讓我們來看看《史記・項羽本紀》裡的相關紀載：項王則夜起，飲帳中。有美人名虞，常幸從；駿馬名騅，常騎之。於是項王乃悲歌慷慨自為詩曰：「力拔山兮氣蓋世，時不利兮騅不逝。騅不逝兮可奈何，虞兮虞

第六章　宮闈祕辛：妃嬪宦官翻動風雲

兮奈若何！」歌數闋，美人和之。項王泣數行下，左右皆泣，莫能仰視。於是項王乃上馬騎，麾下壯士騎從者八百餘人，直夜潰圍南出，馳走。

這裡，根本沒有交代虞姬的結局，只是說項羽丟下虞姬及數十萬軍隊於不顧，溜之大吉了。

虞姬真的殉情了嗎？

司馬遷的《史記》中沒有記載，那麼是否有其他史料可供證明呢？

班固在《漢書・司馬遷傳》中說：「司馬遷據《左氏》、《國語》採《世本》、《戰國策》，述《楚漢春秋》，接其後事，訖於天漢。」

也就是說，司馬遷著《史記》時參考過《楚漢春秋》。《楚漢春秋》乃漢初陸賈所著，至南宋時亡佚。《楚漢春秋》中的確記載有項羽和虞姬喝酒唱和的事，其中「美人和之」的和歌便是上面提到的「漢兵已略地，四方楚歌聲」一歌，不過，這首歌歷來被認為是後世偽作，因為秦漢沒有這麼成熟的五言詩，且《楚漢春秋》也同樣沒有交代虞姬的結局。

於是，人們就按照自己的想像，認定虞姬是飲劍殉情了。「霸王別姬」的悲情故事從此在中國文學長廊裡發酵，發酵成為一曲蕩氣迴腸的愛情絕唱。

人們怎麼就不能好好想想，向來以治史嚴謹著稱的司馬遷為什麼不寫虞姬的結局呢？

恐怕，這裡面有一個殘酷得讓人無法直視的真相：虞姬，其實是霸王親手殺死的。

《太平寰宇記》卷一二八「濠州鍾離縣」條記載：「虞姬塚在縣東南六十里，高六丈，即項羽敗，殺姬葬此。」

第七章

天下崩亂：秦亡群起割據諸侯

第七章　天下崩亂：秦亡群起割據諸侯

▋秦滅六國，劉邦做了哪國的「亡國奴」？

秦滅六國，劉邦做了哪一國的「亡國奴」呢？

這個問題並不容易弄清楚。

《史記‧高祖本紀》交代了劉邦的出生地，說：「高祖沛豐邑中陽里人。」

必須說明一下，東漢學者應劭曾解釋說：「沛，縣也；豐，其鄉也。」《史記集解》中孟康也稱：「後沛為郡而豐為縣。」

即沛原先是一個縣，而豐是一個鄉；後來沛改為郡，豐改為縣。

據說，以前豐縣老縣衙門區有云：「古宋遺風，漢皇故里。」

說明了劉邦故里，在春秋戰國時期屬於宋國領地。

事實上，豐縣不但屬於宋國，還是宋國最後一任國君宋王偃的都所。

但《史記‧宋微子世家》記：「王偃立四十七年，齊湣王與魏、楚伐宋，殺王偃，遂滅宋而三分其地。」

宋王偃四十七年就是西元前286年，這一年，宋國被齊、魏、楚三國聯手瓜分了。

請注意這個時間點：西元前286年。

然後，我們不妨來看一下劉邦的出生年。

裴駰的《史記集解》引用西晉人皇甫謐的說法：「皇甫謐曰：高祖以秦昭王五十一年生，至漢十二年，年六十二。」秦昭王五十一年就是西元前256年。

如果皇甫謐的說法可靠，那麼劉邦就出生於西元前256年。

秦滅六國，劉邦做了哪國的「亡國奴」？

不難看出，劉邦降生時，宋國已經滅亡了30年。

即劉邦不能算是宋國人，但他父親劉太公可能是。

《漢書‧高帝紀》引用有漢元帝時專門掌管皇族相關事務的宗正、漢朝封國楚元王劉交四世孫劉向說過的話：「漢帝本系，出自唐帝，降及於周，在秦作劉，涉魏而東，遂為豐公，豐公蓋太上皇父，其遷日淺，墳墓在豐鮮焉。」

這裡提到的太上皇，是指劉邦的父親劉太公；而太上皇父指的就是劉邦的爺爺。

這段話的意思是：劉氏本是唐帝後裔，先祖在秦國時以劉為姓，後來遷入魏國。劉邦的爺爺被魏王封為豐公，因為遷到豐邑時間太短，所以豐邑沒有劉氏先人的墳墓。

這說明，劉邦一家是在他爺爺輩才搬到豐邑的。

不過，劉邦爺爺這個「豐公」並不是宋國封的，而是魏國封的，這是怎麼回事？

《史記‧楚世家》說：「（楚頃襄王）十五年，楚王與秦、三晉、燕共伐齊，取淮北。」

頃襄王十五年，也就是西元前284年，楚王聯合了秦、魏、韓、趙、燕五國伐齊，攻取了齊淮北之地。

豐邑屬於淮北之地。按照這條記載，宋國滅亡後，豐邑先是被齊國占領兩年之後，又落入了楚國手裡。

不過《史記‧楚世家》又記：「（楚頃襄王）十八年，楚人有好以弱弓微繳加歸雁之上者，頃襄王聞，召而問之。對曰：『……還射圉之東，解魏左肘；而外擊定陶，則魏之東外棄，而大宋、方與二郡者舉矣。』」

第七章　天下崩亂：秦亡群起割據諸侯

　　這段文字說的是：楚頃襄王十八年（西元前281年），楚國出現了一個善用小弓射擊北歸鴻雁的人，頃襄王慕名傳召他前來問話。他用射箭來比喻攻略六國，其中提到回頭射擊圉的東部，就等於斬斷魏國左肘；射擊定陶，就會迫使魏國放棄東部要地，那麼，就可以輕鬆合拿下大宋、方與這兩個郡了。

　　「大宋」，就是今河南商丘及安徽碭山一帶，而「方與」為今山東嘉祥及江蘇豐縣一帶。

　　由此可知，豐邑已為魏國所得。

　　那麼，劉邦的爺爺被魏國封為豐公，應該是楚頃襄王十八年，即西元前281年前後的事。

　　即劉邦的父親劉太公並不是宋國人，也沒屬於過齊國，他和劉邦都應該屬於魏國人。

　　上面所引劉向的話裡，其實前面還有一句「秦滅魏，遷大梁，都於豐」，即魏國都城大梁被秦國占領後，魏國的流亡士大夫，又以豐邑為新都組建了流亡政府，繼續抗秦。

　　劉邦後來起事，留雍齒駐守豐邑，自己出征薛地。

　　陳勝乘機讓魏國人周市前來攻城。

　　雍齒沒有做太多考慮就投降了。這其中除了有雍齒不服劉邦的因素，還有一個原因，就是豐邑城有大多魏國人。

　　劉邦回來三次攻打豐邑，都未能攻下，也充分說明豐邑是按國都標準修建的。

　　而結合周市勸降雍齒說的那句話——「豐，故梁徒也」也可以推知，在秦滅魏國時的西元前225年，豐邑還是屬於魏國。

秦滅六國，劉邦做了哪國的「亡國奴」？

當然，楚國比魏國多存在了兩年，豐邑後來被楚國占領了，從這一點上來說，劉邦原本是魏國人，因為魏國亡了，他就成了楚國人，也未嘗不可。

秦滅六國，豐縣被併入了沛縣，劉邦當上了沛縣泗上亭長。由於泗上是前楚國沛縣屬地，秦的沛縣縣治也是前楚國沛縣縣治，劉邦從此居住到了前楚地沛縣城鄉，受楚風薰陶，善楚歌、能楚舞，也為他的楚人身分增添了幾分色彩。

重要的是，楚國南公死前留下了「楚雖三戶，亡秦必楚」的詛咒，陳勝、項羽叔姪都以楚人的身分反秦，並且得到了廣大民眾的支持和響應，劉邦以楚人身分投入反秦洪流之中，也不足為奇了。

有人也許會感到奇怪：劉邦先屬魏，再屬楚，當了兩次「亡國奴」，為何他在反秦過程中沒提過半句關於「亡國之恨」的話呢？

其實，在天下諸侯共尊周天子的西周，各諸侯國的子民並不是很看重自己所在諸侯國的國籍的。

即使到了春秋戰國時代，對那些志在四方、一心要施展抱負的人來說，他們也不會被自己所在的諸侯國的國籍所羈絆。

比如說，百里奚本是齊國沒落宗室子弟，早年在齊遊學，壯年投虞為大夫，虞為晉滅，奔楚牧牛，最終入秦為相。

又比如商鞅，他本是衛國國君的後裔，衛國人，入魏侍奉魏國國相公叔痤，再入秦效力。

再比如范雎，出生於魏國，先入齊，後事秦。

還有張儀，魏國人，長大後遊走於趙、楚、秦等國，成名於秦國。

與張儀齊名的蘇秦，雒陽人，得燕昭王賞識，使齊，一度兼佩六國相印……

第七章　天下崩亂：秦亡群起割據諸侯

秦滅六國，六國原貴族子弟不甘淪為平民，不斷以恢復故國為口號，一種「故國情懷」才突然然興起。

比如漢初開國功臣張良，他的祖上三代為韓丞相，因韓被秦所滅，他就積極圖謀恢復韓國，結交刺客，並在古博浪沙行刺秦始皇。

陳勝和吳廣在大澤鄉率眾起兵，因為兩人的家鄉原先都是在楚國境內，起義之後，就以「張楚」為國號，意思是「張大楚國」。

還有項梁、項羽叔姪，先是擁立景駒為楚王，後來又擁立楚懷王的孫子芈心為義帝，打出了楚國旗號。

劉邦除了出身不顯，和張良、項羽這些人不可比之外，還要注意前面劉向那句話裡說的「在秦作劉，涉魏而東，遂為豐公」，即劉邦的爺爺原本就是從秦國遷到魏國的，而且，從秦國遷到魏國後，直接就在豐邑落戶了。

那麼，說不準劉邦還是在秦國都城咸陽出生的。

我們看，劉邦舉事，他的妻子呂雉家族裡立刻有人出來追隨，比如呂雉的哥哥呂澤、呂釋之等；而劉太公的親戚，都是在劉邦攻入秦國都城咸陽後才來投奔的，比如劉賈、劉澤等。

還有一個小細節可以間接佐證劉邦對秦國咸陽抱有感情。劉邦成了沛縣泗上亭長，「常繇咸陽」，他之所以這麼熱衷於到咸陽出差，說明了他不但對咸陽熟，而且，咸陽那裡有自己的親屬。

也就是說，劉邦先是秦國人，後來遷居成了魏國人，魏國亡後成了楚國人鹹陽秦滅六國又成了秦國人，最後滅秦建立了大漢朝，成了大漢帝國的主人。

從這一點上來說，劉邦實在沒有什麼「亡國恨」可提。

▍劉邦 40 歲還單身，整天遊手好閒？

漢高祖劉邦是中國古代歷史上的一個傳奇人物，當然，也是一個話題人物。

很多人都說，劉邦真是走了狗屎運，一個街頭小混混，40 多歲還單身，整天遊手好閒，沉湎於酒色，賒人家的酒喝，只不過時運兼濟，成了開國皇帝，開創出了煊赫鼎盛的大漢王朝。

這些話並不是胡說八道。

要知道，《史記‧高祖本紀》裡就白紙黑字地寫劉邦「不事家人生產作業」，不願從事農耕生產家務勞作，到了壯年，被試用為官吏，當了泗水亭亭長，「廷中吏無所不狎侮」，以戲弄欺侮衙門裡的吏役為樂。又寫他「好酒及色」，經常到王媼、武負的酒店賒酒喝。

最讓許多人看不慣的是，單父縣人呂公竟然力排眾議，將自己的女兒呂雉下嫁給了劉邦。

有人因此憤憤不平地怒罵，劉邦這樣一個單身老漢，都到了 40 了，還一事無成，吃了一頓霸王餐，吃來一個年輕漂亮的老婆，還獲得了一筆嫁妝，還有天理嗎？！

說這些話，都是不認真看書、不仔細看書的結果。

「劉邦 40 歲還一事無成」，不知這個「40 歲」是從哪裡看來的？

《史記‧高祖本紀》只記錄有劉邦的卒年，根本沒明確交代劉邦出生於何年，是在何年娶呂雉的。

現在很多書，都說劉邦出生於西元前 256 年。

但西元前 256 年僅來自裴駰的《史記集解》所引用皇甫謐的說法：「皇

第七章　天下崩亂：秦亡群起割據諸侯

甫謐曰：高祖以秦昭王五十一年生,至漢十二年年,六十二。」

根據這個,就有了「劉邦 40 歲還一事無成」的說法。

因為,《史記‧高祖本紀》是明確記載有陳勝、吳廣大澤鄉起義時間的:「秦二世元年秋,陳勝等起蘄。」

秦二世元年為西元前 209 年。

秦昭王五十一年為西元前 256 年。

而劉邦是在大澤鄉起義的背景下起兵反秦的。

從西元前 256 年到西元前 209 年,劉邦的虛歲不就是 48 歲?

果然,《史記集解》裡面,就有「徐廣曰:『高祖時年四十八。』」

那麼,按照一般人想像,那劉邦和呂雉結婚時的年紀,不就是四十好幾了?

但是,有一個問題:皇甫謐是西晉人,生於西元 215 年,卒於西元 282 年,距離劉邦生活的年代有四五百年,他是從何得知劉邦生年的?

皇甫謐身後 300 多年,唐代人顏師古對《漢書‧高帝紀》「夏四月甲辰,帝崩於長樂宮」處提出了另一種說法:「臣瓚曰:『帝年四十二即位,即位十二年,壽五十三。』」

臣瓚同樣是西晉人。按照臣瓚的說法推算,以虛歲論,劉邦應該生於秦莊王三年,即西元前 247 年。

也就是說,秦二世元年,劉邦起事時,他其實是 39 虛歲而已。

您信皇甫謐還是信臣瓚?

如果信臣瓚,就不能說「劉邦 40 歲還是單身漢」了。

保守估計,劉邦是在與呂雉婚後過了八九年時間才起兵反秦的。

這個問題，從《史記・高祖本紀》記載的「呂后與兩子居田中耨」一語可知。

這句話的意思是：呂雉帶著兩個孩子在田裡鋤草。小孩能鋤草，年紀肯定是不算太小了。

《史記・高祖本紀》「呂后與兩子居田中耨」這句話之前，還有一句：「高祖為亭長時，常告歸之田。」是說劉邦在擔任亭長時，常請假回家種田。劉邦是一個責任心非常強的男人，並非整天遊手好閒。

「項羽自刎」之說遭質疑，自殺還是他殺？

項羽是個驍勇無雙的大英雄，唐代大史學家房玄齡之父房彥謙曾把他的驍勇與神話故事中的英雄人物蚩尤相提並論。

後世這樣盛讚項羽，說他是「世界之怪傑也，具併吞八荒之心，叱吒風雲之氣；勇冠萬夫智超凡俗；戰無不勝，攻無不取；敵邦聞之而震魄，婦孺思之而寒膽；百世之下，猶懍懍有生氣，豈僅一世之雄哉！」

壯哉，項羽之神勇，千載罕見！

但項羽卻是個失敗的英雄。

他主要敗在三個地方：一、鴻門宴放走了劉邦；二、生硬遵守鴻溝協定；三、錯誤建都於徐州。

所以，項羽敗得相當不甘，死前一再仰天大吼：「此天之亡我，非戰之罪也！」

饒是如此，他卻仍能從容面對死亡，烏江自刎，一腔英雄浩然之氣塞滿天地。

第七章　天下崩亂：秦亡群起割據諸侯

清代女才人李晚芳說：「羽之神勇，千古無二；太史公以神勇之筆，寫神勇之人，亦千古無二。迄今正襟讀之，猶覺暗噁叱吒之雄，縱橫馳騁於數頁之間，驅數百萬甲兵，如大風捲籜，奇觀也。」

此語不虛也，太史公以雄奇之筆寫項羽，當項羽縱橫天下之時，「暗惡叱吒，千人皆廢」誰人能與之爭鋒？

但其寫項羽之死，細觀其以驚心動魄之筆勾串楚歌夜警、虞兮悲唱、陰陵失道、東城快戰、拒渡贈馬、賜頭故人等一系列情節，又何嘗不是《史記評林》中所說的「一腔怨憤，萬種低徊，地厚天高，託身無所，寫英雄失路之悲至此極矣」！

霸王別姬、烏江自刎，千古傳唱。

然而 1985 年，有教師撰寫了一篇題為《「項羽並非自刎烏江」而是「死於定遠」》學術論文，並發表見報，該文裡面的「『項羽並非自刎烏江』而是『死於定遠』」的觀點引起了學者的關注。

這位學者一直追蹤著這個歷史課題，並於 2005 年 11 月親身前往實地考察了項羽當年垓下敗逃後的路線，寫出了〈項羽不死烏江考〉、〈千百年來一座有名無實的九頭山〉二文。

在二文中，他鄭重其事地宣布：西楚霸王項羽並非自刎烏江，而是被殺死於東城（即今安徽省定遠縣）。

他的論點一出，影響巨大，恍如一塊巨石激起千層浪，激發了廣大的學術討論。

史學界因此出現了關於項羽是「自殺還是他殺」的熱烈討論和研究。

2008 年 11 月，多個歷史及文學院聯合舉辦了項羽學術討論會，討論了項羽烏江自刎的問題。

「項羽自刎」之說遭質疑，自殺還是他殺？

其實，學者否定太史公「項羽自刎於烏江」之說的最大依據，就在於《史記》有兩處地方提到了項羽死於東城。

嚴格地說，《史記》中有三處提到項羽之死。

一是《史記‧項羽本紀》中「項王乃欲東渡烏江，烏江亭長檥船待……乃自刎而死」。這一大段文字明確點出項羽喪生的地點是在烏江。

二是《史記‧高祖本紀》中寫的：「項羽乃敗而走，是以兵大敗。使騎將灌嬰追殺項羽東城，斬首八萬，遂略定楚地。」即項羽被追殺到了東城被「斬首八萬」。

三是《史記‧樊酈滕灌列傳》裡所記：「項籍敗垓下去也，嬰以御史大夫受詔將車騎別追項籍至東城，破之。所將卒五人共斬項籍，皆賜爵列侯。降左右司馬各一人，卒萬二千人，盡得其軍將吏。」

這三處，只有一處是說項羽「欲東渡烏江」，爾後「自刎而死」；兩處是項羽兵敗於東城，其一是被「斬首八萬」；另一是「五人共斬項籍」。

東城古城遺址在現在的安徽定遠東南，與烏江之間約距 120 公里。

在學者眼中看來，項羽要麼死在烏江，要麼死在東城古城；垓下之圍時項羽尚有 10 萬大軍，且項羽死前又數呼「此天之亡我，非戰之罪也」，按這種情況看，他是不服輸的，不大可能拋棄這 10 萬大軍只領幾百騎出逃。那麼，《史記‧高祖本紀》中寫的「使騎將灌嬰追殺項羽東城，斬首八萬」和《史記‧樊酈滕灌列傳》寫的「降左右司馬各一人，卒萬二千人，盡得楚軍將吏」更可靠。至於項羽領二十六騎在烏江江畔，「令騎皆下馬步行，持短兵接戰」的自殺式敗亡，根本不可信。

學者認為，「項羽自刎於烏江」之說是太史公為美化項羽而在單篇為項羽作傳時的向壁虛造，事情的真相應該是項羽身死於東城。並且，項羽

第七章　天下崩亂：秦亡群起割據諸侯

並非以「自刎」方式謝幕，實是被王翳、楊喜、呂馬童、楊武、呂勝五人亂刀分屍，活活砍死的。

這麼說，貌似有一定道理。

王翳、楊喜、呂馬童、楊武、呂勝五人各持項羽屍體殘塊迴向劉邦請功，五人都被分封為侯，乃是不爭的事實，這也可以從《漢書・高惠、高後文功臣表第四》中得到證實。

按照《史記・項羽本紀》的說法，他們是在項羽死後搶屍邀功，這功勞未免也太偷懶，封侯有點過高了；而按《史記・樊酈滕灌列傳》的說法，他們是殺敵邀功，居功至偉，封侯更合理。

關於項羽殉難的地點，《史記》中〈項羽本紀〉、〈高祖本紀〉、〈樊酈滕灌列傳〉三傳所說的「烏江」和「東城」，其實都是指同一個地點，即烏江亭。

為什麼這樣說呢？

必須說明一下，烏江亭不只是一個亭子，漢承秦制，《漢書百官公卿表第七上》裡面中說了：「大率十里一亭，亭有長；十亭一鄉，鄉有三老、有秩、遊徼。」

即亭是當時縣下屬的一個行政單位。

而烏江亭當時就是東城縣下屬行政單位。

宋代樂史所編《太平寰宇記》中有明確記載：「烏江本秦烏江亭，漢東城縣地，項羽敗於垓下，東走至烏江，亭長艤舟待羽處也。晉太康六年始於東城縣界置烏江縣。」

同樣是宋人歐陽忞所著的《輿地廣記附札記》也載：「烏江本素東城縣之烏江亭，項羽欲渡烏江即此。」

「項羽自刎」之說遭質疑，自殺還是他殺？

元初史學家馬端臨編撰的《文獻通考》描述得更詳細：「烏江本烏江亭，漢東城縣，梁置江都郡，北齊改為密江郡，陳臨江郡，後周烏江郡隋改為縣。有項亭。」

學者之所以把「烏江」和「東城」理解為兩個地點，他們是把《史記·高祖本紀》、《史記·樊酈滕灌列傳》中提到的「東城」直接理解成東城縣縣城了。

殊不知，太史公著史，在記大事時，有把縣城名泛指為該縣地域的習慣；只有在寫細節時才會特別標識出小地名。

《史記·高祖本紀》、《史記·樊酈滕灌列傳》所說的「東城」就屬於泛指，指的是在東城縣縣境內發生的事。

《史記·項羽本紀》屬於細寫，所以特別點出了事發地點是在東城縣縣境內的烏江亭。

所以，《史記·項羽本紀》、《史記·高祖本紀》、《史記·樊酈滕灌列傳》所說的「烏江」和「東城」，其實都同指烏江亭。

這個問題稍微思索一下就很容易理解了，按《史記·項羽本紀》裡的說法，項羽從垓下逃到東城縣境時，身後只有二十八騎，那麼，他們是應該往東城城堡裡逃呢，還是往烏江方向逃？

逃往東城城堡，是等著漢軍來個甕中捉鱉嗎？

其實，《史記·項羽本紀》的文中已經點明了：「項王乃欲東渡烏江。」

必須是往烏江逃啊。

另外，要注意一下，項羽「欲東渡烏江」之前，剛剛進行了一場「東城快戰」。

關於這個「東城快戰」，是發生在東城城堡附近呢，還是發生在烏江

第七章　天下崩亂：秦亡群起割據諸侯

亭附近呢？

東漢班固《漢書・項籍傳》在這場「快戰」中補充了一句話——「於是，引其騎因四隤山而為圓陳外向」。

這個四隤山，離烏江江畔不過 15 公里。

所以，項羽殉難的地點就是在東城縣縣境內的烏江亭！

還有，《史記・項羽本紀》寫項羽進入東城縣境之前，曾出現了一句：「至陰陵。」

這個「至陰陵」也不應該理解為進入了陰陵縣縣城，而應該理解為進入了陰陵縣縣境。不然「至陰陵」之後「迷失道」、「乃陷大澤中」之句就會被理解成陰陵縣縣城中有一個大澤了。

當然，學者也曾考慮過把「烏江」當成縣下屬的行政單位「烏江亭」來理解，但他認為「烏江在漢代屬歷陽」。他的依據是《元和郡縣圖志》中出現有「烏江縣，隸歷陽郡」的記載。但他沒看清楚整句話：「晉太康六年始於東城置烏江縣，隸歷陽郡。」即從晉太康六年開始，烏江才屬於歷陽。實不應該根據這條記載推出「烏江在漢代屬歷陽」的結論。

按《漢書・地理志》記載：「九江郡，戶十五萬五十二，口七十八萬五百二十五，縣十五：壽春邑、浚遒、成德、柘皋、陰陵、歷陽、當塗、鍾離、合肥、東城、博鄉、曲陽、建陽、全椒、阜陵。」

即陰陵、歷陽、東城都是九江郡轄下的縣。

正因為烏江亭屬於東城縣，所以太史公才會在《史記・樊酈滕灌列傳》中寫「追項籍至東城」。如果烏江亭屬於歷陽縣，那麼太史公的寫法自然會寫成「追項籍至歷陽」。

至於有人懷疑太史公是在美化項羽，東漢班固卻在《漢書》裡這樣評

「項羽自刎」之說遭質疑，自殺還是他殺？

價《史記》：「然自劉向、揚雄博極群書，皆稱遷有良史之才，服其善序事理，辨而不華，質而不俚，其文直，其事核，不虛美不隱惡故謂之實錄。」

看到了吧？劉向、揚雄都是漢大學問家，都說「其事核」，即《史記》的記載是準確的，可以稱之「實錄」，並非憑空虛造。

想想看，楚漢戰爭距離太史公的時代不過六七十年，如果楚漢之事敘述有違事實，那早有人提出來了。

對於太史公所記史事，班固曾指出：「故司馬遷據《左氏》、《國語》，採《世本》、《戰國策》，述《楚漢春秋》，接其後事，迄於天漢。」

即《史記》中楚漢戰爭的史事多取於《楚漢春秋》。

《楚漢春秋》為陸賈所著，應該是可靠的資料來源。

陸賈很早就追隨劉邦，「居左右，常使諸侯」的著名辯士，他曾經因為討論《詩書》一事頂撞過劉邦，使劉邦「不懌而有慚色」，並為此事著作了《楚漢春秋》，目的是總結歷史存亡之理，以供劉邦治理國家時參考。

所以說，劉邦是讀過《楚漢春秋》的，《楚漢春秋》所記之事是不應該存疑的。

還有，《楚漢春秋》一書是在南宋時期亡佚的，班固寫《漢書》和司馬光寫《資治通鑑》，都讀過《楚漢春秋》。如果他們看見《史記》所記與《楚漢春秋》所記相牴觸，一定會在自己的著作中進行考訂。

前面說了，《漢書・項籍傳》就對《史記・項羽本紀》中的「東城快戰」增補上了「引其騎因四隤山而為圓陳外向」一語，表明所謂的「東城快戰」具體應該叫「四隤山快戰」。

司馬光也經過考辨，補充了《史記・項羽本紀》中沒標明的垓下之戰

第七章　天下崩亂：秦亡群起割據諸侯

的時間是「十二月」。

至於《史記‧項羽本紀》中幾乎被《漢書‧項籍傳》和《資治通鑑》一字不動照抄的段落、文字都是信得過的史實。

當然了，被學者以及大眾議論得比較多的是，在「四隤山快戰」時，項羽「瞋目而叱之，赤泉侯人馬俱驚，辟易數里」的神勇情節；烏江刎前，項羽與呂馬童慷慨激昂的對話。

他們認為，這些細節寫得太精采了，彷彿作者親臨其境，讓人不敢相信。

但是，他們沒有注意到在「四隤山快戰」中，被項羽「瞋目而叱之」、「人馬俱驚辟易數里」的赤泉侯與太史公是很有淵源的。

項羽在烏江自刎之後，「郎中騎楊喜、騎司馬呂馬童、郎中呂勝、楊武各得其一體。五人共會其體，皆是。故分其地為五：封呂馬童為中水侯，封王翳為杜衍侯，封楊喜為赤泉侯，封楊武為吳防侯，封呂勝為涅陽侯」。

即這赤泉侯就是楊喜。

楊喜有個兒子叫楊敷，楊敷有個兒子叫楊殷，楊殷有個兒子叫楊敞。

注意，楊敞是司馬遷的女婿。

也就是說，楊殷是司馬遷的親家。

楊殷從祖父、父親那兒繼承了赤泉候的爵位。對於這爵位的來歷，他自然一清二楚。

他的祖父楊喜為華陰人曾是舊秦軍的郎中騎士，全程參加了追擊項羽軍事行動，是歷史親歷者。

毫無疑問，對楊喜而言，參加垓下之戰，追擊到烏江斬殺項羽的戰績，是足以讓他講一輩子的大事。

這裡面的所有細節，他樂意獎給所有人聽，更樂意對自己的兒孫講，而且百講不厭。

楊殷會把自己從祖父、父親那裡聽來的故事詳細講給親家司馬遷聽。

那麼，太史公司馬遷寫這些故事和細節，寫得如同親睹也不足為怪了。

項羽屍首被 5 人瓜分，這 5 人最後結局如何？

瓜分項羽屍首的五個人是誰，他們最後的歸宿是怎麼樣的呢？

這個答案並不難查。

因為《史記・項羽本紀》交代得清清楚楚：王翳、楊喜、呂馬童、呂勝、楊武。

這五個人帶回了項羽的軀體上交劉邦，劉邦因此封王翳為杜衍侯，享 1,700 戶；封楊喜為赤泉侯，享 1,900 戶；封呂馬童為中水侯；封楊武為吳防侯；封呂勝為涅陽侯。

楚國已滅，大漢開國，這五人都得到了善終，幸福老死。

現在藉著這個機會，說一些不大為人所注意的東西。

《史記・項羽本紀》寫項羽從垓下出逃後，他在「四隤山快戰」的神勇情節、在烏江自刎前與呂馬童慷慨激昂的對話，寫得細緻入微，彷彿作者親臨其境。

第七章　天下崩亂：秦亡群起割據諸侯

很多人因此懷疑太史公是放飛想像的翅膀來完成這一系列描寫的。

其實不是。

因為在「四隤山快戰」中，被項羽瞋目驚退的赤泉侯與太史公是很有淵源的。

前面也說了，這赤泉侯就是後來因功得封的楊喜。

他把當時的所有細節一遍又一遍地講給別人聽，包括講給自己的兒孫聽，永不疲倦。

有一個問題，楊喜在講這些東西的時候，有沒有摻假呢？

可能性非常小。

你看，他在講述「四隤山快戰」時，就毫不隱諱地把自己被項羽嚇得魂不附體的丟人故事都說了出來。這麼丟人的事，他都不加掩飾，其他的事還有隱藏和誇大的必要嗎？

所以，太史公司馬遷所寫的項羽自刎一事，應該就是歷史事實。

西楚霸王項羽的神威，凜凜如畫，千載而後，仍讓人神往不已。

■ 項伯是項羽的「小叔叔」，為何名字叫「項老大」呢？

根據《史記索隱》所載：崔浩雲「伯、仲、叔、季，兄弟之次，故叔雲叔父，季雲季父」。

「伯」即「老大」的意思。

而《釋名・釋親屬》對「伯、仲、叔、季」的解釋分別是：「伯，把也，把持家政也；仲，平也，位在中也；叔，少也；季，癸也，甲乙之次，癸

項伯是項羽的「小叔叔」，為何名字叫「項老大」呢？

最在下，季亦然也。」

不過，「伯、仲、叔、季」的排序不是固定的，有時會有些變化。

班固《白虎通‧姓名》就說：「適（嫡）長稱伯，伯禽是也。庶長稱孟。」

即，正妻所生的老大就稱「伯」；小妾所生的老大就稱「孟」。

比如，大家都知道，孔子曾被稱呼「孔老二」，那是因為他在家中排行第二，他的字有「仲」，為「仲尼」他的上面有一個異母哥哥，字為孟皮。孟皮是小妾所生。

孔子的兒子孔鯉，字伯魚，是正妻生的老大（實際上，孔子也只有這個兒子）。

孫策，字伯符，是正妻生的老大；孫權名仲謀，是家裡的老二。

曹操字孟德，顯然是庶出的老大。

周武王名叫仲發，《史記‧管蔡世家》記：「武王同母兄弟十人……其長子曰伯邑考，次曰武王發，次曰管叔鮮，次曰周公旦，次曰蔡叔度，次曰曹叔振鐸，次曰成叔武，次曰霍叔處，次曰康叔封，次曰冉季載。冉季載最少。」即武王兄弟中從老三到老八，全用了「叔」，到老十才用了「季」字（注：老四周公旦是尊稱，由下文「封叔旦於魯而相周為周公」知其名為叔旦）。

可見，當兄弟太多，「伯、仲、叔、季」四字分不過來時，伯為老大，仲為老二，季為最幼，中間的全叫叔。

不過，《春秋命歷序》記：「皇伯、皇仲、皇叔、皇季、皇少五姓同期，俱駕龍，號曰五龍。」即傳說中的皇氏五龍，最幼小的叫「少」而不叫「季」。

同樣，漢高祖劉邦一共四兄弟，大哥劉伯，二哥劉仲，他是老三，叫

第七章　天下崩亂：秦亡群起割據諸侯

劉季，另有一個弟弟叫劉交。即「季」在這裡既不是老四，也不是老么。

但不管怎麼樣「伯」一定是老大。

也就是說項伯一定是他家裡的老大。

有人可能會說，看《史記・高祖功臣侯者年表》中的記載，「伯」是項伯的字，項伯的名是纏，即「伯」作為表字時，就不是「老大」的意思。

這種說法顯然是錯誤的。

查《史記・高祖本紀》，開頭就記「高祖，沛豐邑中陽里人，姓劉氏，字季」。看，「季」不就是劉邦的字？但它表「老三」了。

還有，上面說到的孔伯魚、孫伯符也都是字都表「老大」。

那麼，項伯既是他家裡的老大，為什麼卻是項羽的叔叔呢？理論上項羽應該叫他伯伯才對。

而且，《史記・項羽本紀》在介紹項伯時說：「楚左尹項伯者，項羽季父也，素善留侯張良。」

在介紹項梁時又說：「其季父項梁。」怎麼都是「季父」？應該其中一個叫「叔父」，另一個更小的叫「季父」才更合適。現在都是「季父」，則此「季父」與彼「季父」哪個為大，哪個為小？

問題的答案，也在《史記・項羽本紀》中。關於項羽家族的命運，原文是這樣寫的：「諸項氏枝屬，漢王皆不誅。乃封項伯為射陽侯。」即項羽那一支以外的項氏沒有遭到誅殺，項伯還被封為了射陽侯。

這說明，項伯和項羽不是同一支的。

也就是說，項伯與項羽的父親不是親兄弟。

這麼一來，答案很明顯了，項伯比項羽父親小，所以項羽稱其為「季

父」，但他是他父親的長子、他家裡的老大。

還有，在秦漢年間，「季父」就是「小叔叔」的意思，一個人可以有多個「小叔叔」，單以「季父」的稱謂是盞現不出這些小叔叔年齡孰大孰小的。所以，要問項伯和項梁的年齡孰大孰小，只能透過項羽家族的發展史來進行推測了。

最後說一句彭越的字為仲，即彭越應該是家裡的老二；吳廣的字是叔，則吳廣至少應該有兩個哥哥。

韓信「明修棧道，暗度陳倉」了嗎？

一直以來，人們都認為「明修棧道，暗度陳倉」是「兵仙」韓信的軍事傑作。甚至，有些詞典還振振有詞地說，這個成語出自《史記・高祖本紀》，然後繪聲繪色地介紹這個成語發生的背景，即楚漢之爭時，項羽封劉邦為漢王，自封為西楚霸王。劉邦聽從謀臣張良的計策，從關中回漢中時燒毀棧道，以表自己不再進關中。後來，劉邦拜韓信為將軍，他命士兵修復棧道，裝作從棧道出擊進軍關中，事實上卻和劉邦率主力部隊暗中抄小路襲擊陳倉，趁守將不備，占領陳倉，進而攻入咸陽，占領關中。

事實上，《史記・高祖本紀》對漢軍兵出陳倉這一段史實只泛泛提了一句「八月，漢王用韓信之計，從故道還，襲雍王章邯。邯迎擊漢陳倉，雍兵敗，還走」根本就沒有虛虛實實的「明修」和「暗度」。即使在《史記・淮陰侯列傳》裡，也只是「八月漢王舉兵東出陳倉，定三秦」一語帶過。也就是說，歷史上從來就沒發生過「明修棧道」這件事。

「明修棧道暗度陳倉」的故事其實出自元雜劇。

第七章　天下崩亂：秦亡群起割據諸侯

元無名氏《暗度陳倉》第二折有「著樊噲明修棧道，俺可暗度陳倉古道。這楚兵不知是智，必然排兵在棧道守把。俺往陳倉古道抄截，殺他個措手不及也」的唱詞；而元無名氏《氣英布》第一折也有「孤家用韓信之計，明修棧道，暗度陳倉，攻定三秦，動取五國」之語。

張良兩次帶兵都以失敗收場，為何列「武廟十哲」之一

一個人成功與否，與對自己的定位準確與否有關。

「漢初三傑」之一的韓信，是一個對自己認知十分準確的人。

他一直都很清楚自己是個什麼樣的人，想要的是什麼。

貧寒時，他深知自己沒有經商謀生之道，就乾脆什麼都不做，依靠別人餬口度日，到南昌亭長家蹭飯，大大方方地接受漂母的施飯。

就在這樣的窮困潦倒中，他卻懂得替自己死去的母親找又高又寬敞的墳地，要讓那墳地四周可安頓得下一萬家──他相信自己可以做得到。

在遭受淮陰屠戶挑釁時，他沒有拔劍而起，他知道會有更重要的事等著他去完成，甘受胯下之辱。

在項羽手下效力時，項羽讓他做郎中──官也不算小了，但這不是他想要的，便走了。

跳槽跟了劉邦，負責管理糧餉，這也不是他想要的，同樣，義無反顧地走了。

而當蕭何月下相追，登壇拜將，他的心才算安頓下來。他的才能因此脫穎而出，戰必勝，攻必克，被後人奉為「兵仙」、「神帥」。

韓信和劉邦談論帶兵，他說：「陛下不過能統率十萬兵。」

劉邦問他：「你呢？」

他響亮地回答說：「我是多多益善。」

劉邦挖苦他說：「你是多多益善為什麼還被我轄制？」

韓信說：「陛下不善於統領士卒而善於領導將領，這就是我被陛下轄制的原因。」

看，韓信對自己、對劉邦的定位，真準。

這也是劉邦和項羽在滎陽死戰時，韓信斷然拒絕蒯通勸他自立的原因。

韓信是如此的富有自知之明，後來卻被說和陳豨勾結造反，絕對是呂雉的誣陷。

劉邦和項羽在滎陽硬碰硬之時不反，到了自己已經被軟禁於京城的時候才反，這種話，騙誰呢？

相對而言，同為「漢初三傑」之一的張良，剛開始的時候，對自己的定位是不準確的。

張良有智勇，他並不是相貌魁梧奇偉之人，甚至「反若婦人女子」，但行的卻是大丈夫的豪傑之舉。

張良的祖父、父親，都是韓國的宰相。韓國被秦國滅了，張良因此仇恨秦國。

聽說秦始皇東巡，張良散盡家資，出錢買凶，僱請了一個大力士，為大力士量身訂做了一把重達 60 公斤的大鐵錘，然後，觀察秦始皇的巡遊路線，提前場勘，進行了多次演習，準備行刺一擊致命。

但是，千算萬算，張良算少了一招。

第七章　天下崩亂：秦亡群起割據諸侯

　　當時，按照君臣車輦規定，天子六駕，即秦始皇所乘車輦由六匹馬拉車，張良把刺殺目標鎖定在六駕馬車車內。

　　但是，當秦始皇的巡遊車隊經過古博浪沙時，所有的車輦都是四駕。

　　張良傻眼了。

　　他無法判斷出哪一輛才是秦始皇的座駕。

　　原來秦始皇曾多次遇刺學乖了，把所有車輦都改為四駕，並且充分運用「狡兔三窟」的計謀時不時地換乘座駕。

　　所以，張良成功的機會並不大。

　　這種情況下，應該取消行動。

　　但張良豁出去了，他決定放手一搏。

　　攻擊哪一輛車呢？

　　臨時抓瞎，打車隊最中間那輛！

　　在他的示意下，說時遲，那時快，大力士猶如現代的擲鐵餅運動員，原地旋轉了兩轉，呼的一聲，60公斤的大鐵錘離手，在空中劃出一道優美的弧線，不偏不倚，準確無誤地命中了張良指定的目標。

　　不得不說，這個大力士太厲害了！

　　命中目標，車內傳來一聲慘厲的尖叫聲，因為大鐵錘太重，車被轟塌，現場一片混亂。

　　張良和大力士趁亂鑽入蘆葦叢中，迅速逃離現場。

　　前面說了，車輛太多，張良他們擊中秦始皇的機會很小。事實證明，他們擊斃的的確是秦始皇的一個替身。

　　但秦始皇卻嚇得不輕，下令全國緝捕刺客。

古博浪沙也因此聞名遐邇。

刺秦失敗，張良仍不死心，滅秦的火焰仍在胸中熊熊燃燒。

秦二世元年（西元前 209 年）七月，陳勝、吳廣在大澤鄉起義，舉兵反秦。

張良因時而動，憑藉著自己的家財，召集了 100 多名鄉間少年，舉起了反秦的大旗。

這是張良第一次帶兵，雖然鬥志昂揚，四處攻伐，卻處處碰壁，無一勝績。

張良省悟：自己根本就不是當造反頭頭的料。

於是，他率眾投奔自立為楚假王的農民軍領袖景駒。

途中，張良遇上了真命天子劉邦。

劉邦這時的勢力也很弱，不過眾多反秦義軍中的一支。

勢力最大的是項梁、項羽叔姪所率領的隊伍，已有六七萬人之眾。

這對叔姪不但能打，頭腦還很好，懂得打政治牌，他們擁立了楚懷王之孫熊心為王，大肆招攬故楚豪傑義士。

這還不夠，他們還於薛城（今山東省滕州市東南）大發英雄帖，遍邀各路義軍首領共商大計。

張良和劉邦躬逢其盛，參加了此次大會。

在諸路義軍首領的商討大會上，本來是沒有張良機會說話的，但他不甘沉默，大膽發言，大抒己見。

張良的志願就是滅秦興韓，他向項梁建議，要項梁遍復六國，多樹黨羽。

第七章　天下崩亂：秦亡群起割據諸侯

　　項梁鼓掌稱妙。

　　因此，韓王成得立為韓王。

　　張良如願出任司徒（相當於丞相）。

　　這時候的張良，意氣風發，與劉邦握手道別，約定不相忘於江湖。

　　張良以為，自己雖然不是當首領的料，但在首領手下帶兵打仗，那是沒有問題的。

　　接下來，張良開始了第二次帶兵打仗。

　　張良揮師收復韓地（指戰國時韓國的地盤），營營役役，遊兵於穎川附近，遲遲未能開創大局面。

　　張良再一次認清了自己不但不是當首領的料，也不是帶兵打仗的料。

　　這時的劉邦已經大不同了。

　　因楚懷王與劉邦、項羽有約：誰先入關進咸陽，誰便可以立而為王。

　　劉邦帶兵攻略穎川、南陽，準備從武關進入關中。

　　秦二世三年（西元前207年）七月，當劉邦攻占穎川的時候，張良和劉邦，這對約定不相忘於江湖的老友，第二次見面了。

　　張良決定不再領兵，而以謀士的身分輔佐劉邦入關。

　　劉邦屢攻宛城（河南南陽）不下，欲繞宛城西進。

　　張良含笑搖頭，勸劉邦易旗急進，然後恩威並施，善撫南陽太守，赦免全城吏民，則宛城可下。

　　劉邦依計而行，果然兵不血刃地輕取了宛城。

　　堅城宛城既降，南陽郡的其他城池紛紛仿效，望風而降。

　　劉邦得以輕鬆抵達嶢關（今陝西商州西北）。

嶢關是拱衛咸陽的最後一道關隘，秦駐有重兵。

劉邦拉開架勢準備猛攻。

張良再獻智計。

他說：「嶢關守將為屠戶之子，此等市儈小人，可以動之以利。同時，我軍再在周圍山嶺上大張旗幟，廣置疑兵，城可不戰而定。」

劉邦言聽計從，果得嶢關守將獻關投降。

嶢關降將為表誠意，承諾率軍跟隨劉邦聯合攻咸陽。

劉邦自然喜不自勝。

張良當頭潑冷水，說：「合兵攻秦，他只能代表他自己，能代替得了手下的士兵？」

「此話何意？」劉邦滿臉不解愣愣地看著張良。

張良只好把問題點透，說：「一旦他手下士兵不肯配合我們攻秦，突然向我們攻擊，後果不堪設想。我們必須乘秦兵懈怠之機消滅他們。」

劉邦如夢方醒，先發制人，消除了後患，於西元前 207 年十月（秦以十月為歲首漢初未改）抵達霸上（今陝西西安市東 12 公里），迫降了秦王子嬰。

劉邦進入了咸陽的豪華宮殿，心理防線瞬間瓦解，淪陷在宮中美色中，任憑親信樊噲怒吼吃喝，都懶洋洋地不想再動。

張良出馬，悠然相勸：「沛公為天下除殘去賊，宜縞素為資。如果安於享樂，那便是『助桀為虐』也。所謂『忠言逆耳利於行，良藥苦口利於病』，願沛公聽樊噲言，還軍霸上。」

劉邦幡然醒悟，趕緊棄婦離宮，並按張良建議，與關中父老約法三

第七章　天下崩亂：秦亡群起割據諸侯

章，還軍霸上，靜候項羽。

項羽與劉邦賭賽入關已經輸紅了眼，發現劉邦緊閉函谷關（今河南靈寶東北）不放他過去，怒火中燒，縱兵大破函谷關，進駐新豐、鴻門（今陝西臨潼東北）要與劉邦決一死戰。

這一次的劉邦真是驚險萬分！

幸好項羽的叔父項伯與張良曾是舊交，在張良的巧妙周旋下，劉邦才轉危為安。

項羽自立為西楚霸王後，定都彭城（今江蘇徐州），計功割地，分封諸侯，把劉邦踢到偏僻荒涼的巴蜀，稱為漢王。

又是張良，積極活動，為劉邦再求得漢中地區，據有了秦嶺以南巴、蜀、漢中三郡之地。

劉邦入漢中，張良依依不捨，相送到褒中（今陝西漢中市褒城鎮），獻計燒毀棧道，麻痺項羽，以爭取養精蓄銳的時機。

改年，劉邦兵出漢中張良重回漢王左右，成為劃策之臣。

彭城之戰，劉邦幾乎輸光老本，逃命之際甚至丟下了老父、妻子、兒女，異常狼狽。

關鍵時刻，張良在下邑出奇謀，即史上著名的「下邑之謀」讓劉邦調動英布、彭越、韓信，讓其攻打項羽，從而扭轉了楚漢戰爭的局勢。

漢高祖三年（西元前204年）冬，楚漢相持於滎陽，久戰不決。

劉邦為解決糧草之困，欲聽謀士酈食其之議，復立六國。

張良外出歸來，聽說此議，如遭雷擊，借箸諫阻分封，幫助劉邦免去一次重大失誤。

同時，張良又上虛撫韓、彭之計，讓劉邦再得彭越和韓信鼎力相助，終於對楚形成合圍之勢。

但是，漢軍也已兵疲糧竭。

至此，楚漢雙方達成協議，以鴻溝為界，中分天下，東歸楚，西歸漢，各自解甲歸國，互不相犯。

條約簽訂，項羽拔營東歸。

劉邦也欲引兵西歸漢中，張良與陳平迅速諫阻，說：「放楚東歸不亞於放虎歸山，遺患無窮。」

劉邦的確是個好將領，深納良策，率軍追擊項羽，最終擊殺項羽，結束了長達4年的楚漢戰爭，取得了徹底的勝利。

漢高祖五年（西元前202年）二月，劉邦正式即帝位。

在慶功宴上，劉邦盛讚張良說：「夫運籌策於帷帳之中，決勝於千里之外，吾不如子房。」

這之後，張良勸都關中、先封雍齒、急流勇退、義薦四皓……事事無不彰顯其深謀遠慮、見識超凡。

與張良同效力於劉邦的陳平心悅誠服地稱讚張良，說他「智足決疑，量足包荒才足折衝禦侮，德足輔世長民，皇帝從籌，百僚允若，炎漢萬民之鴻庥；辟穀仙遊，功成身退，乃平生心事了了。元勳之首冠也」。

唐開元十九年（西元731年），唐玄宗設定太公尚父廟，以留侯張良配祭。唐上元元年（西元760年），姜太公被尊為武成王，以歷代良將十人配享，張良赫然位列其中。此十人，世稱「武廟十哲」。這之後，歷朝歷代所供奉的古代名將，張良都必不可少。

張良位列「武廟十哲」，自古至今，無可爭議。

第七章　天下崩亂：秦亡群起割據諸侯

第八章

大秦遺痕：帝國餘跡散於山河

第八章　大秦遺痕：帝國餘跡散於山河

▎南美洲有 2,000 年前秦朝遺民的後裔？

南美洲委內瑞拉在墨西哥灣不遠處，那裡住著一批黃種人。他們的衣著接近中國古代服飾，臉形與口語發音類似中國人，見到華人便稱「拜山拿」，意即同胞。

那麼，這些人是否真的是華人呢？

曾任南京古物保存所所長的衛聚賢指出，現在檀香山還存留有中國篆書刻字的方形岩石，舊金山附近也有刻存中國篆文的古箭等文物出土，這說明，在很早以前，就有中國人到達了美洲。

的確，從墨西哥境內出土的「大齊田人墓」碑，以及南美玻利維亞發現漢文系統雕刻等古蹟來看，2,000 年前就有中國人出現在美洲了。

那麼，最早到達美洲的中國人到底都是哪些人呢？

有趣的是，委內瑞拉山地上與華人稱「拜山拿」的黃種人自稱是「尋藥人的後代」，這「尋藥人的後代」，不由得令我們想起奉秦始皇之命出海尋找長生不老藥的徐福！

《史記・秦始皇本紀》記載：始皇二十八年（西元前 219 年），秦始皇東巡琅琊（今山東膠南琅琊鎮），派遣徐福帶領童男童女數千人，入海求仙。

這次入海求仙的路線據晉人伏深《三齊記》記載：是從徐山（今山東青島黃島區境內）入海繞山東半島，去廟島群島遼東半島南岸，朝鮮半島西岸南行，過濟州島到了日本。

著名學者肯定了這種說法，並考證出徐福等人的活動地點是在日本蓬萊山（富士山）一帶。

的確，在今天的日本，徐福仍擁有至高無上的地位，他被尊為「彌生

文化之旗手」、「司農耕神」、「醫藥之神」等。

據調查，目前日本有 50 個地方都流傳著徐福的傳說。其中和歌山縣的新宮市對徐福極為膜拜。現在，新宮市建有一座紅色的神社，旁邊立著一塊徐福墓碑。新宮市裡還有一座專門的徐福公園，裡面有徐福像、不老之池還有種叫天臺烏藥的藥材，被當地人譽為「長生不老藥」。

歷史學家衛挺生最先提出：日本的第一個皇帝實際上是徐福。他說徐福登岸的地點恰恰和日本傳說中的神武天皇登岸的地點相吻合。而且在一個距今 2,000 年前的日本皇族墓穴中，考古工作者發現了一面秦朝的銅鏡和一把巨大的秦人用的戰刀。2,000 多年前的日本還處在石器時代，哪裡有什麼銅製品和戰刀？這東西分明就是徐福帶到日本的！

不過，儘管新宮市建有徐福墓碑，衛挺生又考證出徐福曾擔任日本的第一任皇帝，但徐福在到達日本後，沒過幾年又回到中國，卻是不爭的事實。

《史記・秦始皇本紀》記載：始皇三十七年（前 210 年），秦始皇又來到琅琊見到徐福。徐福因為未能取回長生不死藥怕遭譴責，謊稱自己為海中大鮫魚所阻，請配備弓箭手再次入海。秦始皇答應了他的要求。

接著，徐福第二次出海尋找長生不老藥。

這次出海按《史記・淮南衡山列傳》所記：秦始皇「遣派男女三千人，資之五穀種種百工而行」。即為徐福加派了 3,000 名童男女，並配備從全國召集來的百工以及五穀種子。

也就是說，徐福第一次出海所帶的數千名童男女應該就長留在日本了，他們的後代就成為日本現在的秦氏。

關於徐福第二次出海的結局，《史記・淮南衡山列傳》的記載是：「徐福得平原廣澤，止王不來。」意思是，徐福到了一個叫平原廣澤的地方稱

第八章　大秦遺痕：帝國餘跡散於山河

王不回來了。

平原廣澤到底是一個什麼地方？這個問題，司馬遷沒有說清楚。

1940 年，原中國駐法國巴黎總領事廖世功著文論證徐福渡海得「平原廣澤」為王的「平原廣澤」，就是今天的北美平原。

目前，中國學術界已達成了共識：徐福第二次出航的線路是從山東半島出發，先到朝鮮半島，再由朝鮮半島南下至日本列島，發現日本以東仍有廣闊天地，便繼續乘船東航，順著太平洋黑潮暖流，途經夏威夷群島和北美中部海岸一帶，最終在美洲稱王不回。

上文所提到的夏威夷群島方形岩石上的中國篆書刻文、舊金山附近出土的中國篆文古箭等文物，應該就是徐福這批人所遺留的。

墨西哥考古學家在墨西哥南部的特奧蒂華坎挖掘出一塊玉璧，上有漢字，經學者確認，玉璧正面的字是：「明月照松間」，反面為：「鯉魚躍龍門。」

這塊玉璧，也很可能是徐福帶走的童男女後裔留下的遺物。

徐福遠航到美洲，也和當年墨西哥尤卡坦地區天主教第二教主蘭達寫的「蘭達抄本」記載一致。裡面記載：曾從「海上神路」來過 12 支高文化民族，為馬雅帶來先進文明。而馬雅人語言為單音節字，和漢語相似，使用的文字為象形文字，與中國的甲骨文近似。馬雅人崇拜眾神，特別崇拜羽蛇神，而蛇便是中國沿海徐夷人的氏族圖騰。

1980 年代還有人在馬雅地區挖到一根經過人工琢磨而成的小鐵針，考古學家分析是 2,000 多年前的產物，但大家都說不出這根小鐵針有什麼玄妙之處。直到一天，人們無意中把這根小鐵針放在一塊玻璃上，那小鐵針竟轉動起來。人們這才發現，這是一根指北針！

2,000 多年前，馬雅人根本沒有鐵器，更沒有指北針。

事實上，2,000多年前，全世界只有中國有指北針。

依古代航海史推斷，在那個時代，就只有徐福一行人有能力渡海到達北美洲墨西哥，把這一實物遺留在那裡。

因此，有的學者認定：徐福所帶的3,000名童男女的最後歸宿，就在美洲！

我們有理由相信，徐福東渡是一次大規模的海外移民和文化交流活動，徐福是比哥倫布早1,700年的大航海家！

秦景公用了「黃腸題湊」？

讀過金庸先生《雪山飛狐》的讀者，應該對書中描寫的一個場景有記憶：一群江湖異士在遼東玉筆山莊後面找到了闖王李自成的藏寶洞，洞外大雪紛飛、洞內堅冰厚積，埋藏著無數金銀財寶，同時，也埋藏著許多前來爭奪財寶的武林高手。那些武林高手在洞裡大動干戈，自相殘殺死後被堅冰冰凍，面目栩栩如生，卻說不盡的猙獰可怖。

1976年，考古專家在陝西省挖掘出的一座大墓裡，也看到了類似可怖的場景。

那座墓真的很大。

未動土挖掘之前，考古專家初步勘察的結果就讓所有人震驚不已，其面積足足有兩個籃球場那麼大！

而且，墓地還有向外延伸的跡象，整個工程呈怪異的「中」字形結構。

其主體部分為3層，在10餘公尺處有一圈二層臺面，整個工程的深

第八章　大秦遺痕：帝國餘跡散於山河

度，相當於8層樓高！

這種形制，當是一座古墓無疑。

正式挖掘開始，大家抑制住興奮的心情動工。

然而，隨著一些呈圓形或橢圓形奇怪洞口的出現，考古隊員的心在一點點揪緊。

這些洞，就是盜墓者所留下的盜洞。

也就是說，這座大墓已經被盜過了。

可悲的是，盜洞不是幾個、十幾個，也不是幾十個，而是二三百個！

經過短短幾天挖掘後的統計，清理出來的盜洞多達247個！

考古隊員們感到十分心寒。

247個盜洞，就意味著盜墓者進進出出大墓有數百上千次，墓裡稍有點價值的東西估計早已被搬運得一乾二淨了！

隊員們誰也不說話，心情沉重，繼續往下挖掘。

不知挖了多久，挖到大墓第二層臺基處，有考古隊員突然發出一聲尖叫！

原來他挖掘出一個頭骨。

在墳墓中挖出頭骨本來沒有什麼大驚小怪的，問題是，該頭骨不是存放在棺槨裡的。而是在泥堆裡挖出的，而且，頭骨嘴大張，死前像是正聲嘶力竭地呼喊著什麼，非常驚恍。

大家都圍上來觀看七嘴八舌地議論 —— 這，不會是盜墓者的屍骨吧？

難道，是盜墓者因為分臟不均，自相殘殺了？

又或者是盜墓者中了墳墓中的某種機關而在墓中葬送了生命？

議論聲中，有隊員在距離頭骨不遠處又發現一節折斷的手臂的殘骸。

如果是自相殘殺，也許死者不止一個人。

在猜疑中，考古隊員繼續在四周挖掘。

不挖不要緊，一挖竟然挖出了 20 具人骨遺骸！

這 20 具神祕的屍骸皆無棺無椁，位置雜亂無章，但周圍並無凶器。

應該不是盜墓者的屍體，也許……大家面面相覷，不約而同地想到了同一個詞：人殉。

殉葬制度始自殷商時期，其中最慘無人道的就是人殉。此前，在河南殷墟商代王陵裡，考古隊員就曾發現過大量殉人。以人作為陪葬牲的做法主要出現在先秦。從已有的考古發現可知，自秦朝建立之後，殘酷血腥的人殉制度，才逐漸被陶俑所替代。

這座大墓中的這 20 個殉人，是作為人牲的殉人，他們生前也許是戰俘，也許是奴隸，大墓封埋時被砍殺用以祭祀。從留下的凌亂屍骨可以想像當時場景的慘烈。

由此可以斷定，這座大墓應該屬先秦墓葬。

想通了這一點，人們的恐懼才漸漸消除加，快速度往下挖。

在這 20 具骸骨下面的土層裡，考古人員發現了一具棺木。打開棺蓋，裡面赫然又是一具人骨遺骸。

隨後，這樣的木棺又挖出 160 多具！

顯然，這些也是殉人。

但和二層臺發現的那批作為人牲的戰俘或者奴隸不同，這 160 多具具有棺木的骨骸，應該屬於自願的殉人。

第八章　大秦遺痕：帝國餘跡散於山河

排場既然是如此恐怖，又是如此奢華，那麼墓主身分必定不同凡響。

考古隊員的心情又莫名地興奮起來。

那麼，這墓主是什麼來歷呢？

清理棺木時，考古隊員發現，這些躺在棺木裡的自願殉人，其下肢全部詭異地蜷曲著！

這一奇特的特徵進一步說明墓主是秦人，如果沒猜錯，應該是先秦的某位君主。

因為，春秋戰國時期，秦人中盛行屈肢葬，即在人剛死之時，用布帶將其下肢向上捲曲捆紮，然後入棺埋葬。

大墓真的太大了，經過了10年時間的挖掘，墓室中部的主棺棺頂才露出土面。

這時候，人們才能準確測量出它的面積：大墓呈長方形，從上往下看，好似一座嵌在地下的倒「金字塔」。倒「金字塔」式的墓室從底到頂有三層臺階，其頂部長59.4公尺，寬38.8公尺；底部長40公尺，寬20公尺，墓底距地平線24公尺。它比安陽的商王墓還要大10倍，是中國迄今發現的最大古墓葬。

挖出主棺後，人們又驚奇地發現，構成主棺的東、西壁及棺底、蓋的所有南北向柏木，兩端均有榫頭伸出，在主棺南北兩側，湊成長方形的如同櫃子一般的形制。

這個不同尋常的棺葬方式，乃是周禮中記的「黃腸題湊」，屬於周天子的喪葬等級！

周天子當然不可能葬在作為諸侯國的秦國國內，這說明墓主便是秦國國君無疑不過，這秦國國君敢用周天子的喪葬規範，說明這位秦國國君及

秦景公用了「黃腸題湊」？

他繼位人的雄心已經超出關中一帶。

到底墓主是哪一位秦國國君呢？

考古人員開啟棺蓋後，在其主棺內只發現一段股骨，除此之外，棺內空空如也。

顯然，經過數百次猖狂的盜墓挖掘，棺內已被洗劫得只剩下這一段股骨了。

看來，這個神祕的大墓注定是要成為一個不解之謎了。

不過，在大墓的底部，考古人員陸陸續續發現了很多石頭的殘片，透過這些石頭殘片，考古隊員居然拼湊出一雙長約33公分的石鞋底！

這雙石鞋雖然沒能為墓主人的身分提供什麼資訊，但對考古隊員是極大的鼓勵，讓他們有了繼續清理和拼湊碎石殘片的信心。

終於，考古隊員在清理另外一些石頭殘片時，發現它們是石磬（一種古代樂器）而在石磬邊緣，有銘文清晰可見！

這，太難得了！

考古隊員把銘文小心地拓印下來，送交專家破解。

專家破解的結果是，銘文所記載的是一次宮廷宴樂活動，大墓主人則是這次活動的召集者。

銘文裡有「共桓是嗣」幾個字，說明了墓主人就是共公和桓公的繼承人。

共公和桓公的繼承人不就是景公嗎？

是的，躺在「黃腸題湊」巨大棺木裡的墓主，就是景公。

景公是桓公的長子，名石秦國第十四代統治者，秦始皇的第十八代先祖，治理秦國長達39年，將秦國勢力不斷推向中原。

第八章　大秦遺痕：帝國餘跡散於山河

景公墓後來被稱為「秦公一號大墓」。

秦公一號大墓雖有近 300 個盜洞，連槨室中裝殮他的棺具也遭到嚴重破壞，不過也出土了 3,500 餘件文物。其中最重大的便是刻有 290 多個篆文的石磬，它有力地證明了秦人的族屬為華夏族。此外出土的 3,000 餘件極為精美的金器、玉器、鐵器、石器、骨器充分反映出春秋戰國時期的秦國在政治、經濟、文化上比其他六國更先進一些，這是秦能統一中國的基礎。

■「項羽墓」被農田包圍，真假不明

近來，網路上不斷出現有劉邦陵墓長陵的照片與項羽霸王墳墓的照片對比並配以「成王敗寇」之類煽情文字的文章，引起不少討論。

劉邦的陵墓長陵基本上是確定的，劉邦的骨骸肯定靜靜地躺在裡面。問題是，所謂的霸王墳，裡面會不會是空的啊？

要知道，項羽死得很慘。

《史記‧項羽本紀》裡寫得黑清楚：韓信布下天羅地網、設下十面埋伏，將項羽數萬兵馬團團圍困於垓下，又從四面唱起楚歌。項羽聽得心驚肉跳，連夜逼死了心愛的虞姬，然後置數萬大軍於不顧，單單帶領自己的 800 親兵開溜，溜來溜去，溜到烏江岸邊，漢營追兵已到。項羽已筋疲力盡，心如死灰，無意再逃，回首恰好看見漢騎司馬呂馬童，就喝問：「若非吾故人乎？」呂馬童點頭默認。項羽慘然一笑，說：「吾聞漢購我頭千金，邑萬戶，吾為若德。」橫劍自刎而死。

項羽烏江自刎，死得非常壯烈。

但事情並沒結束。

項羽刎頸倒地，還沒斷氣，漢兵漢將瘋了似的一擁而上，分割其體。

這些漢兵漢將，為搶得項羽的一條手臂或一條大腿，不惜揮刀相向，互相殘殺，最終「相殺者數十人」，最後的贏家是：王翳、楊喜、呂馬童、呂勝、楊武這五個人。

其中的王翳最強悍，割到了項羽的腦袋，另外四人各得一部分軀體。

這五個人各把血淋淋的項羽殘軀帶回向劉邦邀功，皆得重賞。

那麼，這五部分項羽殘軀到了劉邦那，有沒有被合成一副完整的屍體安葬呢？

沒有。

《史記·項羽本紀》又記：當初楚懷王封項羽為魯公，項羽自己做了西楚霸王後，仍安排親信守在魯地谷城。項羽死，楚地大都投降了劉邦，魯地谷城卻還沒降。劉邦一怒之下，想發大軍屠戮谷城，但兵臨城下時，「猶聞弦誦之聲」，覺得城裡的人恪守禮義，屠了可惜。於是取項羽頭顱遍示魯人。守城的李將軍見了，揮刀自刎，百姓則開城投降。這樣，劉邦就按照魯公的禮儀把項羽頭顱安葬在谷城，並建祠堂以祭祀。

由此看來，項羽應該是有墓的，可能有兩處：一處埋頭顱，另一處埋軀體；也可能只有埋頭顱的一處，軀體被火化或被遺棄不葬。

反正，埋軀體的地址，《史記·項羽本紀》沒有記載，2,000多年來也沒人去關注，大家的注意力都在腦袋上了。但埋腦袋的地方，《史記·項羽本紀》只說在谷城，實際在谷城哪個位置，沒交代。

那麼，所謂的霸王墳只能從地方志上去找了。

乾隆年間成書的《曲阜縣誌》上有記載：「在魯城東裡許，俗稱為霸王

第八章　大秦遺痕：帝國餘跡散於山河

塚。」《闕裡文獻考》也記載：「曲阜城東北有古塚，俗名霸王頭，相傳為項羽首處云。」

但是，1958年，考古工作人員對此墓進行挖掘，結果這只是一座東漢墓，實與霸王無關，指稱霸王墳，屬後人穿鑿附會。

另有《東阿縣誌》說：楚霸王墓在縣城南（古東阿縣），即現在舊縣三村。

現在東平縣舊縣鄉舊縣三村東側高臺地上也的確有一堆墳土，近年網路貼出的霸王墳照片就是在這裡拍的。

《煙霞萬古樓文集》卷一也記載：「乾隆五十二年（西元1787年）泰安知府宋思仁捐俸重修東阿（今東平舊縣村）項羽墓，並立詩碑。」

宋思仁所立的詩碑已殘，被鑿去三分之一，尚餘碑文曰：「楚霸□□，一劍亡秦力拔山，重瞳千載孰能攀，秋風蕉鹿行人憾，漢寢於今草跡斑……

但是，這座墳裡真的埋葬著項羽的頭顱嗎？

現在，這座墳上長滿荒草和灌木，墓地周圍種滿了青菜、豆子、馬鈴薯、甜瓜、地瓜和棉花。

附近村民回憶說甜瓜一九五幾年的時候，來了一幫人挖墳，什麼也沒挖出來，裡面是空的，他們又把墳給堆起來了。村民指著墓地東北角邊的一片殘垣斷壁說，這是以前看墳的人住的，幾十年了，房子沒了，人也沒了。她又指著周圍的瓜果、蔬菜和莊稼說，以前這都是蘋果樹。

至於墳上宋思仁所立的墓碑被毀，村民說，那是在一九六幾年時被炸的，然後拉到西邊修橋，後來被村裡人找回來了。

另一位村民印證說，墳上立的殘碑在一戶老百姓家裡藏了許多年，

「1998 年 3 月找到這塊碑時，碑體已經被鑿去了三分之一，且斷為兩截，無奈用磚石砌嵌護立」。

不管是碑殘還是完整的碑，按照村民的說法，墳裡應該就是空的。

不過有報導指稱，春秋時期的「谷城」，應該在今濟南市平陰縣東阿鎮，其西山墓地規模最大的 58 號古墓已多次被盜，但從其龐大的規模以及殘留的隨葬品來看，墓主當時的地位相當高，顯然不是一般的貴族，至於這位有著陪葬墓的墓主究竟是怎樣的王侯將相，由於盜掘者的毀滅性破壞，今天已無從考證。多位考古專家依據歷史及開採出的一些文物分析，此墓很可能是項羽墓。

現存的《桂溪項氏宗譜》共 10 套，按照上面的記載，項羽有兩個兒子，在項羽兵敗後隱居蘇州繁衍了兩三代，隱姓埋名，出走避難。起先在山東郯城發展，族人到浙江睦州當官，開始在浙江落戶；後來先後分散到雲南、重慶等地，第 43 世紹公又隱居桂溪。《桂溪項氏宗譜》甚至開出了一組令人震驚的數字——項羽後人分布在中國 23 個省市，現有 150 多萬。

奇怪的是，這麼多項羽後人，也未能證實項羽墓的真假。

虞姬是項羽正妻？

傳說，清代梅州某地有劉、項兩個村莊，劉姓村莊的村民為劉邦後代，項姓村莊村民為項羽後代。因為祖上的恩怨，兩村人老死不相往來。

某年，劉村祠堂貼一副對聯：兩朝天子，一代聖人。

第八章　大秦遺痕：帝國餘跡散於山河

上聯說的是創立西漢的高祖劉邦，和創立東漢的光武帝劉秀，下聯說的是明朝軍師劉伯溫。此聯一出，劉村人個個趾高氣昂，傲視項村。

項村隨即也在項村祠堂貼一副對聯：烹天子父，做聖人師。

此聯一出，劉村村民氣得哇哇叫。

原來，此聯中上聯說的是楚漢相爭時，項羽擒獲劉邦之父，且揚言將其烹食的典故，下聯說的是孔子東遊，路遇小孩項橐，一番交談過後，孔子說小項橐「可以為師矣」。

這麼一來，劉村就被項村壓下去了。

不過，故事只是故事，沒人把它當真。

理由很簡單，劉邦身為開國皇帝，自然是「子子孫孫無窮匱」；而項羽身為楚漢相爭的失敗者、倒楣仁，在四面楚歌中逼死了心愛的寵妾虞姬，自己很不負責任地棄數萬大軍於不顧，僅帶 800 騎開溜，最後在烏江江畔自刎，年僅 30 歲。從相關史料來看，項羽並沒有兒子，當然就沒有後代了。

但是，2012 年有自稱項羽後代的幾個人，向項羽研究會展示了《汝南項氏宗譜》（西元 1948 年）版所列幾十世世系表，表明項羽不僅有後，並且代代相傳。

說來也巧，接待這幾個「項羽後代」的，正好是項羽文化研究會副會長。

副會長曾發表過一篇題為〈項羽虞姬配偶關係考辨〉的文章，其將明代文人甄偉所寫的《西漢通俗演義》、明戲曲作家沈採所寫的戲曲《千金記》作為證據，論證虞姬不是項羽的姬或妾而是正妻。

撫摸著《汝南項氏宗譜》，副會長興奮地說：「我們研究會進行過幾次大型研討，都沒專家提過項羽子嗣的事，因為無論是史書《史記・項羽本

紀》，還是戲劇等文學作品，都表明項羽和虞美人無後。這次項氏後人項永亮、項錫山等人向我們展示的宗譜關於項羽裔孫的記載，這可是驚人的消息，會引起學術界的震撼！」

真不用說，《汝南項氏宗譜》所列十一世以下世系表赫然有項羽大名：

十一世：嬰子，籍，字羽，學萬人敵，建業曰「西楚霸王」，分封列國，事載秦紀，夫人虞氏。廟建烏江……生子一：隆。

十二世：隆，漢興避居禹穴之山陰。娶袁氏，生子二：迪、還。

十三世：迪，娶艾氏，生子一，勝；還由禹穴遷居西川，娶管氏。

十四世：勝，娶彭氏，生子二，興、列。

十五世：興，娶包氏，生子一，五；列，娶邱氏。

……

其實，出示《汝南項氏宗譜》的人也是很有來頭的人物，是一處項氏宗親聯誼會祕書長。

他補充說明，即譜文裡關於項羽生平簡介與《史記‧項羽本紀》完全一致。所稱「夫人虞氏」辭與班固《漢書‧陳勝項籍傳》也相同，即跟〈項羽虞姬配偶關係考辨〉的考論結果「項羽虞姬是結髮正配夫妻」完全吻合。所以世系表應該是可信的。

同行人也振振有詞地說：「項羽有後，南宋著名理學家、儒學大師朱熹亦有同論。朱熹以經筵講官提舉浙東時，應好友項平甫之邀為撰《項氏重修宗譜》序，序中詳細傳述自周初而降項氏世系源流。序文說『西楚之項悉皆籍之後昆』，顯然是說項羽死時有子嗣有子孫。」

研究會副會長說法表示贊同，稱「譜牒的記載為研究項羽拓展了空間」但為慎重起見，至於譜文關於項羽、虞姬子孫的記載，最好還是要有

第八章　大秦遺痕：帝國餘跡散於山河

其他譜牒與文獻佐證。

這裡其他譜牒，其實還有很多。

比如前文提到的《桂溪項氏宗譜》共 10 套。

《桂溪項氏宗譜》上的記載，與這幾人展示的《汝南項氏宗譜》中的記載並不相同。

《桂溪項氏宗譜》記，項羽並非只有一個兒子，而是兩個，他們在項羽兵敗後隱居蘇州繁衍了兩三代，隱姓埋名，出走避難。起先在山東郯城發展族人，到浙江睦州做官，開始在浙江落戶；後來先後分散到雲南、重慶等地，第 43 世紹公又隱居桂溪。

《桂溪項氏宗譜》對項氏起源交代得非常詳細：項氏起源於 2,360 多年前，本姓姬。後因國立功，封於項地，建項國，後人遂以項為姓。早期的項氏族人大部分都在宿遷地區，但是自項羽失敗後，族人就分散到中國各地。項氏的發展一共經歷了 4 個階段，分別為遼西郡 17 世、浙江睦州 26 世、安徽桂溪 20 世、沭陽項蕩 18 世，共 81 世（阜寧 82 世），分為九門十八派，均是項羽的後人。

■ 疑似范增遺骨在浙江出現

稍微了解一點楚漢爭霸故事的人都知道，項羽手下有一謀士，名叫范增。

由於《史記》把項羽塑造成了一個光照千古的悲劇英雄，那麼項羽身邊的人，基本上都成了歷史名人，包括虞姬，也包括范增。

劉邦奠定帝業後，總結項羽失敗的教訓說：「項羽有一范增而不能用，此其所以為我擒也。」

現在，人們談論起范增，也往往會說劉邦既有張良，又有蕭何、陳平；而項羽只有一個范增，且不能用，難怪免不了一敗。

其實，在東漢以降，范增的名氣已相當響亮了。

南北朝宋文帝時期的大將沈慶之是農家出身，沒受過教育，因受魏晉以來玄談風氣的薰陶，喜歡和士大夫一起清談、論道，經常鬧笑話。宋文帝北伐失利，統帥蕭斌打算固守碻磝，以防北魏軍反撲。沈慶之反對，侃侃而談，說什麼坐守窮城，敵人一旦從東而來，局勢將如何如何變化，強烈建議撤軍。蕭斌聽了，心亂如麻，徬徨無計。沈慶之拂然怒道：「你眼前明明就有一個范增，卻不能採納他的建議，只是這麼空談，又會有什麼計策可用？！」

沈慶之相貌威武，形如鐵塔，卻以范增自比，舉座諸將全都忍俊不禁，哈哈大笑。

此一則逸事，足說明范增之影響力。

范增為居鄛（今安徽桐城雙港鎮）人。西元前204年初，楚軍切斷漢軍糧道，將劉邦圍死於滎陽。劉邦為求脫困，向項羽請和。項羽傻傻地準備同意，范增阻止說：「漢易與耳，今釋弗取，後必悔之。」項羽於是急攻滎陽。劉邦的謀臣陳平抓住了項羽多疑的特點，巧設反間計——當項羽的使者來了，讓劉邦先出席豐盛筵席，但見到使者，故意假裝驚訝地說：「我以為是亞父的使者，想不到竟是項王的使者。」便更換粗食招待。使者回來一五一十報告項羽。項羽懷疑范增與劉邦有私情，削其兵權。范增大怒而告老回鄉，說：「天下事大定矣，君王自為之，願賜骸骨歸卒伍。」未

第八章　大秦遺痕：帝國餘跡散於山河

至彭城，就因背疽發作而死在路上。

范增墓在徐州市彭城路乾隆行宮後的土山上。

《水經注》也記載道：今彭城南項羽戲馬臺之西南山麓上，即亞父塚也。

民間還傳說，范增去世後，在戲馬臺練兵的楚軍將士用手捧土、脫下戰袍鎧甲兜土成山以葬，土山東面遂形成一片低窪地，這塊地俗稱卸甲汪，後稱沙家汪。

然而，1969年，隨著徐州市乾隆行宮後土山墓的挖掘，「亞父塚」的說法被徹底否定。

考古人員發現，土山墓為磚石混合結構。根據漢墓的制式，西漢為鑿山而建，東漢為磚石壘砌，由此可以推斷，土山墓為東漢墓葬，和范增生活的年代相隔了200多年。接著，又發現了墓封石上的「官十四年」印字，再結合墓葬的結構，證明墓主人是東漢中晚期的一位王侯，即第二代彭城王。

徐州市乾隆行宮後土山墓為「亞父塚」的說法被否定，浙江省天臺縣人民就開心了。

天臺民間傳說，當年范增在彭城其實是詐死的，他是擔心被項羽追殺，採用金蟬脫殼之計，偷偷乘船來到了九遮山，隱姓埋名居住在山洞之中，採草藥為村民治病，藥到病除，後成仙，人稱之為「仙皇」。

據說范增成仙後，其乘坐逃命的船化為「亞父石船」。

九遮山多澗，范增造有三孔石拱橋，後稱「亞父橋」，也稱「九仙橋」，即范增成仙後與鐵柺李等八仙合夥，合稱九仙。

范增是否真的詐死而隱居天臺九遮山，無從得知。但神奇的傳說在九遮秀谷中世代相傳。

另外,《臺州風物誌》、《天臺縣誌》都曾記載,據說隨范增一道來天臺隱居的,還有位楚國何姓將軍,也就是當地何村何氏家族的始祖。北宋年間,何氏家族出名人叫何郭,曾任宜興刺史三年,政績斐然,曾對范增隱居之事走訪傳聞,收集記載校核碑文,並在 1049 年建造廟堂重塑其身像,尊其為仙皇佛祖,並大建「仙皇殿」。

亞父廟建成四時香火不斷,朝拜之人絡繹不絕,至今每年農曆二月十四日范增誕辰,附近鄉民仍會在此集資舉辦廟會,其間有「三盤銃」迎范增佛像等廟會節目,與會者多達萬餘人,現已成為當地百姓每年最盛大的節日。

在亞父橋頭、亞父廟旁何村村民還立有一石碑、一石亭。

石碑正面為斗大的「范增隱居處」。背面鑴有「范增隱居遮山傳奇」。

石亭石柱上則刻著兩副對聯,一日:「此處是亞父居山川猶有英雄氣,斯橋乃仙皇所建德長留天地間」;一日:「七尺去留關楚,一虛實誤良平。」

正對著亞父廟有座山,山名昇仙嶺,在半山有個「望楚洞」從望楚洞再上去,到山頂又有個「歸楚洞」。據說「歸楚洞」便是范增仙逝之所。

巧的是,1999 年,一群工人便是在「歸楚洞」挖出了一具年代久遠的骸骨!

經專家鑑定,確認這些已風化的頭顱骨、股骨應為秦末漢初時期一古人之遺骨,旁邊陶缸數片,也鑑定為同時期的陶器。

由於年代久遠、線索匱乏,考古部門實在無法確定該骸骨屬於何人。

但何村百姓無不拍手歡呼,異口同聲斷定,這具無名骸骨必定是亞父范增的!

村民們自發地將這些骸骨妥善收藏在了山下的亞父廟內,用玻璃箱裝

第八章　大秦遺痕：帝國餘跡散於山河

好尊奉起來，口口聲聲地稱之為「佛骨」，在他們的心中，范增早已成仙成佛了。

話說，范增故鄉的人們也是非常敬仰范增這位先人的，他們為了紀念范增，曾建有亞父街，在亞父村中還建有亞父井。

聽說天臺何村挖掘出了范增的骨骸，他們願以百萬資金迎回該遺骨。

但何村村民堅決不同意。

毫無疑問，范增的名氣如此之大，他的骨骸就是一種歷史資源，擺在哪裡，哪裡就會成為歷史名勝。

如此待遇，必是范增在生前萬萬想不到的。

其實，范增原本不過是項羽帳下一個普通謀士而已。

雖然《史記‧項羽本紀》中記：「亞父南向坐。亞父者，范增也。」裴因《史記集解》也說：「亞，次也。尊敬之次父，猶管仲為仲父。」司馬貞在《史記索隱》中也持相同意見：「項羽得范增，號曰亞父，言尊之亞於父猶管仲，齊謂仲父。」

但這種解釋是有問題的。

在先秦時代，「父」的意思並不一定就是「父親」。

《史記‧孔子世家》中，孔子死後，魯哀公說：「嗚呼哀哉！尼父，毋自律！」魯哀公稱孔子為「父」，就絕對未含有「父親」的意思。三國人王肅也解釋說：「父，丈夫之顯稱也。」即古代人名之後加「父」（又作「甫」），只是男子之稱。

試想想，范增是 70 多歲的人，而項羽只是 20 多歲，如果項羽視范增為「父親」輩，並不為尊，反是以為輕。

事實上，項羽也確實沒將范增當父輩對待。鴻門宴上，他們的座次

是：項王、項伯東向坐，亞父南向坐，沛公北向坐，張良西向侍。

如果亞父享受的是父輩的禮遇，則應該和項羽的叔父項伯坐同等的座位，但范增卻坐在項羽和左尹項伯的下席，可見項羽並沒有把范增擺在父輩的位置上。

退一步說，項羽真的尊敬范增為「父」，也輪不到劉邦、陳平也跟著尊敬范增為「父」啊？可是，劉邦在鴻門宴遁逃時，對張良說：「我持白璧一雙，欲獻項王，玉斗一雙，欲與亞父。」陳平使反間計，見了項羽派來的使者，佯驚愕曰：「吾以為亞父使者，乃反項王使者。」

所以說「亞父」是「尊敬之次父」是不對的。

事實上，「亞父」根本就是范增的外號。

此話怎麼說呢？

「亞」的本義其實是指人的背部彎曲隆起。

《說文解字》說：「亞，醜也，像人局背之形。」大家應該不會忘記，范增是怎麼死的？是被項羽氣得告老還鄉，半道上「疽發背而死」的。關於這個「疽」，《說文解字》也有解釋：「疽，久癰也。」再查「癰」的解釋，為：「癰，腫也。」

即「亞」就是范增的體形特色。「亞父」是范增的外號，意思是背上長有個大腫包而駝背的男人。

劉邦、陳平是范增的敵人，尤其劉邦，那是范增時刻不忘、時刻提醒項羽要除之而後快的人，則劉邦、陳平以外號直呼范增，多少含有些輕視和恚恨。

項羽也以外號直呼范增，不能說也含有輕視和恚恨，但不尊重那是顯而易見的。

第八章　大秦遺痕：帝國餘跡散於山河

▌韓信後裔改姓「韋」？

2014年冬，有一作家在網路上發了一篇貼文，自稱是西漢留侯張良69代直系後人。說「漢朝開創了中華盛世，是當時世界上最為先進的文明和最強大的國家，我們『漢初三傑』後人無不與有榮焉，強烈呼籲『漢初三傑』後人再聚首，並組建三傑宗親會，敘情誼，謀發展」並表示漢高祖劉邦和「西楚霸王」項羽及其謀士范增的後人可以列席。

「漢初三傑」指的是誰呢？

漢高祖劉邦清掃宇內、穩坐龍廷之日，得意揚揚地說：「我之所以有今天得力於三個人。論運籌帷幄，我不如子房（張良的字）；論鎮守後方，安撫百姓，源源不斷地輸送軍需糧草，我不如蕭何；論率百萬之眾，戰必勝，攻必取，我不如韓信。這三位都是人傑，任用他們是我取得天下的原因啊。」

可見，「漢初三傑」指的是張良、蕭何、韓信。

作家興致勃勃地表示：「我們漢初三傑後人聚會不是圖熱鬧，不是要沾古人的光，而是要傳承、保護和發揚傳統文化，『三傑』後人應該一笑泯恩仇，精誠團結，相互支持，共謀發展。」

儘管該作家聲稱自己「不是要沾古人的光」，但他這麼做，顯然已經是在沾古人的光了，引起了一些人的注意。

另外，該作家還指定了一系列娛樂界的名人為蕭何、韓信的後人。張良和蕭何有後人，一般不存在什麼爭議。

但要說韓信有後人，就十分有待商榷了。

韓信的最終結局，《史記·淮陰侯列傳》交代得清清楚楚：「呂后使武

士縛信，斬之長樂鐘室。」隨後，呂后又「夷信三族」。

即呂后透過蕭何把韓信騙入宮，斬於長樂鐘室，並誅滅三族。

三族是指父族、母族、妻族。誅滅三族，即是把沾親帶故的人都誅殺殆盡。

從這一點上來說，韓信應該是沒有後人的。

不過，民間倒是有一種說法，說韓信有一幼子，名叫韓瀅，被蕭何冒險救了出來，派人送到了南粵，委託給趙佗撫養。韓瀅被帶到南越國後，將韓的一半去掉，變姓為「韋」，改名韋雲際（又名韋天保、韓天貢）。

這種說法流傳很廣，以至1915年中國出版的《辭源》就記有「蕭何匿韓信子於南粵，取韓之半，改為姓韋」；《百姓祖宗源流集》也稱：「韓信的兒子韓天貢，逃到廣西宜山，為了掩人耳目，避免殺身之禍，把韓姓改成韋姓。今仍有韋天貢墓。」

但是，「蕭何匿韓信子於南粵」的情節與《史記・趙世家》所記的「趙氏孤兒」事卻是何其相似！

「趙氏孤兒」事是這樣的：晉武臣屠岸賈與文臣趙盾不和，設計陷害趙盾，趙盾慘遭滿門抄斬。趙盾子趙朔新生一子，託付於門客程嬰。程嬰攜嬰兒投奔趙盾故人公孫杵臼，兩人做出了巨大犧牲，合力救下了這個孤兒。

「蕭何匿韓信子於南粵」的情節極有可能是根據「趙氏孤兒」事編造出來的。

想想看，當年司馬遷為了寫《史記・淮陰侯列傳》，親往淮陰，觀瞻韓母墓，探訪韓信少年時代垂釣鄉下、寄食漂母、胯下受辱等事蹟，對於韓信生前身後事，是秉承著嚴肅認真的態度來記載的。傳記的結尾，已明確

第八章　大秦遺痕：帝國餘跡散於山河

交代韓信的死和「夷信三族」的命運。

即從西漢到明朝，1,000多年的時間裡，人們都認同「韓信無後」。

到了明末清初，有一個名叫來元成的人寫了一部名為《樵書》的小說，上面載：「廣南有韋土官者，韓信之後也。當淮陰鐘室難作之時，信有客匿其孤，求撫於蕭相國。相國作書，致南粵尉（趙）佗。佗素重信，又憐其冤，慨然受託，姓之以韋者，去其韓之半也。孤後有武功，世長海蠕，受鐵券。至今，蕭何與尉佗書，尚勒鼎彝，昭然可考。」才漸漸盛行並認同了「韓信有後」的說法。

除了上面提到的《辭源》、《百姓祖宗源流集》兩書外，《靈渠引來百家姓》也稱：「桂林韋姓，有一支是古代著名軍事家、西漢劉邦的驍將韓信的後裔。」《淮陰志徵訪稿》則記：廣西一土司和族人奉祠漢代開國大將軍韓信，他們都是韓信的嫡傳子嗣。他們的祖先從漢代就為韓信建祠祭祀，世世代代從未間斷。土司還把祖先密傳下來的當年蕭何給趙佗的書信物件，趙佗所賜敕諭等物拿出來，證明了他們真的就是韓信的嫡傳後裔。

但是，《樵書》所記距離韓信被滅族事件已有1,000多年，且是小說，根本不足為憑。

事實上，對於「韓改韋」之說，現在的廣西韋氏是有牴觸的。

雖說在中國姓氏排列中，韓姓高出韋姓二三十位，而且，韓信的名氣遠高於韋姓的任何一個祖先。但韋姓人仍是堅持不冒認祖宗、不亂攀附祖宗，不欺騙、不誤導子孫的原則，反對「韓改韋」之說，不肯「沾古人的光」。

廣西韋氏不承認自己是韓信之後，主要依據有兩條：

一、公家單位收藏的韋氏族譜，根本沒有韓信後代改姓韋的任何資訊，所以「韓改韋」之說不存在。

二、韋氏先祖韋敬一、韋敬辯於西元 682 年 12 月 15 日在上林的澄泰白圩所刻寫的唐碑《六合堅固大宅頌碑》裡有「維我宗祧，昔居京兆」、「上禰京兆，奕葉高門」等字眼。京兆是從西漢到唐朝人們對京都長安的稱呼，以京兆作為韋氏的堂號，說明韋氏遠祖系出京兆。韋氏人認為，即使韓信真有一個幼子出生於西元前 199 年，但他很小就去了南粵，沒有在京兆生活過，不可能把堂號叫京兆堂。

所以「韓改韋」之說可以停止了。

那位作家指定的誰誰誰是韓信後人，應該也是不準確的。

戰國發明紙了嗎？為何有「紙上談兵」之說？

答：道理其實很簡單，「紙上談兵」的典故說的是戰國趙括慘敗於長平之戰的故事，但「紙上談兵」這個詞卻是產生於明清之交。

不信？請查明朝以前所有講述長平之戰的書籍，都不會有「紙上談兵」這個詞！

最早出現「紙上談兵」一詞的，應該是明萬曆、天啟年間人喬應甲收錄在《半九亭集》裡的一副楹聯作品：「紙上談兵人有口；軍中索餉灶無煙。」

這之後，這個詞用的地方就很多了。

如清華長卿詩「挾策休談紙上兵，鬚眉豪氣尚縱橫」、黃文暘詩「遂成法家案，豈等紙上兵」、《孽海花》中「論材宰相籠中物，殺賊書生紙上兵」等。

第八章　大秦遺痕：帝國餘跡散於山河

至於最早把「紙上談兵」一詞與趙括連結，起來的可能是1979年的一部少兒通俗歷史讀物。

中國象棋是韓信發明的嗎？

民間傳說中國象棋是韓信發明的，果真如此嗎？

2016年，有考古隊在一座北宋時期的墓葬裡挖掘出一副青銅製作的中國象棋。

這座出土象棋的墓是平民墓，象棋就放置在墓主小腿骨旁邊，由此可見墓主人生前是一位象棋迷，也由此可知，象棋在宋朝的普及度和受歡迎度。

的確，唐宋時期經濟文化繁榮發達，除了詩詞都在市井中流行以外，象棋也是當時社會流行頗廣的一項文化娛樂活動。唐代大詩人白居易在〈和春深二十首〉詩中便寫道：「何處春深好，春深博弈家。一先爭破眼，六聚鬥成花。鼓應投壺馬，兵衝象戲車。彈棋局上事，最妙是長斜。」這首詩裡的「兵衝象戲車」所指便是象棋。一直以來，這首詩是棋史界公認的，反映唐代象棋風俗且風靡流行的重要資料。

在唐朝，象棋不僅在市井坊間流行，更是貴族公爵的雅玩之物，甚至還是進身當官之階。

在唐代，翰林院始設了「棋待詔」這一官職，用以招攬全國的圍棋、象棋高手。

宋承唐制，也同樣設有「棋待詔」之官職，棋風更盛於唐朝。

事實上，從宋代墓葬中出土象棋子，已經有多起了。

1962 年，在河南出土了一副象棋子，系崇寧間遺物，用黃銅製作的，棋子有正反兩面，一面寫漢字，一面畫有圖形，文字寫法與宋人陳元靚《事林廣記》所錄棋譜的寫法一致，即有將無帥、有像無相、有砲無炮、有卒無兵。具體文字與圖案對應如下：

1. 將（帥）：大將軍，頭戴紗帽，身穿戰袍，腰掛長劍，威風凜凜。
2. 士：穿著盔甲和戰裙的女侍官。
3. 象：一頭腰配象鞍的大象。
4. 車：一個戰士推著獨輪車。
5. 馬：一匹長著雙翅的飛馬。
6. 炮：一架拋石機旁站立一位炮手。
7. 卒：一個身著緊身宋襖、手持長戟的兵丁。

「士」之所以為身穿戎裝和裙子的女子，棋史界前輩解釋說：「這可能與宋宮中的宮女參加下象棋有關。如周彥質〈宮詞〉就有『象戲宮娥共雅歡』的描寫。同時據周輝《清波雜誌》說徽宗時的宮娥多有武藝『躍馬飛射，剪柳枝，射繡球，擊丸據鞍，開神臂弓，妙絕無倫』。象戲中的『仕』就是這個女士的簡稱。從士是宮女，說明這個『將』當是『王』的實指，所以士只能守王邊寸步不離九宮，『王』也只能在深宮中行走。」

1982 年，江西省出土一副北宋銅質象棋。出土時象棋置於木盒之內，象棋中混有「崇寧通寶」銅錢一枚，象棋子共 32 個，背面圖案與前述的那副相同，出土物主要區別是：「車」是一輛帶棚蓋的雙輪車，「卒」則是一位肩扛長矛的武士，「炮」則是一圓形爆炸水球（震天雷）。

第八章　大秦遺痕：帝國餘跡散於山河

　　1983 年，四川省出土的「宋代窖藏」文物中，也有兩副宋徽宗時期的銅製象棋形制、材質與河南的相同，不同之處是棋子背後的圖案。其中「士」為全身戎裝行走中的武士，「車」的圖案為牛拉雙輪車；「炮」只有拋石機、無炮手。

　　一般人認為，中國象棋描述的是楚王項羽與漢王劉邦爭霸的典故。而世上也流傳著韓信發明象棋的傳說。

　　事實上，象棋是個複雜而嚴密的體系，有一個長久的發展過程，需要很多人的智慧，單單一個人是不大能發明出來的。

　　而中國在春秋戰國時期就已經有了關於象棋的正式記載。如《楚辭‧招魂》中就有「菎蔽象棋，有六簿些；分曹並進，遒相迫些；成梟而牟，呼五白些」。

　　可見，早在春秋戰國時期，就有了象棋的萌芽——「六簿」遊戲：一方只有六個子，一領袖加五個兵卒。

　　不過，楚漢戰爭以後像棋增加了士、馬、車等。

　　2001 年，又在墓地發現一枚漢魏年代陶製的象棋子「車」，這說明當時的中國象棋已經有「車」了。

　　現代中國象棋帶有濃重的「宋式」色彩，反映的是「小朝廷思維」，「九宮」代表君主偏安一隅，不思進取，畫地為牢。戰士在外浴血奮戰，國君只知道在深宮中歌舞昇平。所以宋代富而不強，最終被滅。

從項羽走馬斬將刈旗談先秦馬鐙問題

《項羽本紀》是《史記》中最為精采絕倫的篇章。

太史公司馬遷在該篇章中運用了低沉卻又不失濃郁的筆墨，著力刻劃了一個力拔山、氣蓋世、勇猛善戰、叱吒風雲的悲劇英雄人物項羽。

垓下悲歌一段，固然讓人落淚；但四山最後一戰更讓人目眥盡裂，卻又肝腸寸斷。

且說項羽在漢軍的四面楚歌中，領著跟隨自己南征北戰的 800 名江東子弟，趁著風雪夜離開了虞姬，拋棄了軍心惶惑的大營突圍南逃。

一番衝殺過後，過了淮河，身邊只剩下百餘騎。

繼續行進到陰陵，卻又迷失道路，陷入了大澤中。

後面的漢兵追趕急如星火。

項羽領著大家從澤中殺出，轉戰到了東城四山。

項羽立刻於風雪中，身邊只剩下 28 騎，自忖已經無可逃脫，傷感之下又豪氣勃發對大家說：「吾起兵至今八歲矣，身七十餘戰，所當者破，所擊者服，未嘗敗北，遂霸有天下。然今卒困於此，此天之亡我，非戰之罪也。今日固決死，願為諸君快戰，必三勝之，為諸君潰圍，斬將，刈旗，令諸君知天亡我，非戰之罪也。」

他把 28 騎分為四隊，分別從東南西北四面突圍，約定到東山會合。

漢軍數千人重重疊疊地圍了上來。

項羽指著漢軍隊伍中騎馬走在最前面的漢將說：「吾為公取彼一將。」

語畢，大呼馳下，漢軍皆披靡，遂斬漢一將。

第八章　大秦遺痕：帝國餘跡散於山河

漢騎的前鋒指揮官郎中騎楊喜揮軍追擊項羽。

項羽瞋目怒叱，楊喜人馬俱驚，辟易數里。

項羽的 28 騎全部突圍，順利到達東山。

漢兵散而復聚，很快又圍追上來。

項王再次馳下，復斬漢一都尉，殺數十百人。

回到山上，項羽抖擻了肩上的雪花，笑著對眾騎說：「何如？」

眾騎皆伏曰：「如大王言！」

讀史讀到這裡，突然冒出一個可怕的念頭：太史公寫的這一段，莫不是一個「假歷史」？

須知，根據考古研究發現，中國直到西晉時期才發明馬鐙。

馬鐙，是關係騎兵作戰力的重要物件。

馬鐙，出現之前，騎馬是一件十分辛苦的事。

騎士對於馬的操縱主要靠雙手，當馬飛奔或騰越，雙腿只能夾緊馬身，同時用手緊抓馬鬃才能避免摔下，而一旦遇上了難走的山路，還得下馬步行。

《西方戰爭藝術》(The Art of War in the Western World) 的作者阿徹‧瓊斯 (Archer Jones) 認為，沒有馬鐙的騎士根本無法在馬上完成揮刀動作，因為揮空後可能失去平衡從馬上掉下來。

所以，馬鐙發明之前的騎兵，用兵法家孫臏的說法是：「用騎有十利：一曰迎敵始至；二曰乘虛背敵；三曰追散擊亂；四曰迎敵擊後；五曰遮其糧食，絕其軍道；六曰敗其關津，發其橋梁；七曰掩其不備，卒擊其未振旅；八曰攻其懈怠，出其不意；九曰燒其積蓄，虛其市裡；十曰掠其田野，

繫累其子弟。」

即騎兵主要用於偵察、搶糧、毀橋、側翼包抄、偷襲或追擊等，他們到達了目的地參與作戰，也要下馬進行步戰。

而在馬鐙發明後騎兵就可以解放雙手，單靠雙腳控制平衡，在馬上完成衝、刺、劈、擊等動作。

但是，考古學家們發現，秦始皇陵兵馬俑中有馬具，卻沒有高橋馬鞍和馬鐙，在考古中始終沒有發現西漢馬鞍和兩漢馬鐙的實物和雕塑、繪畫等方面的證據。

最早表現高橋馬鞍的作品是東漢末年作品，如雷臺漢墓出土的騎俑和鞍馬彩繪木雕。

最早的實物雙馬鐙，是1965年出土於遼寧的鎏金銅裹木質馬鐙。

因此，考古界的結論是：馬鐙的發明時間應該是在西晉時期。

按照這個結論別說在楚漢相爭的秦末漢初，就連東漢末年的三國時期，都不可能出現騎兵在馬上作戰的現象。

但是，太史公司馬遷寫項羽領騎兵在垓下突圍、涉水、渡大澤、上高山，還斬將刈旗。更有甚者，項羽還曾親率3萬騎兵實施千里奔馳，在彭城之戰中殺敗劉邦12萬人。請問，如果沒有馬鐙，他們是怎麼做到的？

有人會說，可能是太史公司馬遷虛構的。

但與太史公司馬遷同時代的衛青、霍去病也同樣依仗強大的騎兵擊敗了強大的匈奴。

按照上面的分析，馬鐙的發明時間可能並非三國之後，而在秦漢以前。

第八章　大秦遺痕：帝國餘跡散於山河

■「項羽怪字寶藏之謎」是怎麼回事？

這些年來，有一個戶外藏寶遊戲在歐美國家很紅。

遊戲規則很簡單，即玩家利用手中搭載了 GPS 的裝置（比如手機），去藏匿、標記和尋找寶物。

在遊戲過程中，無論是藏寶一方還是尋寶一方，都玩得不亦樂乎。

不過，有電視節目提到，這種虛擬的「藏寶」遊戲都是兒戲，中國自古有個「項羽怪字寶藏之謎」的故事。

故事說：項羽叔父項梁早年犯下命案，不得不帶著項羽到處避難，有一段時間，流亡到吳中，在浙江紹興草灣山下的項裡村隱居了起來。項羽與叔父項梁以草灣山為根據地，召集了舊貴族子弟 8,000 餘人，鑄造了 12 面金鑼鳴鑼，教戰習武練藝。練好了，軍隊要起兵反秦了，項羽依依不捨為酬謝當地居民，命令士兵連夜在草灣山挖坑藏下 12 面金鑼，又在草灣山上鑿下了字符。發話說，誰能破譯這個字符，誰就可以得到這 12 面金鑼的寶藏。但 2,000 多年來，都沒人能成功破譯。

故事講得活靈活現，讓人不由得不信。

其實，這樣的故事不僅在綜藝節目中被講述，在科學教育節目當中也都有被提及，甚至有節目製作單位趕赴現場拍攝，試圖解釋神祕圖案。

於是，「項羽怪字寶藏之謎」的話題迅速竄紅。

其實，「項羽怪字寶藏之謎」在當地早就不知流傳了多少年了。

為什麼 2,000 多年沒有人能破解項羽留下含尋寶線索的神祕字符，當地居民是這樣解釋的：人們在草灣山上看到的神祕字符，不過是項羽所留「藏寶圖」的一部分。當年項羽將「藏寶圖」分開刻到了幾塊石頭上，想要

「項羽怪字寶藏之謎」是怎麼回事？

真正破解這個「藏寶圖」,就必須找到其他的「藏寶圖」,將它們全部拼在一起才能解開。

可是,「藏寶圖」一共由幾塊組成呢?

當地居民沒有人知道,更別提有沒有找到它們了。

有一本書中曾經寫道:2,000餘年來到草灣山上尋寶的人,是來了一波又一波,但無一例外,全都是空手而歸。

書中特別提到了兩個身分特殊的尋寶人,一個是明末清初的紹興著名學者張岱,一個是清高宗乾隆皇帝。

據說張岱為了解開字符之謎,在草灣山上一住就是數月,但終究一無所獲。

乾隆遊會稽時,聽聞草灣山有寶,也興沖沖前往項裡村附近查訪,卻也是乘興而來,敗興而去。

可是,很多人並不知道這個大名鼎鼎、被各類與「項羽藏寶」有關的電視節目、地理書籍屢屢提到的草灣山,遠不是人們想像中像瓦崗寨、梁山泊一類可以藏匿千軍萬馬的大型山脈,而是一個海拔為70公尺,東西長400公尺的小山丘!

說項羽當年在這個小山丘上練兵,令人難以置信。

說項羽在山上藏寶,更近於無稽之談。

甚至,項羽有沒有來過草灣山,有沒有在此居住,還是個問題。當然,對於這樣的質疑,當地的村民是很不滿的。

村民們都說,這裡的的明就是根據項羽的名字取的,項羽怎麼可能沒在這裡居住過?!

第八章　大秦遺痕：帝國餘跡散於山河

有位老人激動地說：「項羽當年真的就在我們村裡避難，他離開後，我們村就取了這個名字。現在我們村裡還一直保留著項羽廟，大家都敬稱項羽為項羽菩薩。這一風俗已經延續了幾百年啦！」

村子裡的建築工語重心長地說：「我們村裡具有開發旅遊的潛力。我們不僅有項羽的藏寶圖，還有項羽廟、范增廟。我們這裡還是個水鄉，一條小河橫亙村中央。河雖小，但有 12 座橋，每個橋都有名字。這些如果逐一翻修，那肯定又是一道風景。」

的確，那個村子修建有項羽廟，甚至還修建有范增廟，但這兩個廟都是近年才重建的。

對歷史有過研究的村民還搬出了《史記·項羽本紀》，指著上面的一段文字記載：「項梁（項羽叔父）殺人，與籍（項羽）避仇於吳中……秦始皇帝遊會稽，渡浙江，梁與籍俱觀。籍曰：『彼可取而代也。』梁掩其口曰：『毋妄言，族矣！』」

他們解釋說：「《史記》中提到秦始皇曾遊歷會稽，這個會稽就是我們旁邊的會稽山，我們這個村離會稽山只有十幾公里。既然《史記》中都提到項羽看到了秦始皇遊歷會稽山，那項羽在我們村生活過就是有可能的！」

但中國著名歷史地理學家、復旦大學教授葛劍雄鄭重指出：「項羽不可能在那個地方生活過。」

葛教授嚴肅地說：「《史記》中提到的『會稽』指的並不是村民所說的會稽山，而是當時的『會稽郡』！這個郡包括今天的江蘇南部和浙江大部分。當時項羽跟隨其叔父項梁避難『吳中』，這個『吳中』指今天的江蘇蘇州一帶。而蘇州在戰國時期是楚國的屬地，那裡生活著很多楚國的舊部，

所以身為楚國大將後代的項羽，就在蘇州地區避難。而且楚國的舊部在當時蘇州地區還很有勢力，他們多數都生活在城裡，項羽和項梁為了召集起義軍馬，自然會跟他們在一起，也就是生活在蘇州地區。不可能跑到那個偏僻的小山村去招兵買馬。」

葛教授的最後結論是：「項羽在村埋藏寶藏的說法，只是個傳說而已，根本就不足信！在很多地方都有這種現象，他們往往根據歷史名人的事蹟，杜撰出很多與名人有關的傳說，其實那些歷史名人根本就沒有到過那些地方。現在這樣的傳說太多了，這些傳說的唯一作用就是帶動當地旅遊！」

葛教授的結論實在有力。

其實，想想這件事也不難理解，項羽起兵之初，肯定需要大量的軍費，哪有什麼寶藏贈給別人？再者說了，要贈就直接贈，為什麼又要藏匿起來，留一個古古怪怪的符號讓人家猜？他就不怕自己要贈送的人猜不出來，自己不想贈送的人猜了出來？根本不合常理嘛。

所以，「項羽怪字寶藏之謎」不過是一個娛樂話題罷了，別太當真，洗洗睡吧。

被壓彎了 2,200 多年的古劍在出土瞬間反彈平直？

據說 1974 年，在秦兵馬俑 1 號坑的挖掘過程中，考古專家在挖掘 11 號洞時，發現了一把青銅劍。這把青銅劍劍柄陷泥，劍尖被一尊重達 150 公斤的陶俑死死壓住，致使劍身彎曲，彎曲角度接近 45 度。讓人難以置信的是，當考古專家們將陶俑搬開，這把又窄又薄、被壓彎了 2,200 多年的青銅劍，竟在一瞬間反彈平直，自然恢復。在場的考古專家都驚訝無

第八章　大秦遺痕：帝國餘跡散於山河

比！要知道，這種特殊屬性只有「形狀記憶合金」才具備。而形狀記憶合金是在 1932 年才發現的，首次應用則是在 1969 年。難道 2,200 多年前的秦朝人，竟然已經掌握了「形狀記憶合金」製造技術？！

可惜的是，以上這段「據說」僅僅只是「據說」，並不見於任何現場考古學家的報告和記述。

1994 年 3 月 1 日，秦始皇兵馬俑 2 號俑坑正式開始挖掘。這次又陸續出土了 18 把青銅劍。

這些劍同樣有其神奇之處。

神奇處一：本來青銅材料易折易斷，用以鑄劍只能鑄成短劍，並且劍面必須足夠寬。以號稱「中華第一劍」的越王勾踐劍為例，其全長不過 55.6 公分。而秦兵馬俑 1 號坑於 1974 年挖出的青銅劍，以及這次出土的 18 把青銅劍，長度都超過了 80 公分，最長的將近 95 公分！

神奇處二：已經出土的 18 把青銅劍，劍身都有 8 個稜面，透過游標卡尺測量，考古專家發現這 8 個稜面誤差不足一根頭髮，並且劍劍如此，結構精密，讓人驚嘆。

神奇處三：這些青銅古劍在地下已沉睡了 2,200 多年出，土時都光亮如新，劍身平滑，刃部磨紋細膩，鋒利無比。試之以紙，一劃可透 18 層報紙。

為了破解這些奇謎，考古專家把這些青銅劍先後分送多個研究單位，進行雷射顯微光譜分析、電子探針分析、X 光螢光分析和化學定量分析。

檢測結果出來，舉世譁然。

秦陵考古隊首任隊長說，劍表面有一層緻密的鉻鹽氧化層，厚約 10 微米，相當於一張報紙厚度的十分之一，含鉻量介於 0.6% 至 2% 之間。

正是有了這層灰色的含鉻保護層，發揮了強而有力的抗鏽耐蝕的作用。這比吳、越王劍表面採用硫化處理的防腐效果又提高了一步。

在劍身上鍍鉻鹽化合物，學術界稱為「鉻鹽氧化法」。

這種「鉻氧鹽化法」是近代德國人、美國人研究出來的先進工藝。

可是，從對這些劍的檢測結果來看，似乎早在春秋戰國時期，中國人就已掌握了這一先進的工藝。

這樣的結論是不是太恐怖了？！

於是有人開玩笑說，應該是外星人把這種方法傳授給秦朝人的。

另外有檢測數據表明，這批青銅古劍表面（邊部）含錫量為 31%，內部（中心）含錫量為 21.4%。

造成這種內外含錫量差別的原因是鑄造過程中發生錫的逆偏析（反偏析），即高錫青銅液注滿鑄型後，凝固過程中結晶速度快的部位含錫量高，結晶速度慢的部位含錫量低。

由於含錫量的高低直接影響到該部位的硬度，而劍體刃薄，凝固快、結晶早，則其硬度值遠高於劍體的其他部位，因而鋒利無比。

但內外成分不均勻，就會降低合金力學效果，使其組織趨向鬆散，抗壓抗擊效果差。

青銅兵器的效能主要展現在三方面：硬度、塑性和抗拉強度。

這三方面效果都和含錫量有關。

隨著含錫量的增加，其硬度可以不斷上升；但其伸長率（塑型能力）在含錫量超過 3% 後，就會不斷下降，含錫量超過 22% 後，伸長率則趨近於 0。抗拉強度則會在含錫量 18% 時達到顛峰，之後迅速下降。

第八章　大秦遺痕：帝國餘跡散於山河

　　所以，含錫量超過20%後，青銅塑性極低，基本上無法形變，抗拉強度也很低，工業上已無實用價值。

　　本來，對於含錫量較低的青銅，其塑性數值較高，可以利用冷鍛來提升硬度和強度。但含錫量太高，硬度高、塑性低，無法採取冷鍛技術，只能透過淬火、退火等方法進行熱處理。

　　這些青銅秦劍的硬度均在200HB以上，可知其並未經過淬火、退火等法對其塑性進行改善。

　　那麼，一個殘酷的事實擺在眼前：這些青銅秦劍屬於不折不扣的硬脆材料，各項效果數值與常見玻璃、陶瓷的數值十分接近，稍不留神，掉到地上就會成為碎片。

　　也由此可推斷，本節開頭提到的「據說」，純屬好事者的假想，這種青銅長劍一折即斷，還談什麼「形狀記憶合金」技術呢？

　　目睹秦劍出土並親手捧過秦劍實物的考古專家坦承：「……從功用上來說，秦劍是脆而易斷。俑坑中出土較多劍身殘斷後的斷節，恰好反映了秦劍很脆的特性……」

　　橫向比較一下秦國統一全國之時（西元前221年——西元前207年），羅馬軍團的羅馬短劍、高盧人的凱爾特長劍、色雷斯人的長刀，全是鋼鐵鍛造的。

　　再縱向比較，學者曾對66件西周到戰國時期的刃器進行檢測，其中的2件曾經過淬火處理，古希臘、古義大利文明也均有對高錫青銅進行淬火的記錄。而由出土的楊家山鐵劍證明，中國不但在春秋時期已經出現了鋼鐵兵器，還經過滲碳和退火處理。燕下都出土的大批鋼鐵兵器也表明，在戰國時期，經過淬火處理的鋼鐵兵器已經成為戰場上的主要角色，戰國

末期，青銅已經走向了沒落。

那麼，該怎麼解釋秦青銅劍的「鉻鹽氧化法領先世界 2,000 年」呢？

深入研究後發現，這種鍍鉻技術並非秦青銅劍獨有，除了這批青銅秦劍，在其他 6 件物品上也發現過類似的含鉻物質，時間橫跨西周早期到漢代，長達 1,000 年左右。

學者提出：青銅秦劍上的鉻應該是使用、埋藏過程中偶然滲入的。理由有五：一、案例較少，古代含鉻的青銅器樣本不到 10 件；二、表面含鉻量較低，10 個分析點鉻的平均含量僅為 1.056%；三、不存在有意滲入的實際依據；四、表面含鉻量波動稍大，極不均勻；五、沒有有關記載文字，傳統工藝中也無類似手法。

研究中國古代軍事相關技術的書籍中也指出，銅兵器表層中鉻的含量，並不高於其中鐵、鋁、矽等雜質的含量，人們通常都把後者視為土壤腐蝕的結果，故此，不能完全排除土壤腐蝕導致銅兵器表層含微量鉻的可能性。

說到這裡，問題又來了。

既然這批一度被視為神作的青銅秦劍，不過是鑄造者採用中國古代最簡單，也是最常見的青銅鑄劍法鑄造成的劣質之作，那其用途是什麼呢？

考慮到兵馬俑裡的陶俑全都是精心製成的陪葬品，那麼，這批秦劍的真實身分應該也是陪葬品。

從秦說起，一部帝制的真正源頭史：
不是只有始皇帝，這國撐了快七百年才出牌！從西陲封君到帝國興滅的漫長紀錄

作　　　者：覃仕勇	**國家圖書館出版品預行編目資料**
責任編輯：高惠娟	
發 行 人：黃振庭	從秦說起，一部帝制的真正源頭史：不是只有始皇帝，這國撐了快七百年才出牌！從西陲封君到帝國興滅的漫長紀錄 / 覃仕勇 著 . -- 第一版 . -- 臺北市：複刻文化事業有限公司, 2025.06
出 版 者：複刻文化事業有限公司	
發 行 者：崧燁文化事業有限公司	
E-mail：sonbookservice@gmail.com	
粉 絲 頁：https://www.facebook.com/sonbookss/	面；　公分
網　　　址：https://sonbook.net/	POD 版
地　　　址：台北市中正區重慶南路一段 61 號 8 樓	ISBN 978-626-428-150-8(平裝)
8F., No.61, Sec. 1, Chongqing S. Rd., Zhongzheng Dist., Taipei City 100, Taiwan	1.CST: 秦史 2.CST: 通俗史話
	621.9　　　　　114007128

電　　　話：(02)2370-3310
傳　　　真：(02)2388-1990
印　　　刷：京峯數位服務有限公司
律師顧問：廣華律師事務所 張珮琦律師

─版權聲明─────────────
本書版權為樂律文化所有授權複刻文化事業有限公司獨家發行電子書及紙本書。若有其他相關權利及授權需求請與本公司聯繫。
未經書面許可，不得複製、發行。

定　　　價：420 元
發行日期：2025 年 06 月第一版
◎本書以 POD 印製

電子書購買

爽讀 APP　　　　臉書